DIETER MAIER

Sport-fliegen

DIE THEORIE

mit 161 Abbildungen

nymphenburger

Die beiden Karten auf S. 89 wurden uns von der Bundesanstalt für Flugsicherung zur Verfügung gestellt

Repro: Graf. Atelier Krah, München
Layout und Zeichnungen: Jürgen Hoffmann, München
Druck und Bindung: Passavia Passau
Einbandgestaltung: Hansjörg Langenfass, Ismaning bei München, unter Verwendung eines Fotos von Jochen von Kalckreuth
Printed in Germany
ISBN 3-485-01649-7

Inhalt

Das Flugzeug und die Aerodynamik

Die Lehre von den strömenden Gasen und ihrem Verhalten gegenüber festen Körpern beschäftigte die Physiker lange bevor Otto Lilienthal vor rund 100 Jahren ernsthaft das Fliegen versuchte. Gut 150 Jahre vorher schon – es war im Jahre 1738 – beschrieb Daniel Bernoulli wissenschaftlich exakt das Naturgesetz, dem alle unsere Flugzeuge das Fliegen verdanken. Hätte sich damals ein Praktiker gefunden, der in der Lage gewesen wäre, die wissenschaftliche Aussage für das Fliegen richtig zu interpretieren, hätte zumindest das Segelfliegen beinahe 200 Jahre früher Wirklichkeit werden können.
So grundlegend die Erkenntnis von Bernoulli für die Fliegerei auch ist, so ist sein Gesetz doch nur eines unter vielen, mit denen inzwischen alle Betriebszustände eines Flugzeuges bis ins kleinste Detail beschrieben sind. Längst ist es möglich, das Verhalten und die Eigenschaften eines Flugzeuges exakt vorauszuberechnen oder ein Flugzeug einer Leistungsvorgabe entsprechend zu bauen.
Sicher wird von keinem Piloten verlangt, Aerodynamik wissenschaftlich zu betreiben oder eine Tragfläche umfassend auf ihre Eigenschaften hin zu untersuchen. Dagegen zu wissen, was in den verschiedenen Flugzuständen mit der Strömung um das Flugzeug geschieht, sollte für jeden Flugzeugführer selbstverständlich sein, geht es doch um die elementaren Kräfte, die er unter allen Bedingungen beherrschen sollte.

Der Widerstand und der Auftrieb

Jeder von einem Gas umströmte oder gegen ein Gas bewegte Körper bietet der Strömung einen Widerstand. Er setzt sich zusammen aus dem Formwiderstand, dem Reibungswiderstand, dem Interferenzwiderstand und dem induzierten Widerstand.
Den Löwenanteil des Widerstandes liefert der **Formwiderstand.** Seine Größe ist nicht nur abhängig von der Größe der Stirnfläche des umströmten Körpers und dem Staudruck (= die Resultierende aus der Dichte der

Strömung und der Geschwindigkeit im Quadrat), sondern vielmehr ganz entscheidend von der Form des umströmten Körpers. Wie groß die Unterschiede hier sein können, zeigt ein Beispiel mit unterschiedlich geformten Körpern, die aber alle den gleichen kreisrunden Querschnitt haben.

Der Vergleich zeigt, daß der Widerstand der runden Scheibe etwa den zehnfachen Wert von dem eines stromlinienförmigen Körpers mit gleicher Stirnfläche aufweist. Dieser von der Form und der Stellung des Körpers gegen die Strömung abhängige Größenfaktor des Widerstandes ist der Widerstandsbeiwert, der mit C_w bezeichnet wird. Er wird im Windkanal ermittelt. Ist seine Größe bekannt, kann der Widerstand W eines Körpers nach der Formel berechnet werden:

$$W = C_w \cdot q \cdot F$$

wobei q der Staudruck und F die Stirnfläche des Körpers ist. Da die Geschwindigkeit der Strömung im Quadrat in die Widerstandsberechnung eingeht und er folglich auf das Vierfache anwächst, wenn sich die Strömungsgeschwindigkeit nur verdoppelt, ist die Formgebung im Flugzeugbau so wichtig (z.B. Fahrwerksverkleidung oder Einziehfahrwerk).

Auch der Anteil des **Reibungswiderstandes** ist nicht zu unterschätzen. Seine Größe wird von der Reibung der Strömung an der Oberfläche des Körpers bestimmt. Sie entsteht in der Grenzschicht, in der sich die Strömungsgeschwindigkeit aufgrund der Haftreibung zwischen dem Körper und der Luft von der unbeeinflußten Geschwindigkeit auf Null reduziert. Fließen die Luftteilchen in Strömungsrichtung parallel zueinander und übereinander geordnet um den Körper, wird von einer laminaren Grenzschicht gesprochen. Der Reibungswiderstand ist dann relativ gering.

Fließen die Luftteilchen dagegen verwirbelt um den Körper, ist die Grenzschicht turbulent und der Reibungswiderstand entsprechend größer. Da schon winzige Rauheiten auf einer Tragfläche genügen, um eine eigentlich laminare Grenzschicht turbulent werden zu lassen, sollte nie mit schmutziger, nasser oder vereister Tragfläche geflogen werden.

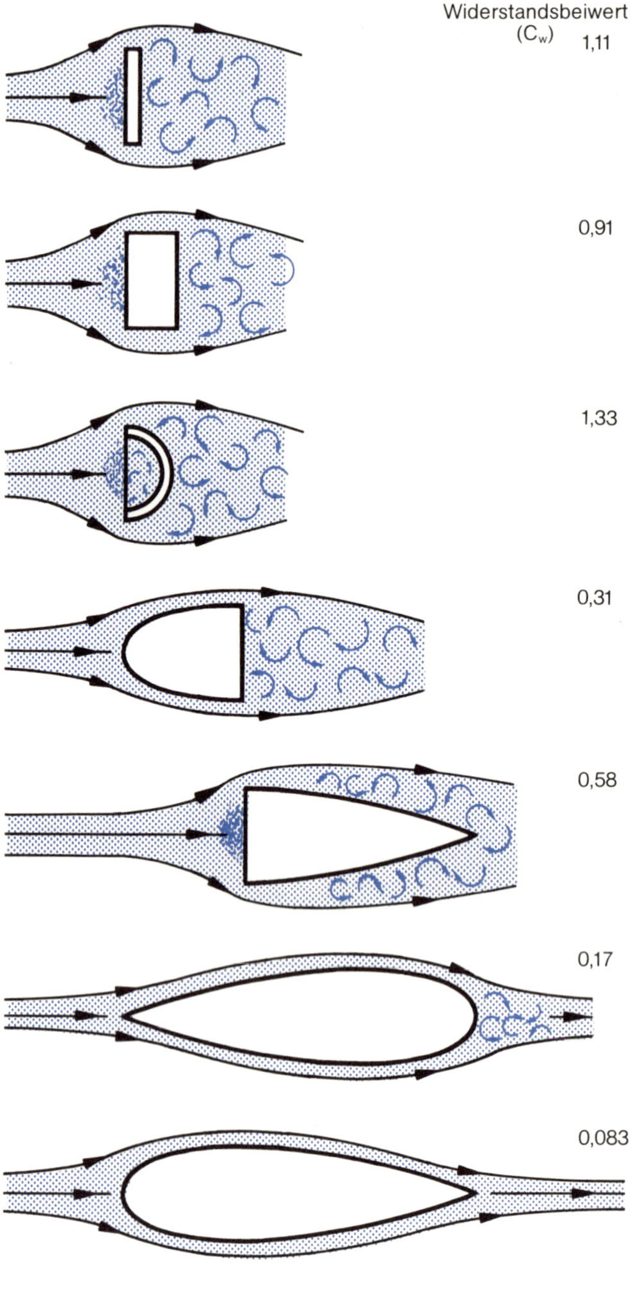

Der Luftwiderstand an Körpern mit kreisrundem Querschnitt

Außer von der Oberflächenbeschaffenheit ist der Reibungswiderstand einer Tragfläche von der Profilwölbung und vom Anstellwinkel abhängig. Das Umschlagen einer laminaren in eine turbulente Grenzschicht bringt durch die Wirbelbildung neben der Widerstandserhöhung auch eine spürbare Verringerung des Auftriebes.

Der **Interferenzwiderstand** entsteht durch die gegenseitige Beeinflussung der von verschiedenen Teilen des Flugzeuges ausgelösten Verwirbelungen in der Strömung. So treffen etwa die von der Rumpfoberfläche verwirbelten Luftteilchen auf das Leitwerk und verursachen dort eine zusätzliche Verwirbelung. Diese gegenseitige Beeinflussung ist der Grund dafür, daß der Gesamtwiderstand eines Flugzeuges immer größer ist als die Summe der Widerstände seiner Einzelteile.

Der **induzierte Widerstand,** auch Randwiderstand genannt, ist nicht von der Form eines Körpers, sondern von Druckdifferenzen abhängig. Am Flugzeug entsteht er an den Flächenenden durch den Druckausgleich zwischen Unterdruck auf der Tragflächenoberseite und Überdruck auf der Tragflächenunterseite als Wirbelzopf (Anfahrwirbel), der laufend neu erzeugt wird. Die Wirbelzöpfe drehen sich stets nach innen, weil die Luft von der Tragflächenunterseite schräg nach außen um den Randbogen nach oben fließen möchte. Die von den Wirbelzöpfen absorbierte Energie geht dem Auftrieb verloren.

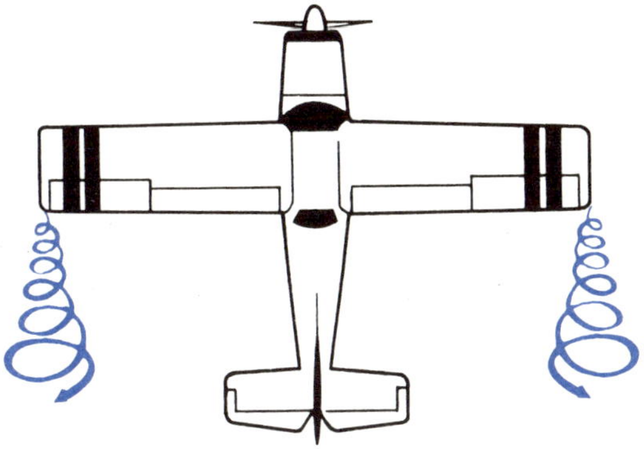

Der induzierte Widerstand

Der induzierte Widerstand ist abhängig von der Streckung (Verhältnis von Spannweite zu Flächentiefe) und von der Form der Randbogen. Je größer die Streckung ist, desto geringer ist der induzierte Widerstand. Am größten ist er an Flächen, die mit unverändertem Einstellwinkel (ohne Schränkung) gerade enden. Zur Verringerung des induzierten Widerstandes wird der Einstellwinkel an den Flächenenden auf Null reduziert oder keulenförmige Randkörper (als Tanks genutzt) angebracht.

An kleinen Flugzeugen kostet der induzierte Widerstand lediglich Energie, an großen dagegen verursacht er handfeste Gefahren. Ein startender oder landender Jumbo etwa zieht kilometerlange Wirbelschleppen hinter sich her, die sich langsam seitlich ausbreiten, minutenlang wirksam bleiben und ein Leichtflugzeug durchaus »umwerfen« können. Deshalb stets beachten:

- Nie unmittelbar nach einem Großflugzeug starten oder landen.

In jeder Strömung um einen Körper entstehen aber nicht nur Widerstände, es herrscht stets auch eine ganz bestimmte Gesetzmäßigkeit. Diese hatte Daniel Bernoulli schon 1738 erkannt und als physikalisches Gesetz formuliert:

- In einer Gas- oder Flüssigkeitsströmung ist die Summe von statischem und dynamischem Druck bei gleicher Strömungsgeschwindigkeit stets gleich.

Druck kann demnach in unterschiedlicher Form vorhanden sein.

Unter **statischem Druck** ist dabei der Druck verstanden, der etwa in einem Autoreifen, einem Luftballon oder einem Dampfkessel vorhanden ist. Auch der am Barometer ablesbare Luftdruck ist statischer Druck: Druck also ohne Bewegungsenergie. Unter **dynamischem Druck** ist dagegen der Druck verstanden, der in einem Wasserstrahl oder im Wind vorhanden ist: Druck also mit Bewegungsenergie.

Druck kann außerdem von der einen in die andere Form umgewandelt werden oder in Mischformen vorkommen. Ein aufgeblasener Luftballon etwa enthält nur sta-

tischen Druck. Wird aber die Öffnung freigegeben, entströmt die Luft mit dynamischem Druck. Der statische Druck nimmt dafür entsprechend ab.
Gleiches geschieht in einem zylindrischen Rohr, in dessen Mitte ein Hindernis eingebaut ist. Wird an einem Ende des Rohres Luft eingeblasen, müssen sich die Luftteilchen an der Engstelle gewaltig beeilen, wenn alle durchkommen wollen. Die höhere Strömungsgeschwindigkeit ist aber nichts anderes als ein höherer dynamischer Druck. Entsprechend dem Gesetz von Bernoulli muß in diesem Falle die andere Druckform, der statische Druck also, abnehmen, damit die Summe gleichbleibt. Diese Abnahme aber zeigt sich als Sog (Unterdruck).

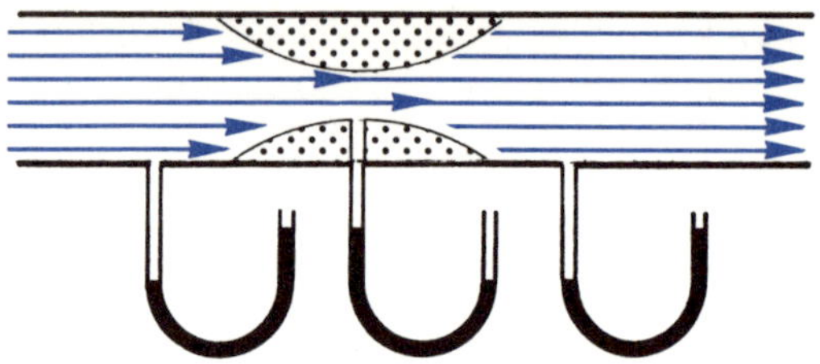

Die Entstehung des Soges im Venturi-Rohr

Was am Hindernis im Rohr geschieht, passiert genauso an jeder von der Luft umströmten Tragfläche. Ihre Wölbung auf der Oberseite entspricht dabei dem Hindernis im Rohr. Da für die Luftteilchen der Weg über die Wölbung sehr viel weiter ist als über die gerade Unterseite, müssen sie sich auf dem Weg über die Oberfläche gewaltig beeilen, um rechtzeitig am Ende des Profiles anzukommen. Natürlich erfolgt auch das wieder auf Kosten des statischen Druckes. Als Folge entsteht wieder ein Unterdruck, der stark genug ist, rund $^2/_3$ der Kraft zu liefern, die ein Flugzeug in der Luft hält.
Der Sog auf der Tragflächenoberseite wird durch Überdruck auf der Tragflächenunterseite ergänzt (geringerer dynamischer Druck bei erhöhtem statischem Druck). Die Druckdifferenz zwischen Ober- und Unterseite der Tragfläche liefert den **Gesamtauftrieb,** der sich folglich

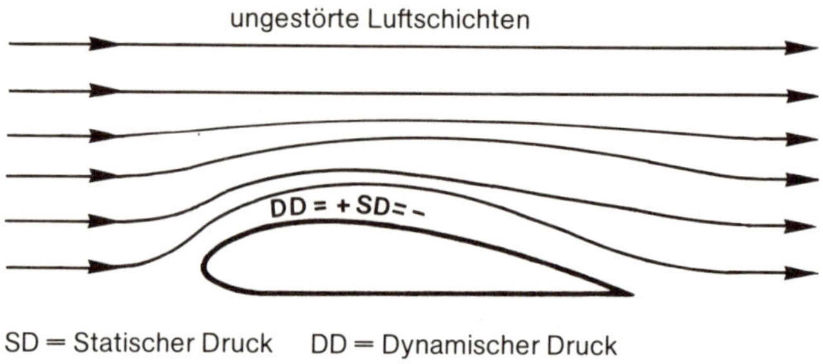

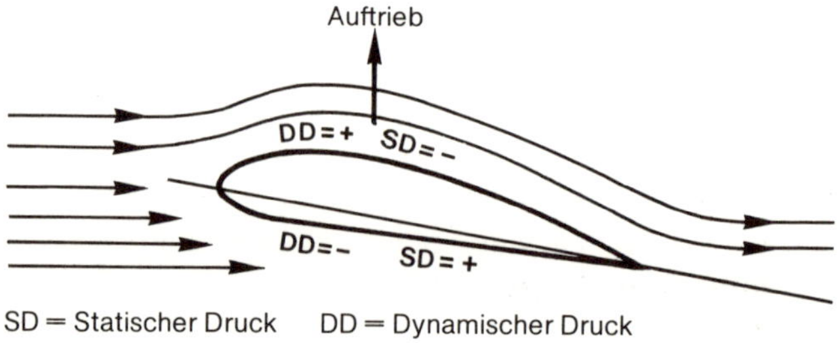

Die Entstehung des Auftriebes

zu etwa 2 Drittel aus Unterdruck und zu etwa 1 Drittel aus Überdruck zusammensetzt.
Natürlich bleibt es nicht ohne Einfluß auf die Strömung um einen Körper, wenn sich die Anblasrichtung ändert.

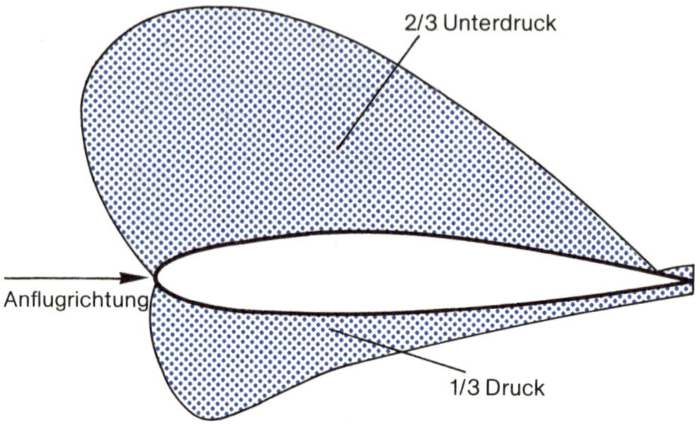

Die Druckverteilung am Profil

Ganz gravierende Folgen hat das an der Tragfläche. Ändert sich hier der Winkel zwischen der Richtung der anströmenden Luft und der Profilsehne (Änderung des **Anstellwinkels**), dann ändert sich automatisch die Druckverteilung zwischen der Ober- und der Unterseite der Tragfläche und damit die Größe des Auftriebes – aber auch die des Widerstandes.

Bei den ganz kleinen Anstellwinkeln von 0° bis etwa 4° wird der Auftrieb nahezu ganz von der Abnahme des statischen Druckes auf der Tragflächenoberseite (Sog) geliefert. Wird der Anstellwinkel größer, wächst neben dem Sog auf der Oberseite der statische Druck auf der Unterseite – Gesamtauftrieb und Widerstand wachsen kontinuierlich mit. Das geht jedoch nur solange gut, solange die Strömung der effektiv ja immer größer werdenden Wölbung der Profiloberseite zu folgen vermag.

Bei einem Anstellwinkel zwischen 15° und 20° ist dann eine effektive Wölbung der Tragflächenoberseite erreicht, der die Strömung nicht mehr in geordneten Bahnen folgen kann. Jetzt passiert zweierlei: Zum einen beginnt Luft von der Tragflächenunterseite um die Hinterkante herumzukriechen und als Wirbel auf der Oberseite nach vorne zu wandern. Zum anderen folgt die Strömung auf der Oberseite wegen der nun zu großen Richtungsänderung nicht mehr der Wölbung, sondern strömt nahezu gerade nach hinten. Erhalten bleibt jetzt zwar noch der statische Überdruck auf der Flächenunterseite, der statische Unterdruck auf der Flächenoberseite dagegen geht nahezu völlig verloren. Entsprechend verringert sich der Gesamtauftrieb, während der Widerstand erheblich zunimmt.

Der Anstellwinkel, bei dem die Ablösung der Strömung an der Flächenhinterkante beginnt, wird **Grenzschichtablösungspunkt** genannt. Ein Flugzeug, das auf diesen oder einen größeren Anstellwinkel »gezogen« wird, reagiert auf diesen **überzogenen Flugzustand** (zusammenbrechender Auftrieb verbunden mit wachsendem Widerstand) mit Durchsacken oder Abkippen. Für den Piloten kündigt sich das Überziehen meist durch ein spürbares Schütteln der gesamten Maschine (aerodynamische Warnung) oder durch ein akustisches

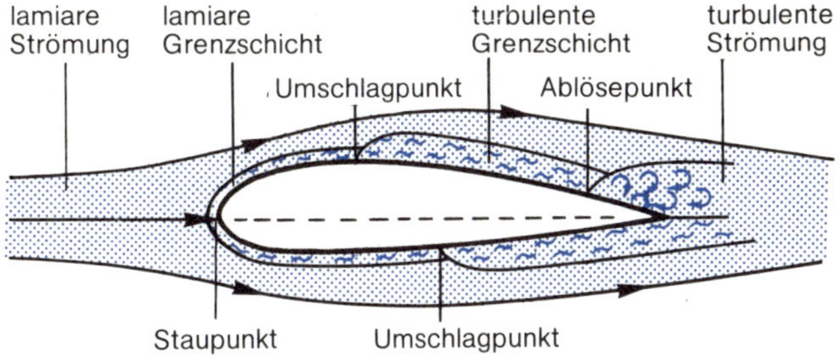

Die Grenzschicht im normal angeströmten Profil

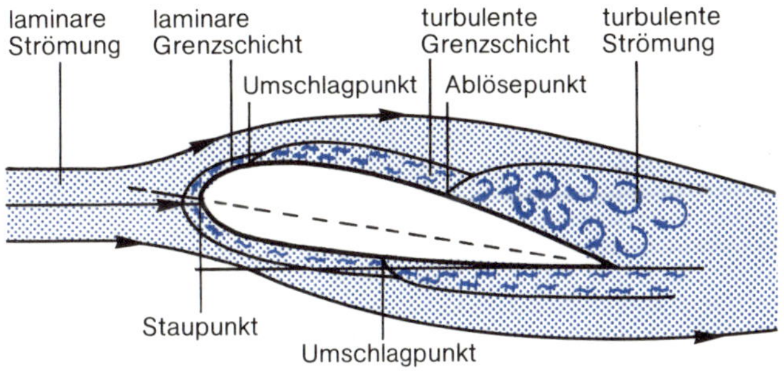

Die Grenzschicht beginnt sich zu lösen

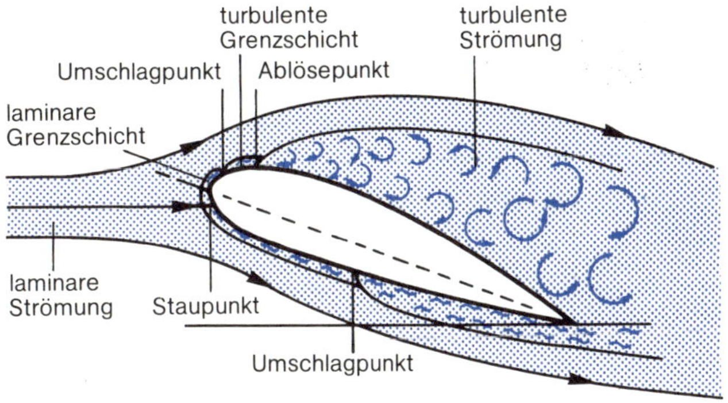

Die Grenzschicht hat sich völlig gelöst

Signal (mechanische Warnung) an. Es wird dann höchste Zeit, den Anstellwinkel zu verkleinern, damit die Maschine nicht in einen unkontrollierten Zustand gerät.

Wie sich gezeigt hat, weist jedes Profil für jeden möglichen Anstellwinkel ein bestimmtes Verhältnis zwischen Auftrieb (definierbar durch den Auftriebsbeiwert C_A) und Widerstand (definierbar durch den Widerstandsbeiwert C_W) auf. Wie dieses Verhältnis bei welchen Anstellwinkeln aussieht, ist folglich eine der wichtigsten Kenngrößen jedes Profils. Schon Otto Lilienthal (1848–1896) machte deshalb das Verhältnis von Auftrieb und Widerstand für die verschiedenen Anstellwinkel eines Profils im **Polardiagramm** (oder kurz Polare) optisch deutlich. Wird es nicht nur isoliert für ein einzelnes Profil, sondern für ein komplettes Flugzeug erstellt, lassen sich an ihm alle wichtigen Merkmale dieser Maschine ablesen.

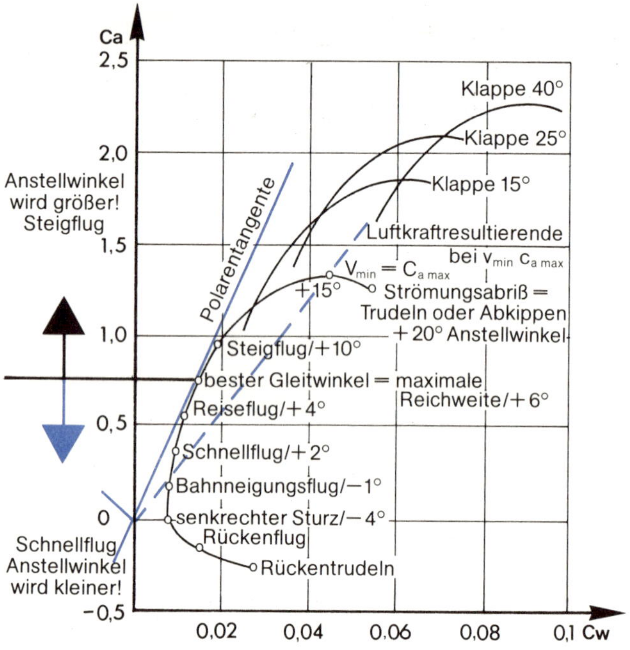

Das Polardiagramm nach O. Lilienthal

Für normale, asymetrische Profile zeigt die Polare schon bei kleinen negativen Anstellwinkeln Auftrieb. Je mehr der Anstellwinkel zunimmt, desto mehr wächst zunächst der Auftrieb, ohne daß im gleichen Maße der Widerstand mit zunimmt. Entsprechend steil ist die Kurve im Bereich der geringen Anstellwinkel. Mit weiter zunehmendem Anstellwinkel flacht die Kurve ab – Signal für den nun unverhältnismäßig stark zunehmenden Widerstand. Der Scheitelpunkt der Polare entspricht dem Anstellwinkel mit dem größtmöglichen Auftrieb. Beim Segelflugzeug ist das der Anstellwinkel für das geringste Sinken. Ein noch größerer Anstellwinkel bringt bereits einen abnehmenden Auftrieb bei weiter stark wachsendem Widerstand. Das Ende der Polare zeigt das Verhältnis unmittelbar vor dem Abriß der Strömung, wenn das Flugzeug überzogen wird.
Der Anstellwinkel mit dem besten Verhältnis von Auftrieb und Widerstand ergibt sich über die Tangente vom Schnittpunkt der Achsen an die Polare. Der zu diesem Punkt gehörende Anstellwinkel ergibt den besten Gleitwinkel. Alle geringeren Anstellwinkel sind günstig für den Reiseflug; alle größeren Anstellwinkel sind günstig für den Steigflug.

Da sich die Polare stets auf ein bestimmtes Profil bezieht, können Flugeigenschaften außerhalb der Grundpolare wie etwa ein besonderes Steigvermögen während des Starts oder eine möglichst geringe Geschwindigkeit für die Landung nur durch eine Änderung der Profilfläche oder des Profils selbst erreicht werden. Ermöglicht wird das durch die verschiedensten **Klappen,** die während des Fluges bedient werden können und mit deren Hilfe die Grundpolare in den gewünschten Bereich »gedehnt« werden kann.
Je nach dem Zweck der Klappen, wird zwischen auftriebsvergrößernden und auftriebsverringernden Klappen unterschieden. Zu den auftriebsvergrößernden gehören alle Formen der Wölbklappen, sowie alle Spielarten der Vorflügel oder Spaltflügel. Zu den auftriebsverringernden Klappen gehören alle Formen der Störklappen.
Die verbreitetste Form der auftriebsvergrößernden Klappen sind die **Wölbklappen**. Sie arbeiten als profilverändernde Klappen an der Hinterkante der Tragflächen und sind meist zwischen Querruder und Rumpf

plaziert. Speziell bei Segelflugzeugen sind sie auch dem Querruder überlagert und reichen dann über die gesamte Spannweite.

Werden die Wölbklappen positiv ausgefahren, ergibt sich durch die so erreichte größere Wölbung des Profils eine Erhöhung von Auftrieb und Widerstand. Für den Start werden sie deshalb nur so weit positiv ausgeschlagen, daß sich ein höherer Auftrieb bei geringerer Erhöhung des Widerstandes ergibt. Für die Landung dagegen werden sie dann voll positiv ausgeschlagen, um die starke Erhöhung des Widerstandes und die verringerte Mindestfahrt zu nutzen. Mit der geringeren Landegeschwindigkeit wird ein problemloseres Aufsetzen und eine kürzere Rollstrecke erreicht. Für den Reiseflug sind die Wölbklappen in Neutralstellung, für den Schnellflug können sie bei manchen Typen negativ ausgefahren werden. Im Segelflug werden die Wölbklappen im positiven Ausschlag zur Senkung der Fluggeschwindigkeit und Erhöhung des Auftriebes für den Steigflug genutzt. Für den schnellen Gleitflug wird der negative Ausschlag genutzt. Die Wölbklappen dienen hier sogar in gewissem Rahmen der Fahrtsteuerung.

Die **Spaltklappen** sind eine Sonderform der Wölbklappen und arbeiten wie diese. Zwischen Fläche und Klappe bleibt jedoch ein Spalt offen, so daß Luft von der Tragflächenunterseite über die Vorderkante der Klappen auf die Oberseite streichen kann. Damit wird erreicht, daß die Strömung sich noch später von den ausgeschlagenen Klappen löst.

Ebenfalls zu den Wölbklappen gehören die **Spreizklappen.** Sie verändern zwar auch die Wölbung der Tragflächen, doch nur auf der Unterseite der Tragflächen. Können die nach unten abgespreizten Klappen an ihrem Drehpunkt auch noch nach hinten ausgefahren werden, wird aus der einfachen Spreizklappe eine **Zapklappe.** Mit ihr wird nicht nur die Wölbung des Profils verändert, sondern auch die Flügelfläche vergrößert.

Ebenfalls Profiländerung und Flächenvergrößerung bieten die **Fowler-Klappen.** Sie liegen während des Reisefluges unter der Flächenhinterkante in der Kontur des Profiles oder sie sind ganz in die Fläche eingefahren. Für Start und Landung werden die Fowler-Klappen nach hinten ausgefahren und nach Bedarf ausgeschlagen.

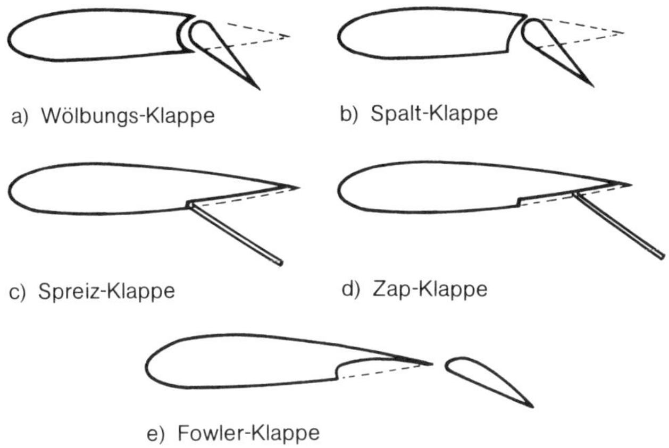

Die gebräuchlichsten Wölbklappenformen

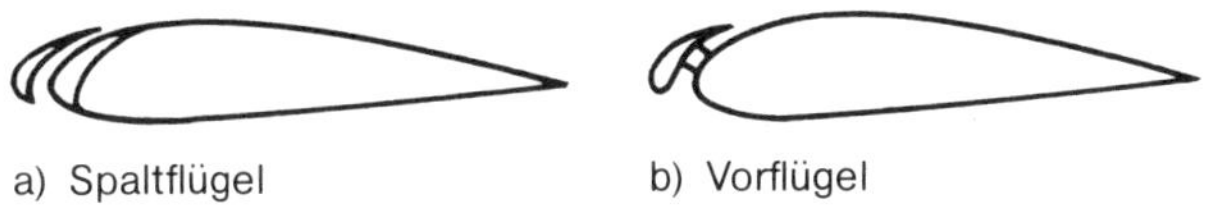

Die gebräuchlichsten Vorflügelformen

Während die verschiedenen Formen der Wölbklappen alle vom Piloten bedient werden müssen, arbeiten **Vor- und Spaltflügel** ohne Mitwirkung des Piloten. Die Vorflügel sind fest vor der Profilvorderkante montiert. Mit ihnen wird die Strömung durch den zwischen Vorflügel und Fläche gebildeten Spalt beschleunigt und damit ein höherer Anstellwinkel ermöglicht. Die gleiche Wirkung wird mit den Spaltflügeln erreicht, doch sind sie nicht wie die Vorflügel fest montiert. Im Normalflug sind sie vielmehr genau in die Flügelnase integriert. Erst wenn der Anstellwinkel zu groß wird, werden sie vom sich bildenden Sog herausgezogen. Über den so gebildeten Spalt wird wieder die Strömung auf der Tragflächenoberseite beschleunigt und so ein größerer Anstellwinkel ermöglicht.

Die verbreitetste Form der auftriebsverrringernden Klappen sind die **Schempp-Hirth-Klappen.** Sie fahren etwa in der halben Flächentiefe nach oben und unten aus, verwirbeln die auftriebserzeugende Strömung und erhöhen den Widerstand. Sie wirken um so stärker, je weiter sie ausgefahren werden und erhöhen direkt die Sinkgeschwindigkeit.
Alle Störklappen haben den Nachteil, daß sie zwar den Widerstand erhöhen, gleichzeitig aber den Höchstauftrieb verringern. Dadurch ergeben sich höhere Landegeschwindigkeiten, die gerade beim Motorflugzeug nicht gerne gesehen sind. Die Störklappen finden sich deshalb vor allem bei Segelflugzeugen.

Das Profil und die Fläche

Die Aerodynamiker verstehen unter einem Profil die Querschnittsform eines Körpers, mit der eine aus der Strömung resultierende Kraftwirkung erzielt werden soll. Profile werden hauptsächlich verwendet an Tragflächen, Leitwerken, Propellern und Rotorblättern. Ihre Form bestimmt zusammen mit dem Anstellwinkel die Geschwindigkeitsdifferenz der Strömung über die Ober- und Unterseite des Profils und damit die Beiwerte für Auftrieb und Widerstand.
Ein Profil wird definiert nach seinen geometrischen Merkmalen. Die wichtigsten sind: die Profiltiefe, die Profildicke, der Radius des Nasenkreises, die Profilwölbung, die Dickenrücklage, die Wölbungsrücklage und der Hinterkantenwinkel. Bezugsebene für den Anstellwinkel ist die **Profilsehne.** Sie ist die Gerade, die Anfang und Ende der Wölbungslinie (Profilmittellinie) verbindet. Der Winkel zwischen ihr und der Richtung der Anströmung des Profiles ist der Anstellwinkel.
Grundsätzlich unterscheidet man

- symmetrische Profile
- asymmetrische Profile, auch Normalprofile, orthodoxe oder Göttinger Profile genannt
- Laminar-Profile

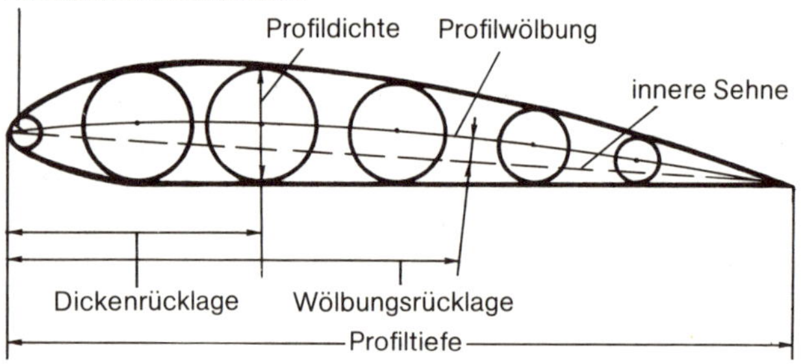

Die wichtigsten Kenngrößen eines Profiles

Bei den **symmetrischen Profilen** ist die Wölbung auf der Ober- und Unterseite gleich. Beim Anstellwinkel 0° entwickelt es keinen Auftrieb. Sein *Druckpunkt* (der Angriffspunkt der Luftkraft) liegt etwa bei 1/4 der Profiltiefe. Er ist nicht abhängig vom Anstellwinkel, wandert also nicht. Symmetrische Profile werden vor allem für Ruder und Dämpfungsflächen verwendet. An manchen Maschinen für den Kunstflug finden sich diese Profile auch an den Tragflächen. Symmetrische Profile eignen sich für sehr hohe Geschwindigkeiten.

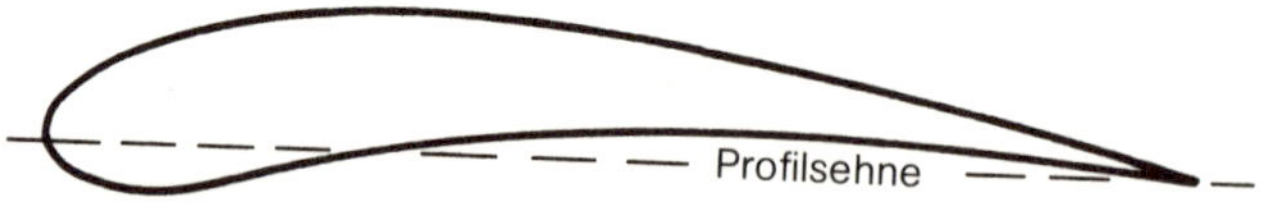

Orthodoxes Profil (Göttinger Profil)

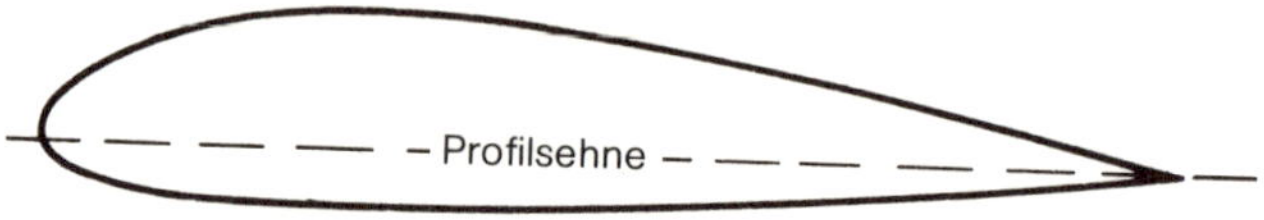

Profil mit gewölbter Oberseite und fast gerader Unterseite

Asymmetrische Profile haben auf der Oberseite eine konvexe, auf der Unterseite dagegen nur eine geringe konvexe, keine oder eine konkave Wölbung. Bei ihnen wächst der Auftrieb annähernd mit der Dicke des Profiles und seiner Wölbung. Entsprechend haben dicke, stark gewölbte Profile hohe Auftriebswerte. Bei 0° Anstellwinkel entwickeln sie noch guten Auftrieb. Ihr Druckpunkt liegt bei etwa 1/3 der Profiltiefe. Sie sind nicht druckpunktfest. Der Druckpunkt wandert vielmehr in Abhängigkeit vom Anstellwinkel. Neben hohem Auftrieb wird auch ein hoher Widerstand erzeugt. Die Einsatzmöglichkeiten asymmetrischer Profile beschränken sich daher auf den Bereich nicht zu hoher Geschwindigkeiten.

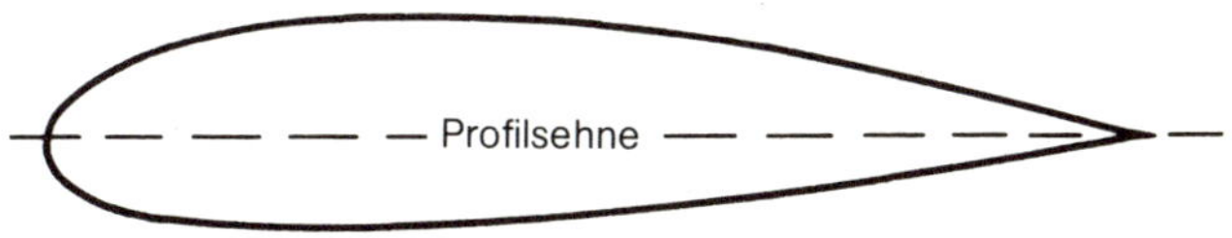

Laminarprofil (fast symmetrisch)

Das **Laminar-Profil** gehört seinen geometrischen Merkmalen nach zu den asymmetrischen Profilen, ist aber so geformt, daß die Grenzschicht seiner Strömung weitgehend laminar (also möglichst geordnet und ohne Grenzschichtwirbel) verläuft. Damit das auch für den rückwärtigen Teil des Profiles möglich wird, hat das Laminar-Profil seine größte Dicke erst bei 50–60% Profiltiefe, während sie beim Normalprofil bei nur etwa 30% der Profiltiefe liegt.

Der Endleistenwinkel muß außerdem so klein sein, daß ein möglichst wirbelfreier Abfluß der Strömung möglich ist. Dies begrenzt gleichzeitig eine weitere Rückverlagerung der größten Profildicke. Wirklich erreicht wird die laminare Strömung nur, wenn jede Rauhigkeit auf den Flächen vermieden wird. Staub, Reif, Eis oder Schnee verwandeln zumindest in der hinteren Profilhälfte die laminare Grenzschicht sofort in eine turbulente. Laminar-Profile finden sich vor allem an Reisemaschinen und Hochleistungssegelflugzeugen.

Bei allen asymmetrischen Profilen ist der Druckpunkt nicht ortsfest. Er wandert vielmehr in Abhängigkeit vom Anstellwinkel nach vorne oder nach hinten, greift also bei größerem Anstellwinkel weiter vorne, bei kleinerem dagegen weiter hinten an. Damit ergibt sich automatisch eine Verstärkungstendenz der gerade eingeleiteten Veränderung.

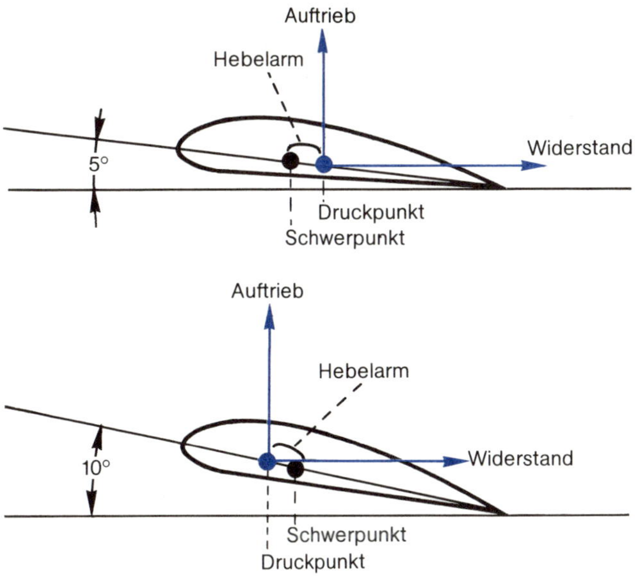

Die Wanderung des Druckpunktes

Wird eine Vergrößerung des Anstellwinkels eingeleitet, wandert der Druckpunkt nach vorne und versucht, das Profil in einen immer größeren Anstellwinkel zu ziehen. Wird die Bewegung nicht gestoppt, bäumt sich die Fläche immer mehr auf und kippt schließlich seitlich ab.

Wird dagegen eine Verkleinerung des Anstellwinkels eingeleitet, wandert der Druckpunkt nach hinten und versucht, das Profil in einen kleineren Anstellwinkel zu ziehen. Wird die Bewegung nicht gestoppt, neigt sich die Fläche immer mehr nach unten und geht schließlich in einen steilen Sturzflug.

Unterstützt werden die beiden Bewegungen durch den Hebelarm, der sich zwischen dem Druckpunkt und dem Schwerpunkt (dem Angriffspunkt aller Schwerkräfte) bildet. Da der Schwerpunkt ortsfest ist, wird der Hebelarm zwischen beiden Punkten um so größer, je weiter der Druckpunkt auswandert. Um das Profil zu stabilisieren, muß folglich die **Druckpunktwanderung** über die Steuerung der Lage des Druckpunktes verhindert werden.

Erreicht wird die stabilisierende Steuerung des Druck-

punktes über eine kleine Hilfsfläche an einem möglichst langen Hebelarm. Die kleine Steuerfläche ist das Höhenleitwerk, als Hebelarm dient der Rumpf zwischen Schwerpunkt und Druckpunkt des Höhenleitwerkes. Der so gebildete Stabilisator für die Tragfläche arbeitet automatisch ohne Steuertätigkeit des Piloten.
Mit wachsendem Anstellwinkel der Tragfläche (der Druckpunkt wandert nach vorne) wächst automatisch auch der Anstellwinkel an der Hilfsfläche. Der dadurch entstehende größere Auftrieb wirkt über den Hebelarm so verstärkt auf die Tragfläche, daß sie in die Ausgangslage zurückgedreht wird.

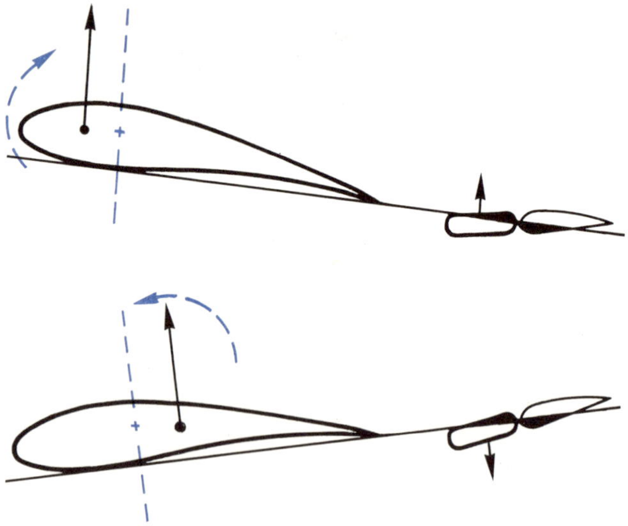

Die Stabilisierung der Druckpunktwanderung

Verringert sich dagegen der Anstellwinkel (der Druckpunkt wandert nach hinten), verringert sich auch der Anstellwinkel an der Hilfsfläche. Der dadurch entstehende geringere Auftrieb wirkt wiederum so verstärkt auf die Tragfläche, daß sie auch jetzt in die Ausgangslage zurückgedreht wird.
Allerdings hätte die ganze so schön automatisch funktionierende Flächenstabilisierung einen entscheidenden Schönheitsfehler: Sie würde auch in einer falschen Fluglage wirken. Eine so mit zu geringem Anstellwinkel stabilisierte Fläche würde im daraus resultierenden Sturzflug bleiben. Verhindert wird das durch einen einfachen Trick: Die Tragfläche und die stabilisierende Hilfsfläche müssen unterschiedliche Anstellwinkel haben, und zwar muß er bei der vorausfliegenden Fläche (in der Regel also die Tragfläche) um 2° bis 3° größer sein.

Der Einstellwinkel ist konstruktiv vorgegeben

Diese Differenz zwischen den beiden Anstellwinkeln ist der **Einstellwinkel.** Er ist definiert als der Winkel, den die Sehne der Tragfläche mit der Sehne der Höhenleitwerksfläche bildet. Im Unterschied zum Anstellwinkel, der vom Piloten in einem gegebenen Rahmen gesteuert werden kann, ist der Einstellwinkel eine feststehende, konstruktive Größe, die von dem jeweiligen Anstellwinkel völlig unabhängig ist.
Dies gilt auch dann, wenn der Einstellwinkel nicht über die gesamte Spannweite gleich groß ist. Bei manchen Flugzeugen nämlich ist die Tragfläche zwischen Flügelwurzel und Flügelspitze »verdreht«. Konstruktiv wird damit erreicht, daß der Einstellwinkel von der Flügelwurzel zur Flügelspitze kontinuierlich abnimmt. Mit dieser **geometrischen Schränkung** läßt sich das Abkippverhalten und die Steuerbarkeit der Maschine im Langsamflug entscheidend verbessern.

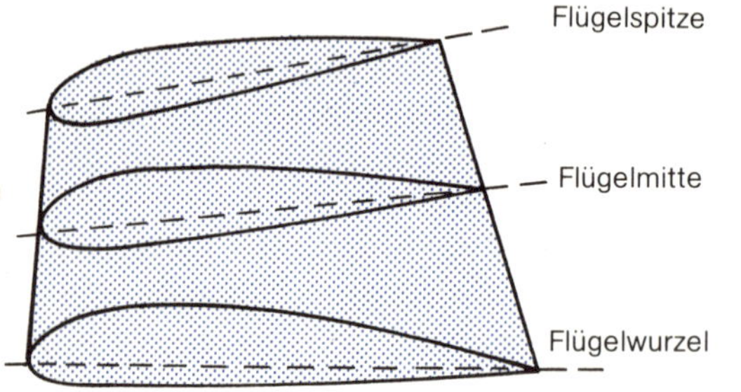

Die geometrische Schränkung

Es wird damit nämlich erreicht, daß der Auftrieb nicht schlagartig zusammenbricht, wenn der Anstellwinkel zu groß wird. Beträgt der Einstellwinkel an den Flächenwurzeln etwa 4° und an den Flächenspitzen 0°, dann können die Tragflächen im Flug noch so stark angestellt werden, im Außenbereich sind sie stets um 4° weniger angestellt als im Innenbereich. Wird der maximale Anstellwinkel überschritten, reißt die Strömung nicht schlagartig und über die gesamte Spannweite gleichzeitig ab. Sie wird vielmehr langsam, nur stückweise und natürlich zuerst im Innenbereich abreißen. Im Bereich der lebenswichtigen Querruder dagegen bleibt die Strömung am längsten erhalten.

Wird dieser Effekt statt über die Änderung des Einstellwinkels über eine Änderung der Profilform (Verringerung der Profilwölbung von innen nach außen) erreicht, handelt es sich um eine **aerodynamische Schränkung.** Ihre Wirkung entspricht der der geometrischen Schränkung. Nicht selten wird auch eine Kombination beider Schränkungsarten angewendet.

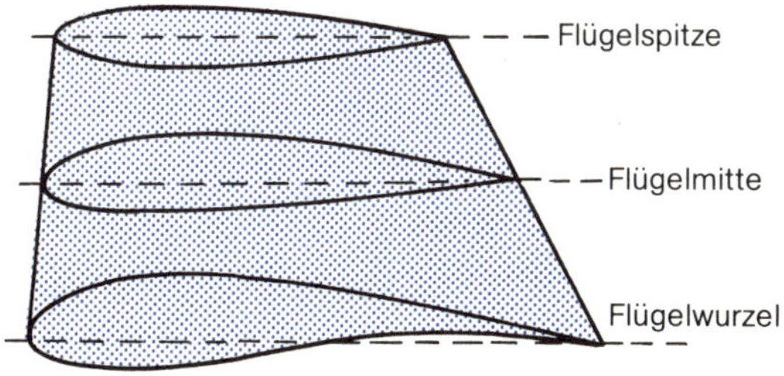

Die aerodynamische Schränkung

Ein Nebeneffekt der Tragflächenschränkung ist eine spürbare Verringerung der Druckdifferenz zwischen Tragflächenober- und Unterseite im Außenbereich. Zwar ist damit auch eine Verringerung des Auftriebes verbunden, doch wird das zu einem guten Teil wieder ausgeglichen durch eine erhebliche Reduzierung des induzierten Widerstandes.

Auch die Form der Tragflächen ist keineswegs ohne Auswirkung auf die Flugeigenschaften. So ist die Verwendung des **Rechteckflügels** wegen seines hohen induzierten Widerstandes auf langsame Maschinen beschränkt. Beim **elliptischen Flügel** ist dagegen der induzierte Widerstand am geringsten, die Auftriebsverteilung ist dafür ebenfalls elliptisch. Auch der **Trapezflügel** hat einen geringen induzierten Widerstand. Die Trapezform kann dabei über die gesamte Fläche oder auch nur über den Außenbereich gezogen sein.

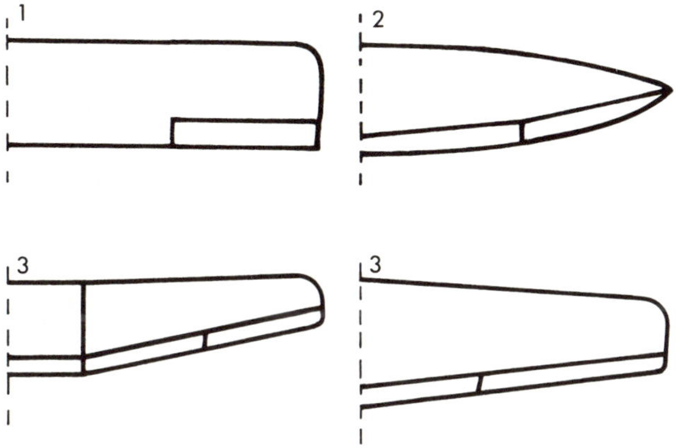

Die wichtigsten Flügelformen

Eine wichtige Kenngröße ist in diesem Zusammenhang die **Flächenbelastung,** die sich als Quotient aus dem Fluggewicht und der tragenden Fläche eines Flugzeuges in kg/m^2 ergibt:

$$F = \frac{\text{Fluggewicht in kg}}{\text{Fläche in m}^2}$$

Sie gibt nicht nur an, welches Gewicht jeder Quadratmeter Fläche zu tragen hat. Flächenbelastung und Geschwindigkeit stehen darüber hinaus in engem Zusammenhang. Je höher nämlich die Flächenbelastung ist, desto größer muß die Fluggeschwindigkeit sein, damit der erzeugte Auftrieb zur Kompensation des Gewichtes ausreicht. Auch die Umkehrung dieses Satzes ist richtig und hat dann seine besondere Bedeutung für den Segelflieger: Je größer die Fluggeschwindigkeit sein soll, desto größer muß auch die Flächenbelastung sein (die Segelflieger erreichen die höhere Flächenbelastung durch Wasserballast in den Tragflächen).

Für den Motorflieger wird es dagegen wohl nie um eine Erhöhung der Flächenbelastung gehen. Für ihn ist viel wichtiger, die höchste zulässige Flächenbelastung (das höchstzulässige Gesamtfluggewicht also) nicht zu überschreiten und zumindest für Start und Landung eine Verringerung der Flächenbelastung zu bekommen. Dies ist dann möglich, wenn die Maschine über Fowler-Klappen verfügt und so eine Vergrößerung der tragenden Fläche in Richtung der Profiltiefe erzielt werden kann.

Alle von einem Profil verursachten und alle auf eine Tragfläche wirkenden Luftkräfte können in einer Größe zusammengefaßt werden, die **Luftkraftresultierende** genannt wird. In ihr lassen sich die Größe und die Richtung der resultierenden Luftkraft zeichnerisch darstellen. Dabei zeigt sich der enge Zusammenhang zwischen Resultierender und Druckpunkt: Der Ausgangspunkt der Resultierenden auf der Profilsehne ist stets der Druckpunkt.

Abhängig vom Anstellwinkel und dem entsprechend wandernden Druckpunkt zeigt die Luftkraftresultierende ein zwar im einzelnen polarenabhängiges, im ganzen aber doch typisches Verhalten:

Kleiner Anstellwinkel

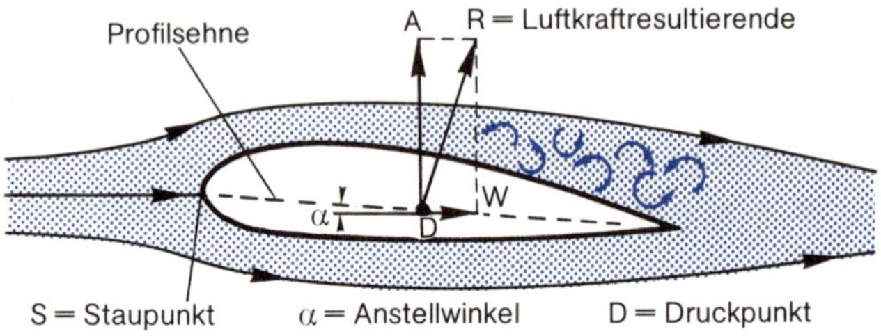

Bei geringen Anstellwinkeln, wie etwa im Horizontalflug, greift sie entsprechend der Lage des Druckpunktes weit hinten an. Aufgrund des noch geringen Widerstandes ist die Resultierende noch nicht weit nach hinten geneigt. Sie wirkt also noch nahezu senkrecht nach oben.

Mittlerer Anstellwinkel

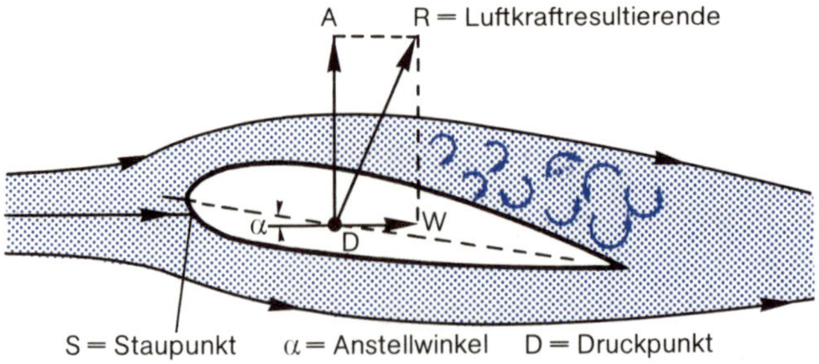

Bei mittleren Anstellwinkeln greift sie entsprechend dem schon wesentlich weiter nach vorne gewanderten Druckpunkt wesentlich weiter vorne an. Aufgrund des schon spürbar wachsenden Widerstandes ist auch die Resultierende deutlich weiter nach hinten geneigt. Sie wirkt also keineswegs mehr nahezu senkrecht nach oben.

Großer Anstellwinkel

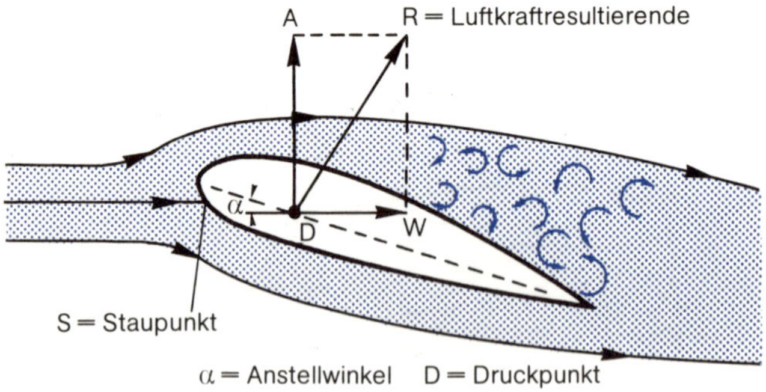

Bei großen Anstellwinkeln greift sie entsprechend dem noch weiter nach vorne gewanderten Druckpunkt im vorderen Drittel der Tragflächentiefe an. Der gewaltig gewachsene Widerstand zwingt sie noch viel weiter nach hinten, so daß sie schon nahezu diagonal nach hinten oben wirkt.

Wächst der Anstellwinkel über den Punkt des Strömungsabrisses hinaus, kippt die Resultierende ganz nach hinten, da der Auftrieb zusammenbricht. Beim Druckpunkt, der nur noch etwa 20% hinter der Flächennase liegt, greifen nur noch Widerstandskräfte an.

Das Kräftegleichgewicht und die Stabilität

Auf jedes Flugzeug wirken grundsätzlich vier verschiedene Kräfte ein, die in jedem beschleunigungs- oder verzögerungsfreien Flugzustand im Gleichgewicht sind. Zwei dieser Kräfte sind Naturkräfte, denen z. B. auch ein herabfallender Stein unterliegt:

- Die Schwerkraft oder auch das Gewicht als die Kraft, die nach unten zum Erdmittelpunkt hin wirkt.
- Der Widerstand als die Kraft, die sich jeder Bewegung entgegenstellt.

Die beiden anderen sind künstliche Kräfte, die speziell am Flugzeug freigesetzt werden:

- Der Auftrieb als die Kraft, die von den Tragflächen erzeugt wird, nach oben wirkt und die Schwerkraft überwindet.
- Der Vortrieb als die Kraft, die von Triebwerk und Propeller erzeugt wird, nach vorne wirkt und den Widerstand überwindet.

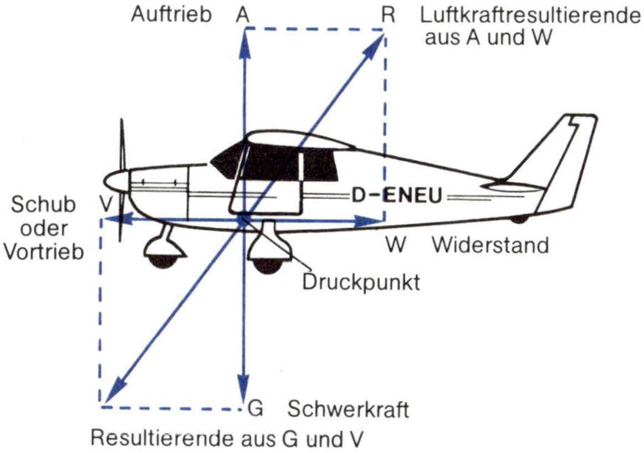

Die Luftkräfte im Horizontalflug

Im konstanten **Horizontalflug** sind nicht nur alle vier Kräfte im Gleichgewicht. Ebenfalls im Gleichgewicht sind die Luftkraftresultierende und die Resultierende aus Vortrieb und Schwerkraft. Aus der geometrischen Darstellung des Kräftegleichgewichtes ist klar ersichtlich, daß jede Änderung des Vortriebes (Beschleunigung oder Verzögerung) das ganze Gleichgewicht durcheinanderbringt. Entsprechend der Änderung muß es neu ausgesteuert werden.

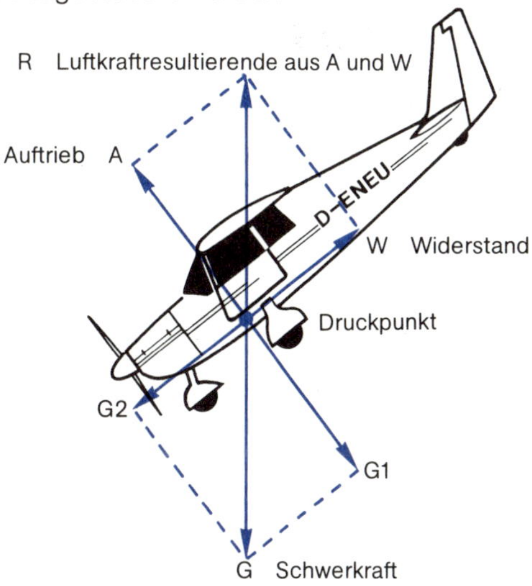

Die Luftkräfte im Gleitflug

Im **Gleitflug,** wenn der Vortrieb gedrosselt ist (Landeanflug) oder ganz fehlt (Segelflug), muß der notwendige Vortrieb von einer Teilkomponente des Gewichtes der Maschine geliefert werden. Wie bei einer Kugel, die über eine Schräge hinunterrollt, wirkt die Schwerkraft in zwei Komponenten. Die eine wirkt als Gegenkraft zum Widerstand (= Vortrieb), die andere ist die Gegenkomponente zum Auftrieb. Damit heben sich Schwerkraft und Luftkraftresultierende auf. Die Energie zur Aufrechterhaltung dieses Gleichgewichtes liefert der Sinkvorgang.

Eine weitere Komponente kommt ins Spiel der Kräfte, wenn eine Richtungsänderung erfolgt: dann muß auch noch die Zentrifugalkraft kompensiert werden, die zusätzlich auf der Seite der Schwerkraft wirkt.

Ganz kräftig spürbar wird das schon, wenn ein Flugzeug aus einem etwas steileren Sinkflug abgefangen werden soll. Zur Schwerkraft addiert sich im **Abfangbogen** die Zentrifugalkraft, deren Größe von der geflo-

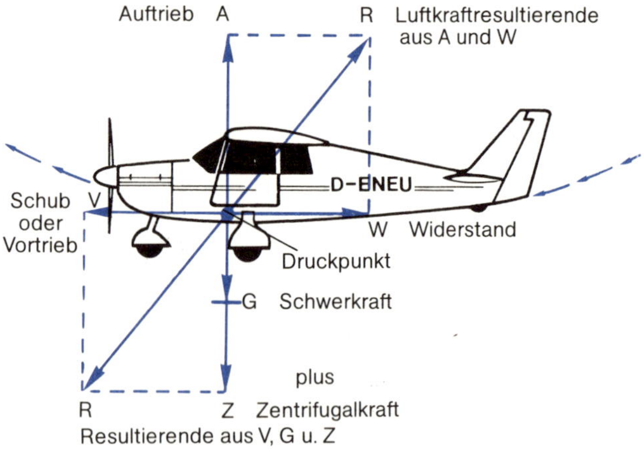

Die Luftkräfte im Abfangbogen

genen Geschwindigkeit und dem Radius des Abfangbogens abhängig ist. Eine Verdopplung oder gar Vervielfachung der Schwerkraft ist dabei schnell erreicht. Die daraus resultierenden hohen Belastungen sind nicht nur eine Gefahr für die ganze Konstruktion. Die verstärkt nach unten wirkenden Kräfte (Schwerkraft und Zentrifugalkraft) müssen vor allem auch durch einen entsprechend großen Auftrieb ausgeglichen werden.

Im **Kurvenflug** addiert sich ebenfalls die Zentrifugalkraft zur Schwerkraft. Beide zusammen bilden als Resultierende das Scheinlot, das in der sauber geflogenen Kurve stets senkrecht zur Querachse des Flugzeuges wirkt. Den beiden Komponenten des Scheinlotes entsprechend bildet auch der Auftrieb zwei Komponenten: eine der Zentrifugalkraft entgegenwirkende, horizontal gerichtete Auftriebskomponente und eine der Schwerkraft entgegengesetzte, senkrecht nach oben wirkende Auftriebskomponente.

Kriterium für einen sauberen Kurvenflug ist, daß die Komponenten von Zentrifugalkraft und horizontal wir-

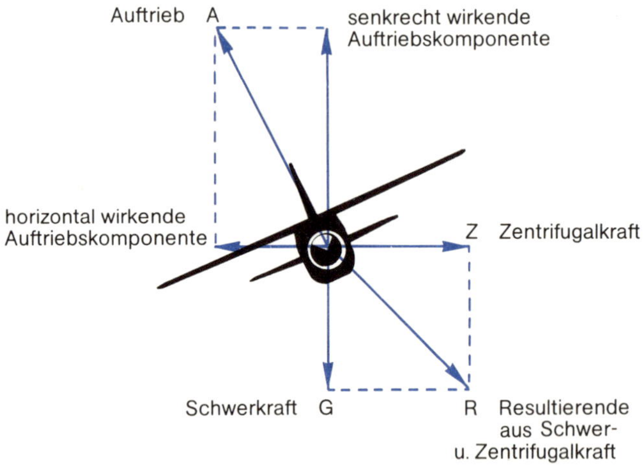

Die Luftkräfte im zu flachen Kurvenflug

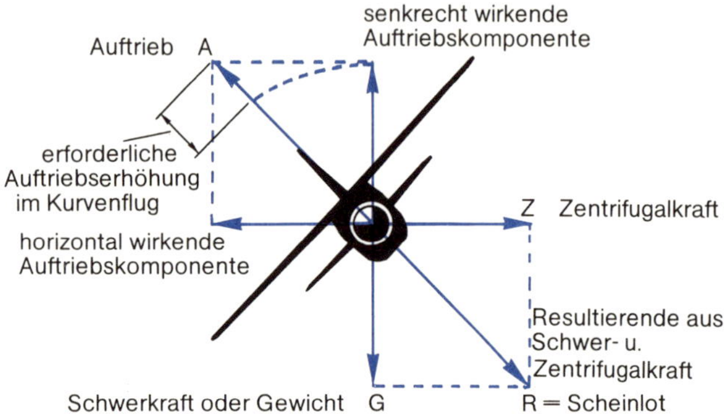

Die Luftkräfte im sauberen Kurvenflug

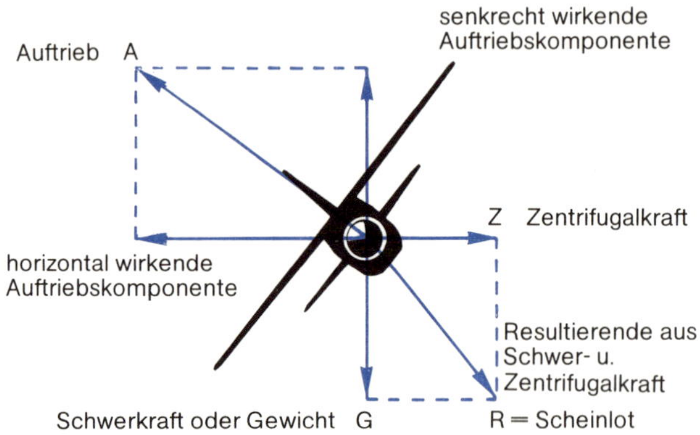

Die Luftkräfte im zu steilen Kurvenflug

kendem Auftrieb im Gleichgewicht sind. Ist eine Kraft größer als die andere, schiebt oder schmiert die Maschine:

- Ist in einer Kurve die Komponente der Zentrifugalkraft größer als die des horizontal wirkenden Auftriebes, dann schiebt die Maschine nach außen, die Kurve ist zu flach geflogen, die Maschine beginnt zu steigen.
- Ist in einer Kurve die Komponente des horizontal wirkenden Auftriebes größer als die Zentrifugalkraft, dann schmiert die Maschine nach innen, die Kurve ist zu steil geflogen, die Maschine beginnt zu sinken.

Natürlich müssen sich auch die Resultierenden auf beiden Seiten »aufwiegen«. Da aber eine wachsende Zentrifugalkraft einen wachsenden Anteil des Auftriebes als horizontal wirksame Komponente absorbiert, bedeutet das eben auch, daß in Abhängigkeit von der Zentrifugalkraft bei jeder Richtungsänderung auch ein entsprechend höherer Gesamtauftrieb notwendig ist. Um wieviel er größer sein muß, hängt von der Größe des

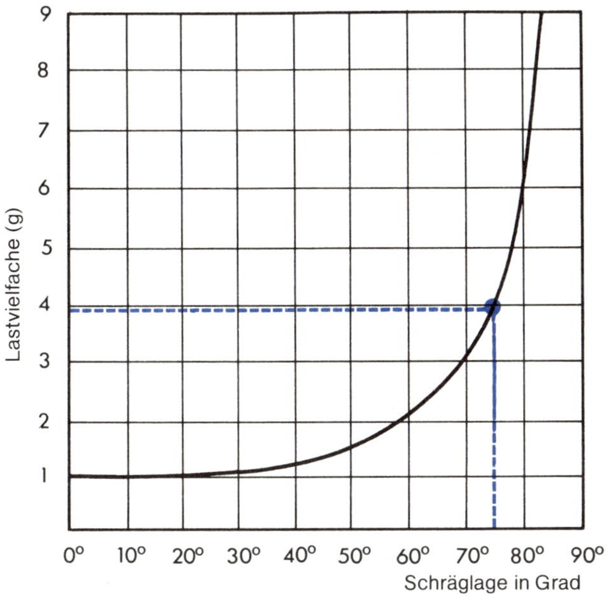

Das Lastvielfache im Kurvenflug

Lastvielfachen ab. Es wird als Faktor der normalen Schwerkraft (= Gewicht), die mit 1 g bezeichnet wird, angegeben. Verstärkt die Fliehkraft die Schwerkraft auf das Doppelte, fliegt die Maschine mit 2 g und hat so das doppelte Gewicht und die doppelte Belastung auszuhalten. Um das Gleichgewicht wieder herzustellen, muß auch der Auftrieb den doppelten Wert erreichen.

Das Lastvielfache steigt mit zunehmender Schräglage zunächst erst langsam, ab einer Schräglage von mehr als 45° dann aber sehr schnell. Bei 60° ist eine Verdopplung erreicht, weitere 10° genügen schon für eine Verdreifachung. Bei 80° ist nahezu eine Versechsfachung von Gewicht und Auftrieb erreicht.

Höhere Werte beim Lastvielfachen sind nicht nur eine Gefahr für den Piloten (4g bedeuten für ihn vierfaches Körpergewicht und früher oder später Blutleere im Gehirn und damit Gefahr der zeitweisen Bewußtlosigkeit), sondern auch für die Maschine. Ihre Festigkeit hat von der Auslegung der Konstruktion her natürliche Grenzen. Daraus resultieren die im Flughandbuch angegebenen Betriebsgrenzen. Die dort für den positiven wie den negativen Bereich angegebenen g-Obergrenzen dürfen keinesfalls überschritten werden.

Damit der zur Kompensation eines höheren Lastvielfachen notwendige größere Auftrieb auch tatsächlich erreicht wird, ist natürlich eine größere Fluggeschwindigkeit notwendig. Bezogen auf den Bereich der Überziehgeschwindigkeit aber heißt das:

- In einer Kurve ist die Überziehgeschwindigkeit immer größer als im Geradeausflug.
- Die Kurvenüberziehgeschwindigkeit ist abhängig von der Schräglage.
- Die Kurvenüberziehgeschwindigkeit wird berechnet nach der Formel:
  $V_{SK} = V_S \cdot \sqrt{\text{Lastvielfaches}}$.

Für eine Maschine mit einer Überziehgeschwindigkeit von 60 kt (V_S = stalling speed) ergibt sich so bei einer Schräglage von 60° eine Kurvenüberziehgeschwindigkeit (V_{SK} = turn stalling speed) von 84,6 kt
($V_{SK} = 60 \cdot \sqrt{2} = 60 \cdot 1{,}41 = 84{,}6$).

Für die wichtigsten Überziehgeschwindigkeiten im Horizontalflug ergeben sich im Kurvenflug folgende Überziehgeschwindigkeiten:

Überziehgeschwindigkeit in kt V_s (stalling speed in kt) im Horizontalflug	Kurvenüberziehgeschwindigkeit in kt V_{sk} (turn stalling speed in kt) bei Schräglage (bankangle) 30°	45°	60°	75°
40	43	47,5	56,4	78,6
50	53,7	59,4	70,5	98,3
60	64,5	71,2	84,6	117,9
70	75,2	83,1	98,7	137,6
80	86	95	112,8	157,3
90	96,7	106,9	126,9	176,9
100	107,5	118,8	141	196,6
110	118,2	131	155,1	216,2
120	129	142,6	169,2	235,9

Die gleiche Rechnung gilt dann auch für den Geradeausflug, wenn plötzlich Änderungen der Flugbahn eintreten. Natürlich ist es dem Flugzeug dabei gleichgültig, ob diese Änderung vom Piloten absichtlich eingeleitet wird (wie etwa das Abfangen nach einem Sturzflug) oder durch starke Böen verursacht wird. In jedem Fall führt das höhere Lastvielfache zu einer höheren Überziehgeschwindigkeit.

Bei starken Vertikalböen besteht die Gefahr aber nicht nur durch die höhere Überziehgeschwindigkeit. Das höhere Lastvielfache macht sich auch im schnellen Reiseflug bemerkbar. Hier nämlich wirkt es sich auf die Belastbarkeit der Konstruktion aus. Die Geschwindigkeit ist deshalb sofort auf die im Flughandbuch vorgegebene Manövergeschwindigkeit (V_a = maneuvering speed) zu reduzieren. Sie gewährleistet, daß die höchstzulässige Belastung nicht überschritten wird. Die Manövergeschwindigkeit ist gleichzeitig die Obergrenze für Flugmanöver mit vollen Ruderausschlägen.

Das Gleichgewicht der 5 auf ein Flugzeug einwirkenden Kräfte ist eine sehr anfällige Sache. Jede Einwirkung von außen (etwa Böen) oder von innen (Steuerausschläge durch den Piloten) hat Auswirkungen auf die **Stabilität** um eine oder mehrere der drei Achsen und damit letztlich auf das gesamte Gleichgewicht der Kräfte. Die Stabilitätsverhältnisse an den drei Achsen und ihre Auswirkungen aufeinander verdienen deshalb wohl einige Aufmerksamkeit des Piloten.

Definiert ist die Stabilität entsprechend den **Gleichgewichtszuständen,** die ein Körper einnehmen kann. Bekanntlich ist er dann im Gleichgewicht, wenn die Summe aller auf ihn wirkenden Kräfte oder Drehmomente gleich Null ist. Unter dieser Bedingung erfährt er keine Änderung des Bewegungszustandes; er ist also in Ruhe oder bleibt bei seiner gegebenen, geradlinigen Bewegung. Für den ruhenden Körper gibt es drei Arten des Gleichgewichtes (statische Stabilität oder Gleichgewicht der Lage):

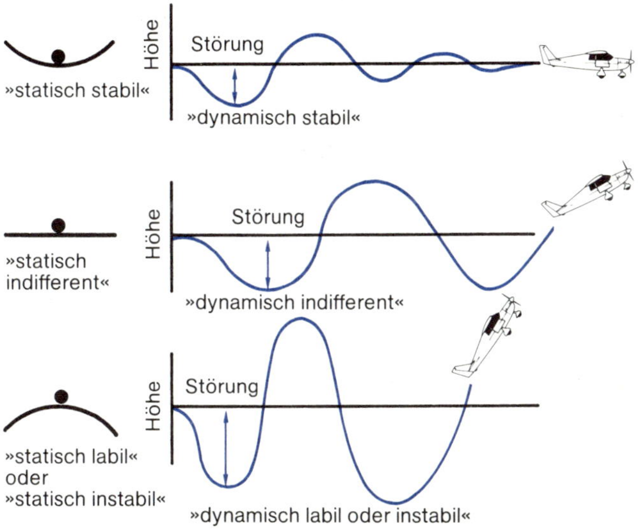

Die Gleichgewichtszustände

- **Statisch stabil** ist ein Körper, wenn er nach einer Störung aus seiner Gleichgewichtslage wieder in die Ausgangslage zurückkehrt. Im Schwerefeld hat sein Schwerpunkt die tiefstmögliche Lage, seine potentielle Energie beträgt ein Minimum. Eine statisch stabile Kugel liegt in einer Schale am tiefsten Punkt. Wird sie bewegt, rollt sie stets zum tiefsten Punkt der Schale zurück.
- **Statisch labil** ist ein Körper, wenn er nach einer Störung aus seiner Gleichgewichtslage nicht wieder in die Ausgangslage zurückkehrt. Im Schwerefeld hat sein Schwerpunkt die höchstmögliche Lage, seine potentielle Energie beträgt ein Maximum. Eine statisch labile Kugel liegt auf einer Wölbung am höchsten Punkt. Wird sie bewegt, entfernt sie sich schnell von ihrer Ausgangslage und kehrt nicht mehr dorthin zurück.
- **Statisch indifferent** ist ein Körper, wenn er nach einer Störung aus seiner Gleichgewichtslage weder in die Ausgangslage zurückkehrt noch in eine andere Lage strebt, sondern vielmehr in der Lage bleibt, in die er durch die Störung gebracht wurde. Im Schwerefeld wird sein Schwerpunkt weder gehoben noch gesenkt, seine potentielle Energie ändert sich nicht. Eine statisch indifferente Kugel liegt auf einer ebenen Fläche. Wird sie bewegt, rollt sie in der Richtung des Anstoßes und bleibt irgendwo im neuen indifferenten Gleichgewicht liegen.

Neben der statischen Stabilität gibt es die dynamische Stabilität. Während es bei der statischen Stabilität um die Bewegungstendenz eines ruhenden Körpers geht, der nach einer Bewegung wieder in die Ruhe (einen neuen statischen Bewegungszustand) zurückkehrt, handelt es sich bei der dynamischen Stabilität um die Bewegungstendenz eines bewegten Körpers, der nach einer Störung seines Bewegungsablaufes in einen veränderten Lauf seiner Bewegung kommt.

- **Dynamisch stabil** ist ein Körper, wenn er nach einer Störung aus seiner gleichförmigen Bewegung wieder zu seiner ursprünglichen Bewegung zurückkehrt. Ein dynamisch stabiles Flugzeug kehrt nach einer Störung an der Querachse nach einigen Pumpbewegungen wieder zur vorher gegebenen, horizontalen Flugrichtung zurück.
- **Dynamisch labil** ist ein Körper, wenn er nach einer Störung aus seiner gleichförmigen Bewegung nicht wieder zu seiner ursprünglichen Bewegung zurückkehrt, sondern sich immer weiter von ihr entfernt. Ein dynamisch labiles Flugzeug kehrt nach einer Störung an der Querachse nicht wieder zur vorher gegebenen, horizontalen Flugrichtung zurück, sondern entfernt sich vielmehr immer weiter von ihr (bis zum Absturz).

- **Dynamisch indifferent** ist ein Körper, wenn er nach einer Störung aus seiner gleichförmigen Bewegung nicht wieder zu seiner ursprünglichen Bewegung zurückkehrt, sondern im Rahmen der Ablenkung einer neuen Bewegungsrichtung folgt. Ein dynamisch indifferentes Flugzeug kehrt nach einer Störung an der Querachse nicht wieder zur vorher gegebenen, horizontalen Flugrichtung zurück, sondern folgt der durch die Störung verursachten, neuen Bewegungsrichtung (es pumpt weiter).

Es leuchtet ein, daß ein Flugzeug um alle drei Achsen möglichst stabil sein sollte, damit der Pilot nicht jede kleine Störung mit dem entsprechenden Ruder korrigieren muß, da sonst das Flugzeug von seiner ursprünglichen Fluglage abweichen würde. Andererseits darf aber die Stabilität nicht so groß sein, daß die Maschine nur noch mit größerem Kraftaufwand gesteuert werden könnte. Ziel aller Konstrukteure ist es daher, um alle drei Achsen eine möglichst ausgewogene Stabilität zu erreichen. Sie ist dann gegeben, wenn das stabilisierende Moment kleiner ist als der eine Bewegung auslösende Steuerauschlag, aber größer als die Momente gewöhnlicher Störungen von außen. Bezogen auf die drei Achsen eines Flugzeuges bedeutet die Stabilisierung im einzelnen:

Die **Längsstabilität** (= Stabilität um die Querachse) wird mit dem eigenstabilen Teil des Höhenleitwerkes, der Höhenflosse erreicht. Sie schafft über die Anstellwinkeldifferenz und den Hebelarm des Rumpfes eine Dämpfung und Begrenzung der Druckpunktwanderung (vgl. S. 15). Eine mit dem Höhenruder eingeleitete Richtungsänderung um die Querachse führt deshalb nicht zu einer dauernden, sondern nur zur zeitweisen Änderung der ursprünglichen Bewegungsrichtung. Bleibt das Höhenruder nicht ausgeschlagen, sorgt der an der Höhenflosse entstehende Auf- oder Abtrieb zur Zurückführung des Druckpunktes an der Tragfläche und damit für die Zurückführung der Maschine in die ursprüngliche Bewegungsrichtung. Das selbständige Zurückkehren in die ursprüngliche Gleichgewichtslage ist der Beweis, daß die Maschine längsstabil ist.

Die **Kursstabilität,** auch Richtungsstabilität genannt (= Stabilität um die Hochachse), ist dann gegeben, wenn das Flugzeug um die Hochachse auftretende Störungen, ohne daß eine Korrektur durch den Piloten notwendig ist, selbst ausgleicht. Sie wird erreicht mit dem eigenstabilen Teil des Seitenleitwerkes, der Seiten-

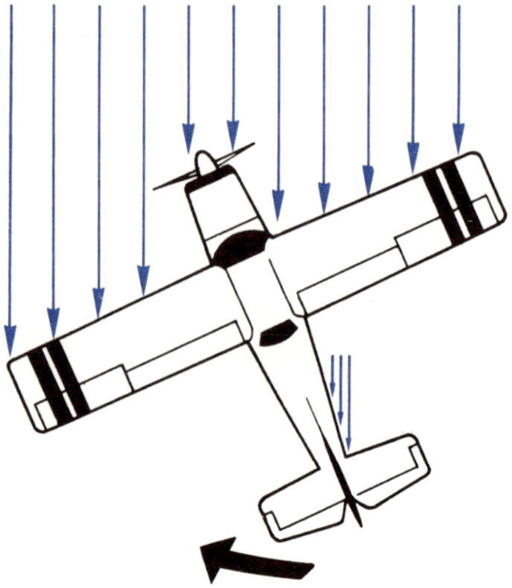

Der Windfahneneffekt von Rumpf und Seitenflosse

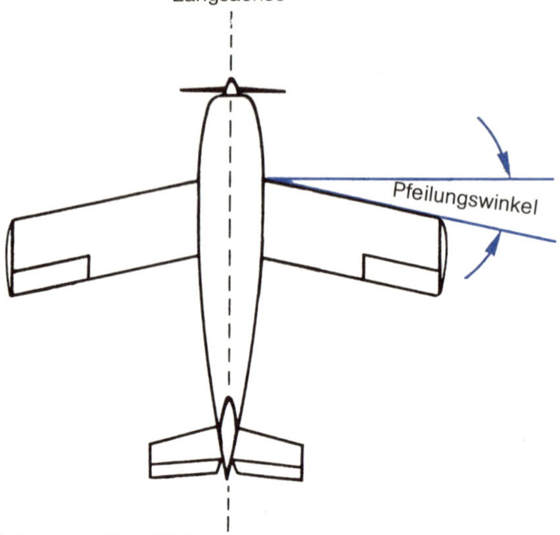

Die Pfeilung der Tragflächen

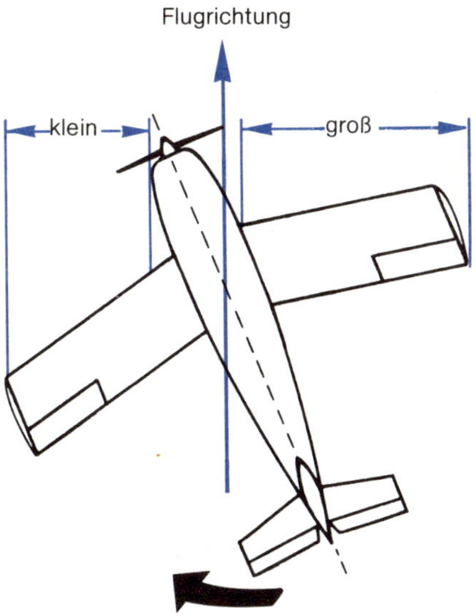

Die Kursstabilisierung durch Pfeilung

flosse. Sie schafft über den Windfahneneffekt und den Hebelarm des Rumpfes eine Rückführung der Maschine in die ursprüngliche Richtung.
Unterstützt wird die Arbeit der Seitenflosse bei manchen Maschinen mit einer Pfeilung der Tragflächen. Dadurch bekommt die voreilende Fläche eine größere Stirnfläche und damit natürlich auch einen größeren Widerstand. Bei der zurückbleibenden Fläche ist es umgekehrt. Beide Wirkungen addieren sich und drehen das Flugzeug, bis beide Flächen wieder im Gleichgewicht sind und die alte Richtung wieder erreicht ist. Das selbständige Zurückkehren in die ursprüngliche Richtung ist der Beweis, daß die Maschine kursstabil ist.
Die **Querstabilität** (= Stabilität um die Längsachse) ist dann gegeben, wenn das Flugzeug um die Längsachse auftretende Störungen ohne Eingreifen des Piloten selbst ausgleicht. Sie wird erreicht über eine V-Form der Tragflächen. Die Auftriebskräfte der beiden Tragflächen wirken dann unterschiedlich, wenn eine Böe das Flugzeug aus der Waagerechten gebracht hat. In der Schräglage nimmt der Auftrieb an der gehobenen Fläche ab, an der gesenkten nimmt er zu. Das hat seinen Grund darin, daß der Auftrieb immer senkrecht zur erzeugenden Fläche wirkt. Zerlegt man die Luftkraft mit dem Kräfteparallelogramm in Auftrieb und Seitenzug, dann zeigt sich, daß die horizontal wirkende Komponente des Auftriebes (= Seitenzug) an der jeweils gehobenen Fläche größer ist als an der gesenkten. Größerer Seitenzug bewirkt aber auch geringere Größe des senkrecht wirkenden Teils des Auftriebes. Die gehobene Fläche bekommt folglich einen geringeren Auftrieb als die gesenkte; die Maschine dreht selbständig in die Waagerechte zurück. Das selbständige Zurückkehren in die ursprüngliche Lage ist der Beweis, daß die Maschine querstabil ist.

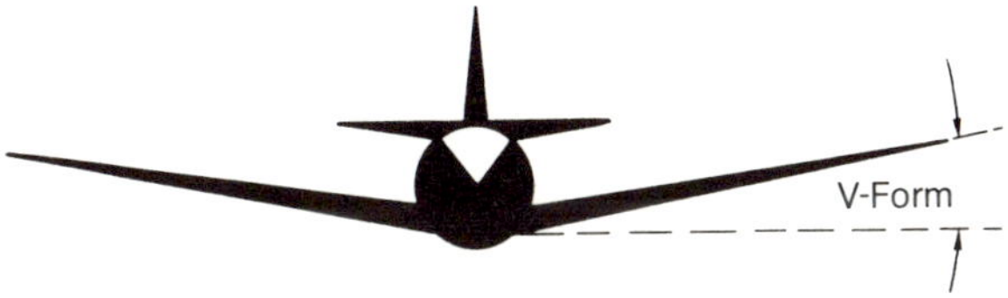

Die Querstabilisierung durch V-Form

Die **Seitenstabilität** ist keineswegs die Stabilität um eine vierte Achse, sondern der Oberbegriff, mit dem Kurs- und Querstabilität zusammengefaßt werden. Damit wird lediglich der Tatsache Rechnung getragen, daß es Stabilität um eine Achse eigentlich nur um die Querachse gibt. Alles was dagegen um die Hoch- und Längsachse geschieht, beeinflußt sich stets wechselweise. Eine Störung um die Längsachse zieht folglich stets auch eine Störung um die Hochachse nach sich. Die Eigenstabilität muß daher auch stets um beide Achsen wirksam sein – genauso wie für einen Eingriff des Piloten in das Geschehen um eine der beiden Achsen stets Quer- und Seitenruder benötigt werden.
Je stabiler eine Maschine um ihre drei Achsen ist, je schneller sie nach einer Störung wieder in die alte Bewegungsrichtung zurückkehrt, desto höher können die Ruderkräfte für den Piloten werden. Dies gilt natürlich hauptsächlich für das Höhenruder, da es am längsten in unterschiedlichen Stellungen gehalten werden muß. Um dem Piloten in dieser Situation zu helfen, wurde die **Trimmung** erfunden.

Theoretisch gibt es zumindest für die Trimmung um die Querachse (für die Längsstabilität also) zwei Möglichkeiten:

- Bei der **Gewichtstrimmung** wird über den Einbau von Trimmgewichten die Lage des Schwerpunktes verschoben bzw. korrigiert. Dieses Vorgehen beschränkt sich jedoch fast ausschießlich auf den Segelflug. Eine andere Möglichkeit sind Trimmtanks wie z. B. in der Concorde, bei der entsprechend der gerade erforderlichen Fluglage der Treibstoff in vordere oder hintere Tanks gepumpt wird.
- Bei der **Rudertrimmung,** auch aerodynamische Trimmung genannt, werden kleine, in die Ruder ein- oder angebaute Hilfsklappen verwendet, die vom Piloten während des Fluges verstellt werden können. Ein Ausschlag nach der einen oder anderen Seite verursacht am Ruder eine Wölbung, an deren Außenseite ein Sog entsteht. Dieser Sog zieht das Ruder in die gewünschte Stellung. Ein Ausschlag der Höhenrudertrimmung nach unten zieht das Ruder selbst nach oben. Dadurch entsteht auf der Unterseite von Ruderflosse und Ruder eine Wölbung. Ihr Sog sorgt dafür, daß das Ruder insgesamt nach unten geht und daß das Flugzeug schwanzlastig wird.

Für die Bedienung der Trimmung durch den Piloten gilt generell: Soll die Maschine schwanzlastig werden (etwa für den Steigflug), muß der Trimmhebel oder das Trimmrad zurückgeführt werden. Soll die Maschine dagegen kopflastiger werden (etwa für den Sinkflug), wird der Trimmhebel oder das Trimmrad nach vorne geführt.

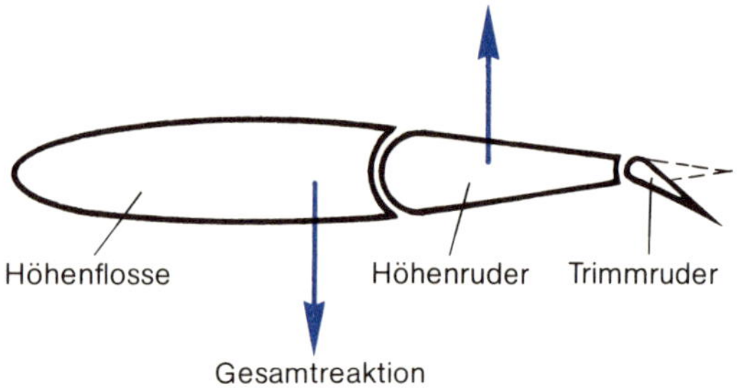

Die Rudertrimmung

Das **Flettnerruder** ist eine Sonderform der Rudertrimmung. Es dient nicht eigentlich der aerodynamischen Veränderung der Nullstellung eines Ruders, sondern der Verringerung der aufzubringenden Steuerkräfte. Dafür bewegt sich das Flettnerruder bei jedem Steuerausschlag automatisch mit, schlägt aber immer in entgegengesetzter Richtung aus. Es verursacht so stets in Richtung des Ausschlages des eigentlichen Ruders einen Sog und »zieht« es damit in die gewünschte Richtung. Diese Form der Rudertrimmung wird auch aerodynamischer Ruderausgleich genannt.

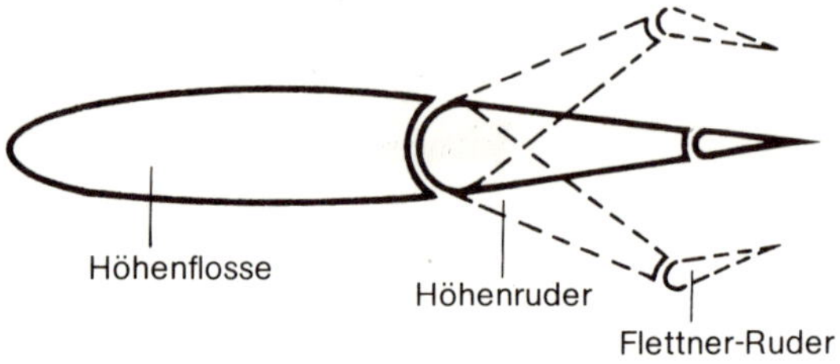

Das Flettner-Ruder

Die **Bügelkante** ist ebenfalls eine Sonderform der Rudertrimmung. Sie besteht aus einem verbiegbaren Blech, das häufig an den Hinterkanten des Seiten- und Querruders zu finden ist. Im Gegensatz zur normalen Rudertrimmung kann die Bügelkante nicht im Fluge verstellt werden. Über sie können Unstimmigkeiten, die sich an einem Ruder in der Luft gezeigt haben, am Boden korrigiert werden. Hängt etwa ein Flugzeug im Flug dauernd links, dann muß eine am linken Querruder angebrachte Bügelkante nach oben gebogen werden.

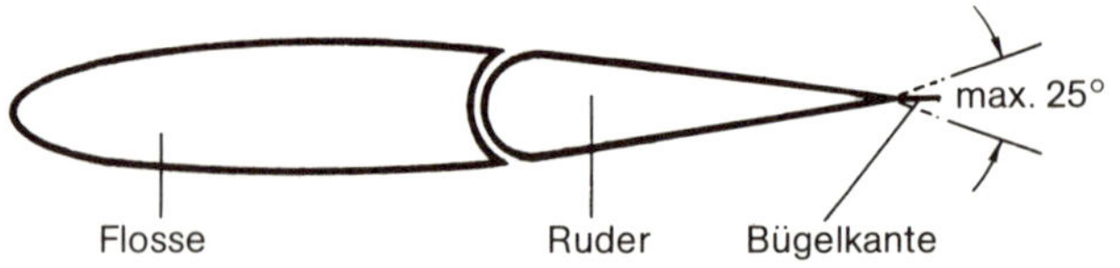

Die Bügelkante

Dadurch erfolgt im Fluge automatisch ein geringerer Ausschlag des linken Querruders nach unten (und natürlich des rechten Querruders nach oben) – die Maschine kommt von selbst in die Waagerechte.
Alle Finessen der Konstrukteure, die dem Druckpunkt seinen Wandertrieb austreiben und der Maschine ihre Stabilität geben sollen, behalten ihre Wirkung nur so lange, wie die dem Druckpunkt korrespondierende Größe, der Schwerpunkt nämlich, nicht auch zu wandern beginnt. Wird seine Lage verändert, bildet sich zwischen ihm und dem Druckpunkt sofort wieder der gefährliche Hebelarm, der alle Bemühungen der Konstrukteure zunichte macht und dazu führen kann, daß die zur Stabilisierung der Maschine vorhandenen Ruder zur Aufrechterhaltung der Stabilität im Fluge nicht mehr ausreichen. Da die korrekte Lage des Schwerpunktes ausschließlich von der Beladung der Maschine abhängig ist, hat hier der Pilot seinen Beitrag zu leisten, damit seine Maschine wirklich im größtmöglichen Gleichgewicht der Kräfte und mit optimaler Stabilität fliegen kann.

Der **Schwerpunkt** eines Flugzeuges ist definiert als der Massenmittelpunkt (CG = center of gravity), an dem alle Schwerkräfte angreifen. Könnte man das Flugzeug an diesem Punkt unterstützen, würde es, solange nur die Schwerkraft wirksam wäre, in jeder Lage im Gleichgewicht bleiben. Bekanntlich muß dieser Schwerpunkt möglichst genau mit dem Druckpunkt zusammenfallen, damit kein die Stabilität der Maschine gefährdender Hebelarm entstehen kann.
Die maximal zulässige Entfernung des Schwerpunktes von der Ideallage nach vorne oder hinten ist für jeden Flugzeugtyp vom Konstrukteur festgelegt und im Flughandbuch als »zulässiger Bereich« exakt definiert. Es ist die Pflicht jedes Piloten, vor jedem Flug nachzuprüfen, ob der Schwerpunkt seiner Maschine wirklich im zulässigen Bereich liegt. Eine Maschine mit Schwerpunkt außerhalb des zulässigen Bereiches ist extrem gefährlich, da die Steuermöglichkeiten des Piloten stark eingeschränkt sind!

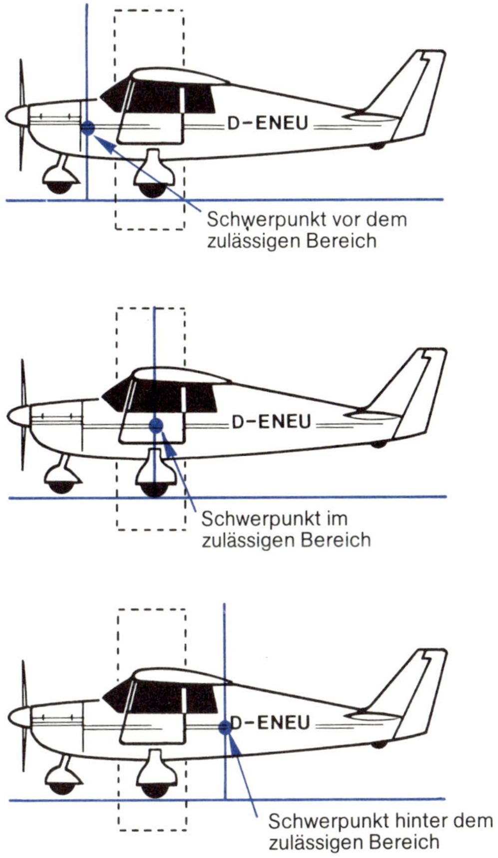

Die Lage des Schwerpunktes

Liegt der Schwerpunkt durch falsche Beladung der Maschine vor dem zulässigen Bereich, stellen sich sofort verschiedene ungünstige Eigenschaften ein:
- Die Überziehgeschwindigkeit steigt spürbar an.
- Der Steuerdruck am Höhenruder nimmt stark zu.
- Die Flugleistungen nehmen rapide ab.
- Die Belastung für das Bugrad wird zu groß.

Liegt der Schwerpunkt durch falsche Beladung der Maschine hinter dem zulässigen Bereich, stellen sich sofort höchst gefährliche Eigenschaften ein:
- Das Überziehverhalten ändert sich. Die Maschine reagiert im überzogenen Zustand u.U. auch nicht

- mehr auf das Seitenruder. Bei manchen Typen besteht sogar die Gefahr, daß sie ins Flachtrudeln geraten.
- Der Steuerdruck am Höhenruder nimmt stark ab. Es wächst die Gefahr, das Höhenruder falsch zu bedienen.
- Die Längsstabilität ist spürbar schlechter.
- Im unteren Geschwindigkeitsbereich ist die Maschine kaum kontrollierbar.

Zur Kontrollrechnung, ob die Zuladung (Benzin, Öl, Pilot, Passagiere, Gepäck) den Schwerpunkt nicht aus dem zulässigen Bereich gebracht hat, sind vier Gewichtsarten zu berücksichtigen:

- Das *Leergewicht* (empty weight) beinhaltet das Gewicht der leeren Maschine einschließlich fest eingebauter Ausrüstung, nicht ausfliegbarem Kraftstoff, nicht ablaßbarem Öl und eventuell vorhandener Hydraulik-Flüssigkeit.
- Die *Zuladung* oder *Nutzlast* (useful load) beinhaltet das Gewicht des Piloten, der Passagiere, des Gepäcks, des ausfliegbaren Kraftstoffes und des ablaßbaren Öles.
- Das *Fluggewicht* (gross weight oder take-off weight) beinhaltet das Leergewicht und die Zuladung.
- Das *höchstzulässige Fluggewicht* beinhaltet das Leergewicht und die im Flughandbuch festgelegte, maximal mögliche Zuladung. Sie darf unter keinen Umständen überschritten werden. Häufig ist es sogar notwendig, unter der maximalen Zuladung zu bleiben, um einen sicheren Start zu gewährleisten (vgl. S. 102).

Steht unter Berücksichtigung der atmosphärischen Bedingungen (Abweichungen von der Standardatmosphäre), der Startbahnlänge und ihrem Zustand die mögliche Zuladung fest, gilt es, die Lage des Schwerpunktes exakt zu berechnen, damit gewährleistet wird, daß der Schwerpunkt im zulässigen Bereich liegt.

Für die Berechnung muß die Zuladung nach den Ladestationen (den Orten, wo die Zuladung hinkommt) aufgeteilt werden. Normalerweise sind diese Stationen die Sitze (für das Gewicht von Pilot und Passagieren), die Tanks und der Gepäckraum. Für die möglichen Ladestationen sind im Flughandbuch die Entfernungen zu einer Bezugsebene angegeben. Diese Bezugsebene ist in der Regel die Spinnernase (manchmal auch das Brandschott oder ein anderer Bezugspunkt).

Die Entfernungen der Ladestationen von der Bezugsebene sind die Hebelarme, mit denen die einzelnen Zuladungen auf den Schwerpunkt wirken. Nach dem Hebelgesetz ergibt sich ihr Drehmoment aus dem Produkt von Kraft (Gewicht) und Kraftarm (Hebelarm):

$$\text{Drehmoment} = \text{Kraft} \times \text{Hebelarm}.$$

Nach dieser Formel wird für jede Ladestation das Drehmoment ausgerechnet. Schließlich werden alle Momente und alle Kräfte (Gewichte) addiert. Das Ergebnis ist ein Gesamtmoment und eine Gesamtkraft (Gesamtgewicht). Wird das Gesamtgewicht durch die Gesamtkraft dividiert, ergibt sich die Lage des Schwerpunktes als Entfernung von der Bezugsebene:

$$\text{Schwerpunkt} = \frac{\text{Gesamtmoment}}{\text{Gesamtkraft}}$$

Für die Berechnung der Schwerpunktlage wird ein einheitliches Schema verwendet, das **Ladeplan** genannt wird. In ihm sind nach den Angaben im Flughandbuch die fixen Größen wie das Leergewicht und sein Drehmoment sowie die Hebelarme der einzelnen Ladestationen schon eingetragen, so daß nur noch die Gewichte der Ladestationen auszufüllen und ihr Drehmoment auszurechnen ist. Als Beispiel sei ausgegangen von einem kleinen zweisitzigen Flugzeug mit einem

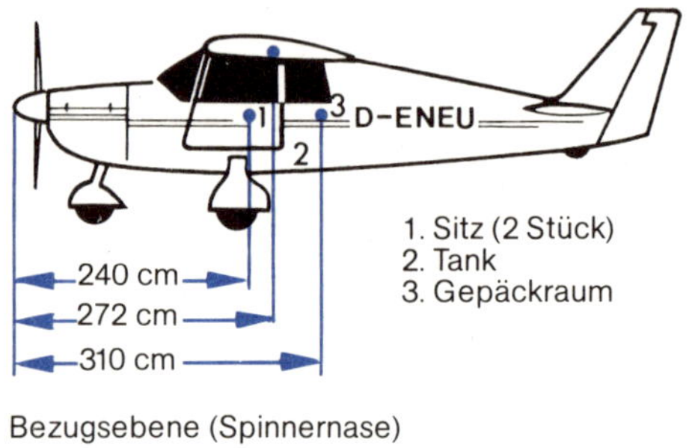

Die Ladestationen

höchstzulässigen Fluggewicht von 720 kg. Sein Schwerpunkt darf zwischen 230 und 250 cm von der Bezugsebene entfernt liegen, und als Zuladung sollen zwei Personen mitfliegen. Als Zuladung und als Hebelarme ergibt sich im einzelnen:

2 Personen 160 kg Hebelarm der Ladestation 240 cm
Kraftstoff 40 kg Hebelarm der Ladestation 272 cm
Gepäck 16 kg Hebelarm der Ladestation 310 cm

Eingetragen in den Ladeplan ergibt sich folgende Rechnung:

Station	Kraft (Gewicht) × Hebelarm =		Drehmoment
	Gewicht (Kraft) in kg	Hebelarm in cm	Drehmoment in cm/kg
Leergewicht	475,0 kg	laut Flughandbuch	112330 cm/kg
1. Sitze	**160 kg**	240 cm	**38400 cm/kg**
2. Kraftstoff	**40 kg**	272 cm	**10880 cm/kg**
3. Gepäck	**16 kg**	310 cm	**4960 cm/kg**
Gesamtgewicht = (Gesamtkraft)	**691 kg**	Gesamtmoment	**166570 cm/kg**

Die Division von Gesamtmoment durch Gesamtkraft ergibt die Lage des Schwerpunktes bei dieser Beladung:

$$\text{Schwerpunkt} = \frac{\text{Gesamtmoment}}{\text{Gesamtkraft}}$$

$$= \frac{166570}{691} = 241{,}05 \text{ cm.}$$

Da in diesem Fall 230 bis 250 cm zulässig sind, liegt der Schwerpunkt mit 241,05 cm völlig korrekt. Auch das Gesamtgewicht von 691 kg übersteigt das zulässige Fluggewicht von 720 kg nicht. Ist die vorhandene Startbahn für die Maschine unter den gegebenen atmosphärischen Bedingungen (vgl. S. 101) ausreichend, kann mit der vorgesehenen Zuladung gestartet werden. Zeigt sich dagegen, daß das Startgewicht für die vorhandene Startbahn zu hoch ist und die Zuladung deshalb reduziert werden muß, muß auch unbedingt der Ladeplan neu durchgerechnet werden, damit der Schwerpunkt unter allen Umständen im zulässigen Bereich ist.

Das Profil und die Luftschraube

Jede Tragfläche liefert Auftrieb, weil sie ein Profil hat und mit einem bestimmten Anstellwinkel gegen die Luft bewegt wird. Dabei ist es gleichgültig, in welcher Richtung die Fläche bewegt wird. Das gilt selbst dann, wenn es im Kreis herumgeht. Wird sie etwa an einem Ende fixiert und horizontal gedreht, wird ein Rotorblatt eines Hubschraubers daraus. Läßt man sie dagegen vertikal drehen, wird ein Propellerblatt daraus.
Die zwei, drei oder auch mehr Blätter eines Propellers bewegen sich in Nabennähe auf einem kleinen, gegen die Blattspitzen hin auf einem großen Rotationsweg. Entsprechend ergibt sich daraus in Nabennähe stets eine relativ geringe, in Blattspitzennähe stets eine relativ hohe Umfangsgeschwindigkeit. Um die unterschiedliche Anströmungsgeschwindigkeit auszugleichen, weist jedes Propellerblatt in Nabennähe einen großen, gegen die Blattspitze hin immer kleiner werdenden Einstellwinkel auf.

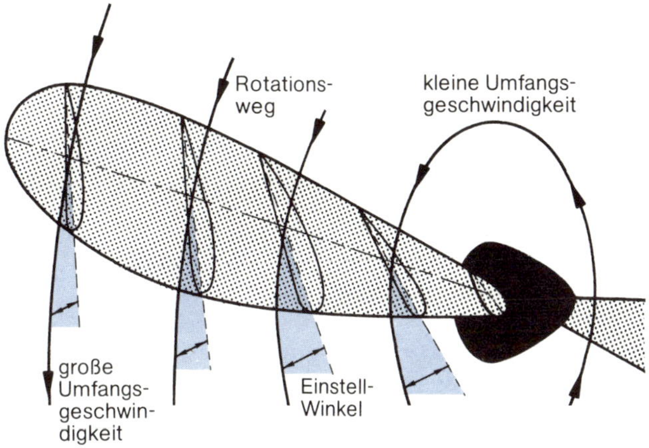

Der Einstellwinkel am Propeller

Dieser **Einstellwinkel** wird auch Steigungswinkel genannt und ist definiert als der Winkel zwischen der Profilsehne des Blattes und der Rotationsebene des Propellers. Dadurch, daß seine Größe von der Nabe aus kontinuierlich abnimmt (= Schränkung), wird erreicht, daß das Blatt über seine ganze »Spannweite« einen möglichst gleichmäßigen »Auftrieb« liefert. Wäre der Steigungswinkel dagegen von der Nabe bis zur Blattspitze gleich, dann würde der innere Teil wegen der zu geringen, der äußere Teil dagegen wegen der zu großen Geschwindigkeit keinen »Auftrieb« liefern.

Die Blätter bewegen sich nicht wie eine Tragfläche geradlinig durch die Luft, sondern aufgrund der Vorwärtsbewegung des Flugzeuges auf einer spiralförmigen Bahn, die mit der Steigung einer Schraube verglichen werden könnte. Allerdings bewegt sich der Propeller im Gegensatz zu einer Holzschraube nicht durch festes Material, sondern durch teilweise ausweichende Luft. Das bringt es mit sich, daß sich kein Propeller auf der Spirale bewegt, die durch seine Steigung vorgegeben wäre. Tatsächlich ist die Vorwärtsbewegung pro Umdrehung geringer als das »Soll«. Die Differenz zwischen der Vorgabe durch die mittlere Steigung am Propellerblatt und der tatsächlichen Vorwärtsbewegung ist der **Schlupf.**

Neben dem Steigungswinkel (= Einstellwinkel), der als konstruktiv vorgegebene Größe beim starren Propeller nicht veränderbar ist, gibt es an jedem Propeller – ähnlich wie an der Tragfläche – auch einen **Anstellwinkel.** Er ist definiert als der Winkel zwischen der Profilsehne des Blattes und der Bewegungsrichtung des Propellers durch die ruhende Luft. Im Standlauf entspricht er dem Steigungswinkel. Mit zunehmender Fluggeschwindigkeit wird er immer kleiner.

Ähnlich wie die Tragfläche erzeugt auch der Propeller mit seinem Profil auf der Vorderseite einen Sog. Der größere Teil des Vortriebes wird aber dadurch erzeugt, daß die Blätter die Luft nach hinten beschleunigen. Die Leistung des Triebwerkes (das Drehmoment) wird also in eine Rückstoßkraft (= Schub – auch ein Propeller liefert einen »Strahlantrieb«) umgesetzt. Die Reaktionskraft dazu ist der Vortrieb.

Das vom Propeller aufgenommene Drehmoment wächst mit dem Quadrat der Drehzahl; die aufgenommene Leistung mit der dritten Potenz. Der Wirkungsgrad eines Propellers ist drehzahl- und geschwindigkeitsabhängig. Er erreicht im besten Fall etwa 85% und errechnet sich aus dem Verhältnis von Vortrieb (Schub × Geschwindigkeit) und Wellenleistung (Drehmoment × Winkelgeschwindigkeit). Aufgrund ihres Wirkungsgrades können von Propellern nur Geschwindigkeiten bis etwa 700 km/h erreicht werden. Bei dieser Geschwindigkeit geraten die Blattspitzen bereits in den Überschallbereich, wo u.a. der Widerstand rapide wächst.

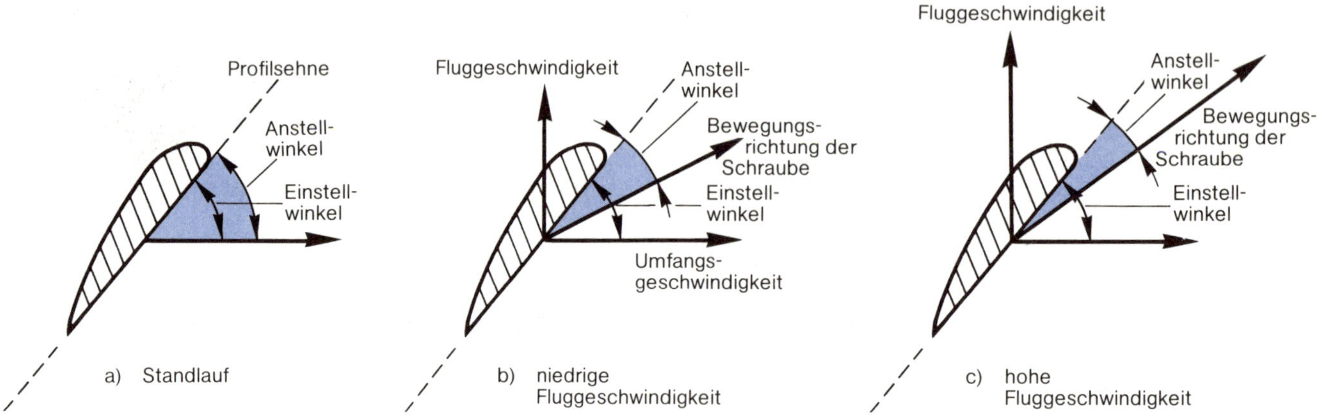

Der effektive Anstellwinkel des Propellers ist von der Fluggeschwindigkeit abhängig

Da mit zunehmender Fluggeschwindigkeit der effektive Anstellwinkel immer kleiner wird, kann ein starrer Propeller seinen maximalen Vortrieb nur bei einer bestimmten Geschwindigkeit erzeugen. Wird diese Geschwindigkeit überschritten, nimmt der Vortrieb trotz höherer Leistungszufuhr wieder ab. Daraus ergibt sich:

- Zur Beschleunigung aus dem Stand ist der Anstellwinkel zu groß.
- Für die Höchstgeschwindigkeit ist der Anstellwinkel zu klein.

Jeder starre Propeller ist also immer ein Kompromiß bezogen auf die überwiegenden Einsatzarten des Flugzeuges. Wechselt die Einsatzart, kann nur ein Wechsel des Propellers weiterhelfen. Unterschieden wird dabei zwischen Steig- und Reiseflugpropeller.
Der **Steigflugpropeller** (climb propeller) hat eine kleine Steigung (low pitch) und damit schon im Ausgangswert auch einen kleinen Anstellwinkel. Er produziert deshalb auch einen geringen Widerstand und läßt so eine höhere Drehzahl zu. Er erlaubt eine gute Umsetzung der Motorleistung in den unteren Geschwindigkeitsbereichen und hat deshalb seine Stärke im Steigflug (Schlepp von Segelflugzeugen). Für Reiseflüge eignet er sich dagegen weniger, da er die erreichbare Reisegeschwindigkeit ganz erheblich verringert.
Der **Reiseflugpropeller** (cruise propeller) hat eine große Steigung (high pitch) und damit schon im Ausgangswert auch einen großen Anstellwinkel. Er produziert im unteren Geschwindigkeitsbereich einen höheren Widerstand und kann deshalb bei Start und Steigflug nicht die maximale Motorleistung umsetzen. Dafür erreicht er seine Stärke im schnellen Reiseflug, da er dort die Motorleistung optimal umzusetzen vermag. Für den Schleppflug eignet er sich nicht, da die erreichbare Steigleistung dafür nicht ausreicht.
Die Lösung dieses Dilemmas, der Propeller mit der dem jeweiligen Flugzustand angepaßten Steigung, ist der **Verstellpropeller.** Seine Blätter sind in der Nabe drehbar gelagert, so daß im Start und im Steigflug eine geringe Steigung, im Schnellflug aber eine hohe Steigung eingestellt werden kann. Auch eine Steigung Null (kein Vortrieb) oder eine negative Steigung (Bremswirkung) sind bei größeren Verstellpropellern möglich. Ein stufenlos verstellbarer Propeller könnte mit einem stufenlos arbeitenden Getriebe verglichen werden, das zudem keine Kupplung benötigt.
Nimmt der Verstellpropeller mehr oder weniger automatisch die richtige Steigung für die optimale Motordrehzahl ein, handelt es sich um einen **Verstellpropeller mit konstanter Drehzahl** (constant-speed-propeller). Er ermöglicht es dem Piloten, selbst die richtige Steigung mit der dazugehörenden Motorleistung zu kombinieren. Für Start und Steigflug wird eine geringe Steigung mit hoher Leistung (Drehzahl) gekoppelt. Im Reiseflug wird eine große Steigung mit geringerer Leistung (Drehzahl) kombiniert. Alle Vorteile dieses Systems können aber nur voll genutzt werden, wenn die dazu im Flughandbuch gegebenen Hinweise genau beachtet werden.

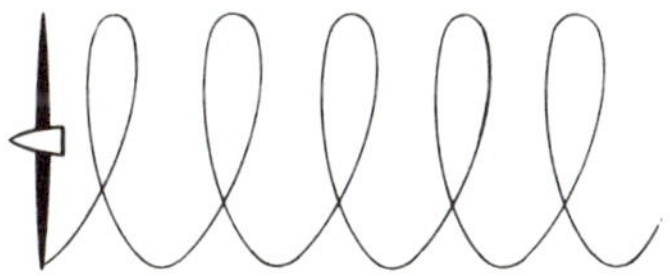

Propeller mit kleiner Steigung

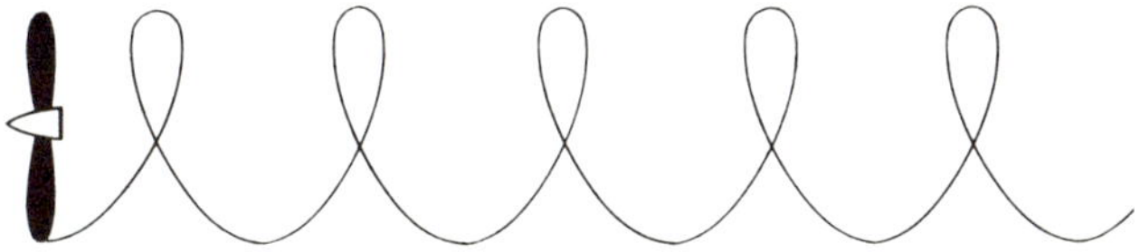

Propeller mit großer Steigung

Die kleinstmögliche Propellersteigung ist für den Start, die größtmögliche für den Reiseflug

Dazu gehört vor allem, daß der zu jeder Drehzahl gehörende Ladedruck (MP = manifold pressure) genau eingehalten wird. Wird er nämlich überschritten, wird der Motor überlastet. Um das in jedem Falle zu vermeiden, gibt es zwei einfache Regeln:

- Bei der Rücknahme der Leistung (etwa beim Übergang vom Steig- in den Reiseflug) wird erst der Ladedruck auf den vorgeschriebenen Wert reduziert. Danach erst erfolgt die Reduzierung der Drehzahl über die Propellerverstellung.
- Bei der Erhöhung der Leistung (etwa beim Übergang vom Reise- in den Steigflug) wird erst die Drehzahl über die Propellerverstellung erhöht. Danach erst erfolgt die Erhöhung des Ladedruckes auf den vorgeschriebenen Wert.
- Als Faustregel für das Verhältnis zwischen Ladedruck und Drehzahl gilt: Der Ladedruck in Zoll Hg darf außer beim Start höchstens den hundertsten Teil der Drehzahl/Minute betragen.

Die vom Piloten gesetzte Drehzahl wird über einen vom Motor mitgedrehten Fliehkraftregler automatisch gesteuert. Dieser Propeller-Regler (propeller governor) kompensiert vom Triebwerk ausgehende Leistungsveränderungen, indem er die Propellersteigung automatisch entsprechend anpaßt:

- Auf erhöhten Ladedruck reagiert der Propeller-Regler mit einer Erhöhung der Propellersteigung, damit die Drehzahl erhalten bleibt.
- Auf gesenkten Ladedruck reagiert der Propeller-Regler mit einer Verringerung der Propellersteigung, damit die Drehzahl erhalten bleibt.

Jeder Propeller setzt neben dem reinen Vortrieb einige »Störkräfte« frei, die in ihrer Gesamtwirkung als **Torque-Effekt** bezeichnet werden. Er ist abhängig von der Drehrichtung des Propellers. Dreht er wie bei unseren Sportmaschinen meist üblich im Uhrzeigersinn (in Flugrichtung gesehen), führt der Effekt dazu, daß das Flugzeug nach links um die Längsachse rollen möchte (also entgegengesetzt zur Drehrichtung des Propellers). Da eine Querneigung nach links automatisch eine Kurve nach links zur Folge hat, zeigt die Maschine insgesamt eine Tendenz, nach links auszubrechen.

Eine Ursache des Torque-Effektes ist, daß jeder Propeller ein spürbares Gegendrehmoment hat. Er versucht die Maschine in Gegenrichtung zum Propeller zu drehen. Dreht der Propeller nach rechts, hebt das Moment die rechte und senkt die linke Fläche.

Eine weitere Ursache ist der vom Propeller ausgelöste Luftstrom um die Maschine. Er zieht nämlich keineswegs gerade, sondern mit einem leichten Drall in der Drehrichtung des Propellers nach hinten. Bei rechts drehendem Propeller trifft er von links auf die Seitenruderflosse und läßt die Maschine nach links gieren.

Die dritte Ursache tritt nur im starken Steigflug auf. Dann nämlich ist der effektive Anstellwinkel des linken, nach oben schlagenden Blattes kleiner (seine Geschwindigkeit ist um die Steiggeschwindigkeit größer) als der des rechten, nach unten schlagenden Blattes (seine Geschwindigkeit ist um die Steiggeschwindigkeit kleiner). Auf der rechten Seite wird deshalb ein größerer Vortrieb erzeugt als auf der linken; die Giertendenz nach links wird verstärkt.

Der größte Teil des Torque-Effektes wird meist schon von den Konstrukteuren ausgeglichen. So haben viele Flugzeuge an der linken Tragfläche einen etwas größeren Einstellwinkel als an der rechten, um der Rolltendenz nach links entgegenzuwirken. Das aber bringt wieder einen größeren Widerstand und damit eine weitere Verstärkung der Giertendenz nach links. Um ihr insgesamt entgegenzuwirken, ist die Seitenflosse so weit nach links verdreht, daß das Giermoment im Reiseflug aufgehoben ist. Im niedrigen Geschwindigkeitsbereich (Start, Steigflug) wirkt dieser Ausgleich nicht ausreichend. Es muß deshalb in diesen Bereichen leicht mit dem Seitenruder rechts gegengehalten werden.

Das Flugzeug und der Otto-Motor

In der Frühzeit der Fliegerei war der Antrieb das größte Problem. Die damals verfügbaren Triebwerke hatten nicht nur ein extrem schlechtes Gewicht – Leistungsverhältnis. Vor allem ihre Zuverlässigkeit ließ arg zu wünschen übrig. Wollte der kühne Flieger nicht allzu schnell wieder am Boden sein, mußte er sein Triebwerk in- und auswendig kennen, es unter Beachtung aller denkbaren Wenn und Aber zum Laufen kitzeln und schließlich mit List und Tücke dazu bringen, daß es auch weiterlief.

Glücklicherweise sind diese Zeiten lange vorbei, heute ist kaum noch ein Pilot sein eigener Mechaniker und schon lange hat die Zuverlässigkeit unserer Triebwerke einen Grad erreicht, der kaum noch zu überbieten ist. Darf also der Pilot sein Triebwerk einfach »vergessen«? Kann er es behandeln wie seinen Automotor, mit dem er zwischen den Inspektionen auch fährt ohne einen Gedanken an die Zuverlässigkeit zu verschwenden?

Trotz aller Zuverlässigkeit – sie wird auch heute noch nur erreicht, wenn der Pilot sein Triebwerk in allen Betriebszuständen richtig bedient. Das aber ist nur möglich, wenn er über die Einzelbedingungen und ihre wechselseitigen Abhängigkeiten Bescheid weiß; wenn er weiß, welche äußeren Einflüsse sich wie auswirken und wenn ihm vertraut ist, welche Bedingungen er schaffen muß, damit sich das Triebwerk in möglichst allen Situationen »wohlfühlt«. Erst wenn der Pilot all das im Griff hat, kann er beruhigt den Gashebel hineinschieben und dann mit Recht auf die Zuverlässigkeit des Triebwerkes vertrauen.

Die Triebwerksarten

Kolbentriebwerke lassen sich nach vier Hauptkriterien einteilen:

- Nach der **Verbrennungsart** wird zwischen Otto-Motoren und Diesel-Motoren unterschieden. Da Diesel-Motoren bis heute relativ schwer sind, werden bis jetzt im Flugzeugbau praktisch ausschließlich Otto-Motoren verwendet.

- Nach der **Arbeitsweise** wird zwischen dem Viertakt-Verfahren, dem Zweitakt-Verfahren sowie dem Kreiskolben-Verfahren unterschieden. Da das Kreiskolben-Verfahren bis heute relativ unzuverlässig arbeitet, findet es sich im Flugzeugbau noch ganz sporadisch. Die Anwendung des Zweitakt-Verfahrens beschränkt sich fast ausschließlich auf Motorsegler. Das Viertakt-Verfahren dagegen konnte so verfeinert werden, daß heute nahezu alle Kolbentriebwerke in Sportflugzeugen nach dem Viertakt-Verfahren arbeiten.
- Nach dem **Kühlsystem** wird zwischen luftgekühlten und flüssigkeitsgekühlten Motoren unterschieden. In der Luftfahrt werden allein schon aus Gewichtsgründen nur luftgekühlte Motoren verwendet.
- Nach der **Zylinderanordnung** wird zwischen Boxer-Motoren und Sternmotoren unterschieden. Die allermeisten kleinen Flugzeugkolbentriebwerke arbeiten als Boxer-Motoren, bei denen je zwei Zylinder einander gegenüberliegen.

Das in Sport- und Reiseflugzeugen der E-Klasse gebräuchlichste Triebwerk ist folglich ein luftgekühlter Boxer-Motor, der als Otto-Motor nach dem Viertakt-Verfahren arbeitet.

Die Arbeitsweise des Otto-Viertakt-Motors

Der Viertakt-Motor benötigt für jeden Arbeitsgang vier Kolbenhübe, auf die vier Tätigkeiten (Takte) fallen (Beim Zweitakter sind dagegen zwei Takte auf einen Kolbenhub vereint):

1. Takt = Ansaugen des Benzin-Luftgemisches: Wenn der Kolben am oberen Totpunkt ankommt, öffnet sich das Einlaßventil, damit das vom Vergaser kommende Benzin-Luftgemisch in den Zylinder strömen kann. Senkt sich nun der Kolben im Zylinder, entsteht ein Unterdruck, der das Benzin-Luftgemisch in den Zylinder saugt. Erreicht der Kolben den unteren Totpunkt, schließt sich das Einlaßventil.

2. Takt = Verdichten des angesaugten Benzin-Luftgemisches: Der nach oben gehende Kolben komprimiert bei geschlossenen Ventilen das angesaugte Gemisch auf ein Verdichtungsverhältnis von etwa 8 : 1 gegenüber dem vorigen Volumen.

3. Takt = Verbrennen des angesaugten und verdichteten Benzin-Luftgemisches: Der eigentliche Arbeitstakt beginnt, wenn der Kolben beim Verdichten den oberen Totpunkt erreicht hat. Jetzt entzünden die beiden Zündkerzen das komprimierte Gemisch. Der dabei entstehende hohe Verbrennungsdruck treibt den Kolben nach unten.

4. Takt = Auspuffen des verbrannten Gemisches: Wenn der Kolben nach dem Arbeitshub am unteren Totpunkt ankommt, öffnet sich das Auslaßventil, damit die verbrannten Gase entweichen können. Der nach oben gehende Kolben treibt die letzten Verbrennungsreste aus dem Zylinder. Erreicht der Kolben den oberen Totpunkt, schließt sich das Auslaßventil und das Einlaßventil geht auf – der erste Takt kann wieder beginnen.

Bei der Verbrennung entstehen Temperaturen bis zu 2000 °C. Die Gefahr einer Überhitzung der ja nur luftgekühlten Triebwerke in dem einen oder anderen Betriebszustand ist deshalb stets latent vorhanden. Besonders bei längeren Standläufen am Boden oder bei

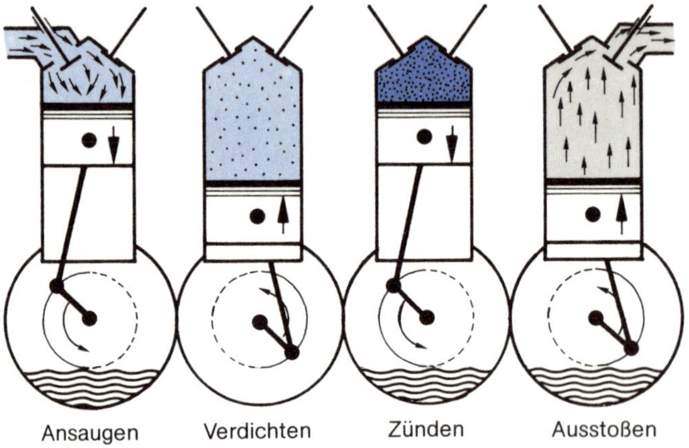

Die einzelnen Takte des Viertaktmotors

Steigflügen mit hoher Leistung aber niedriger Fluggeschwindigkeit kann das Triebwerk zu heiß werden. Die Folge davon wären Leistungsverlust, höherer Ölverbrauch und unkontrollierte Verbrennungen (Klopfen). Dauert die Überhitzung an, sind Beschädigungen von Ventilen, Kolbenringen und Zylinderwänden beinahe zwangsläufige Folgen.
Am leichtesten läßt sich die Betriebstemperatur über die Zylinderkopftemperatur kontrollieren, da sie am schnellsten auf veränderte Betriebszustände reagiert. Ist keine Zylinderkopftemperaturanzeige vorhanden, muß die Betriebstemperatur über die Öltemperatur kontrolliert werden. Das hat lediglich den Nachteil, daß die eigentliche Triebwerkstemperatur erst mit Verzögerung angezeigt wird (vgl. Bd. »Motorflug«, S. 18).

Die Kraftstoffversorgung

Die Kolbentriebwerke müssen im Flugzeug unter extremen Bedingungen absolut zuverlässig arbeiten. Für einen nicht unerheblichen Anteil an dieser Zuverlässigkeit ist das **Flugbenzin** (heute nur noch AVGAS 100 L/low lead) verantwortlich. Gegenüber einfachem Autobenzin erfüllt es in folgenden Punkten wesentlich höhere Qualitätsanforderungen:

- erhöhte Klopffestigkeit: Die Widerstandsfähigkeit des Benzin-Luftgemisches gegen Selbstentzündung ist wesentlich erhöht. Während Autobenzin nur bis zu einer Oktanzahl von etwa 98 geht, erreicht AVGAS 100 L die Leistungszahl 100/130. Der erste Wert bedeutet dabei die Leistungszahl für ein armes Gemisch (lean mixture) im Reiseflug, der zweite Wert gibt die Leistungszahl für ein reiches Gemisch (rich mixture) für die Höchstleistung an. Die erhöhte Klopffestigkeit wird durch Zugabe von Bleitetraäthyl erreicht.
- erhöhter Siedepunkt: Der Kraftstoff verdunstet nicht so schnell. Der Siedepunkt liegt erst bei etwa 170 °C.
- gesenkter Dampfdruck: Die Neigung des Benzins, auf dem Weg zum Vergaser oder zur Einspritzpumpe Dampfblasen zu bilden, ist gegenüber normalem Benzin deutlich gebremst. Dadurch ist die Möglichkeit des Stotterns oder gar des Ausfallens des Triebwerkes nur wegen Dampfblasen in der Spritleitung weitestgehend gebannt.

Aus all dem kann wohl nur der Schluß gezogen werden:

- Handelsübliches Autobenzin hat in einem Flugzeugtank nichts verloren!

Die Anordnung der **Benzintanks** ist abhängig von der Grundkonzeption des Flugzeuges. Sie sieht bei einem Hochdecker etwas anders aus als beim Tiefdecker. Immer aber sind die Tanks so angeordnet, daß sich bei der Entleerung möglichst keine Schwerpunktverschiebung ergibt. Beim Hochdecker reicht bei kleinen Maschinen meist die Schwerkraft für den Sprittransport aus. Eine eigene Benzinpumpe und ein Tankwahlschalter erübrigt sich meist.
Beim Tiefdecker dagegen muß der Kraftstoff über eine vom Triebwerk angetriebene Kraftstoffpumpe zum Vergaser oder zur Einspritzpumpe transportiert werden. Zur Sicherheit ist zusätzlich eine elektrische Benzinpumpe (boost pump) in das System integriert, die nach den Angaben des Flughandbuches zu schalten ist. Meist wird sie aus Sicherheitsgründen zum Start und zur Landung zugeschaltet. Für den Reiseflug wird sie besser abgeschaltet, da ihr Betrieb häufig mit einem höheren Kraftstoffverbrauch verbunden ist. Ist ein Tankwahlschalter vorhanden, ist er unter allen Umständen nach den Angaben im Flughandbuch zu schalten.

Die eigentliche Aufbereitung des Benzin-Luftgemisches erfolgt entweder in Vergaser- oder in Einspritzanlagen. Eine **Vergaseranlage** arbeitet im Flugzeugtriebwerk nicht anders als in einem Auto: Das Benzin-Luftgemisch wird im Drosselklappengehäuse hergestellt. Hier wird über eine Verengung ein Venturieffekt (ein Unterdruck also) hergestellt, über den das Benzin aus der Hauptdüse gesaugt und dabei verdampft wird. Je nachdem wie weit die Drosselklappe über den Gaszug geöffnet wird, erhöht oder verringert sich die Drehzahl.

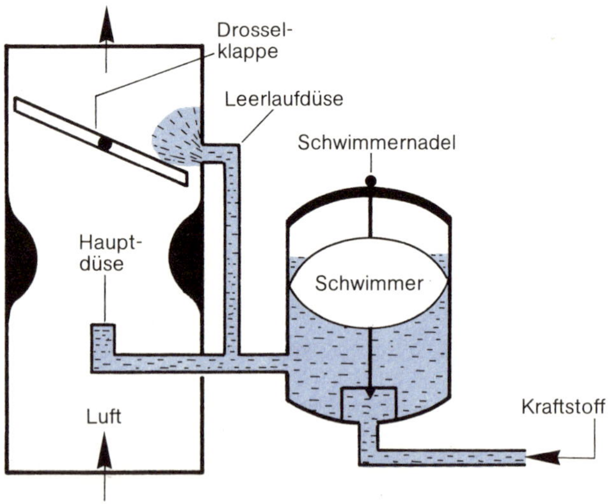

Das Prinzip des Vergasers

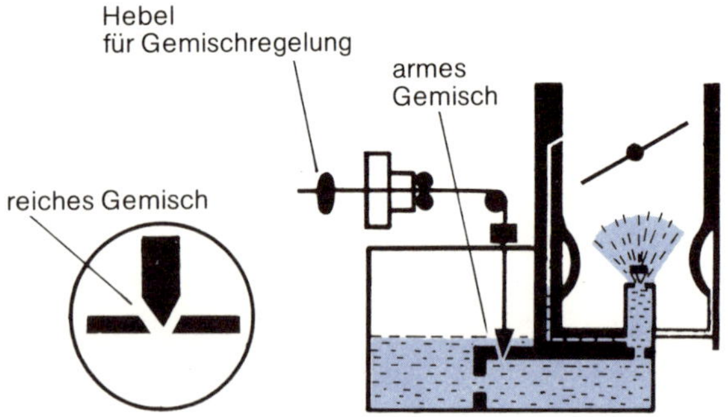

Das Prinzip der Gemischregelung

Einen Unterschied zum Autovergaser aber gibt es im Flugzeugvergaser: die **Gemischregelung (mixture control).** Wird ihr meist rot markierter Regulierhebel auf »reich/rich« gestellt, wird damit die Leitung zur Hauptdüse völlig freigegeben, so daß der Kraftstoff in der maximal vorgesehenen Menge zur Düse strömen kann. Wird dagegen der Hebel auf »arm/lean« gestellt, wird über ein Nadelventil der Kraftstoffzufluß zur Hauptdüse stark gedrosselt.

Da in beiden Fällen die Luftzufuhr zum Vergaser unverändert bleibt, wird mit der Gemischregelung das Verhältnis zwischen den Anteilen Luft und den Anteilen Benzin des im Vergaser entstehenden Gemisches geregelt. In der Praxis ergeben sich so Verhältnisse Kraftstoff/Luft zwischen 1 : 10 (reich) und 1 : 17 (arm). Für verschiedene Mischungsverhältnisse gilt:

- Mischungsverhältnis unter 1 : 10 = Die Triebwerksleistung nimmt rapide ab, obschon der Kraftstoffverbrauch steigt.
- Mischungsverhältnis 1 : 12,5 = Das Triebwerk erreicht in der Regel den besten Leistungsgrad und einen relativ wirtschaftlichen Kraftstoffverbrauch.
- Mischungsverhältnis 1 : 15 = Das Triebwerk erhält das chemisch optimale Gemisch (CCM = chemical correct mixture) und bedankt sich mit der höchstzulässigen Zylinderkopftemperatur und der höchstzulässigen Abgastemperatur.
- Mischungsverhältnis über 1 : 17 = Der Kraftstoffverbrauch wird zwar immer günstiger, doch nimmt die Triebwerksleistung stark ab und die Abgas- und Zylinderkopftemperatur steigen über den zulässigen Bereich hinaus.

Wie die Gemischregelung in der Praxis bedient werden muß, ist im Bd. »Motorflug« auf S. 20 beschrieben.

Auch ein Zusatzaggregat, das an jedem Flugzeugvergaser zu finden ist, ist vom Autovergaser her unbekannt: die **Vergaservorwärmung.** Sie besteht zwar nur aus einer Umschaltmöglichkeit, mit der dem Vergaser wahlweise kalte oder über dem Auspufftopf angewärmte Luft zugeführt wird. Und doch wird mit dieser einfachen Vorrichtung einer höchst gefährlichen Unsitte des Vergasers begegnet: der Vereisung.

Sie hat ihre Ursache in der Art der Gemischaufbereitung, bei der der notwendige Sog über eine Venturidüse erzeugt wird. Hinter der Düse dehnt sich die Luft stark aus, wobei sehr viel Wärme verbraucht wird. Auch bei der Verdampfung des Kraftstoffes wird reichlich Wärme verbraucht. Beides zusammen sorgt dafür, daß unter ungünstigen Umständen die Temperatur in der Mischkammer des Vergasers bis zu 20°C tiefer ist als in der Außenluft. Erreicht die Luft in der Mischkammer Temperaturen unter 0°C, beginnt der in der Luft vorhandene Wasserdampf zu kondensieren und hauptsächlich hinter der Drosselklappe festzufrieren. Ohne Gegenmaßnahme kann der Eisansatz recht schnell nicht nur zu erheblichem Leistungsverlust, sondern sogar zum Totalausfall des Triebwerkes führen.

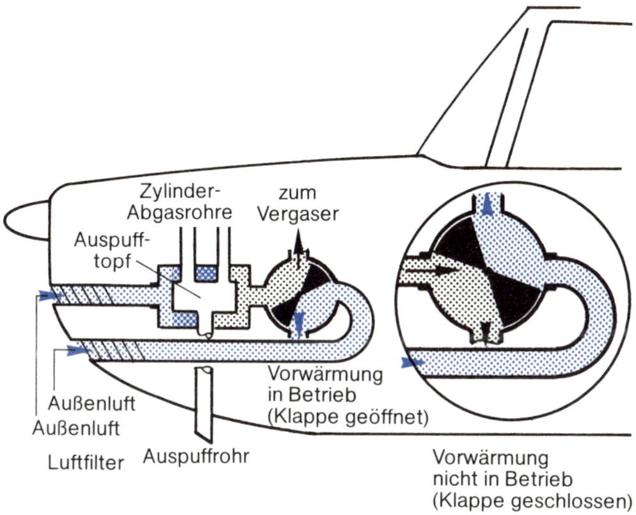

Das Prinzip der Vergaserluftvorwärmung

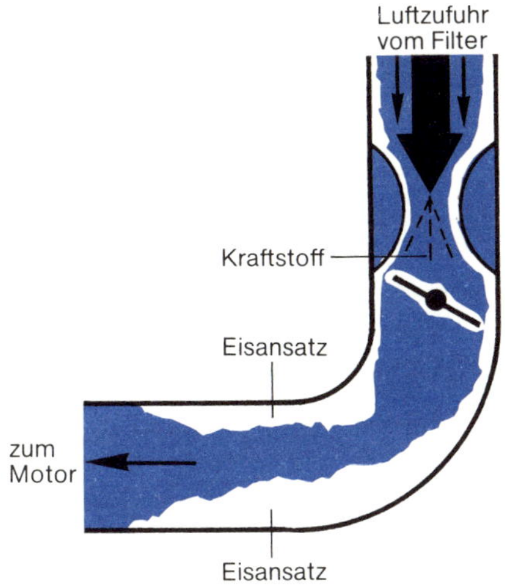

Die Vergaservereisung kann das Triebwerk stoppen

Die einfache Gegenmaßnahme ist, dem Vergaser so weit vorgewärmte Luft zu liefern, daß in der Mischkammer die Temperatur nicht mehr unter den Nullpunkt fallen kann. Wann unbedingt mit vorgewärmter Luft geflogen werden muß, und was bei der Benutzung der Vorwärmung zu beachten ist, ist im Bd. »Motorflug« auf S. 20 beschrieben.

Die andere Form der Gemischaufbereitung ist die **Einspritzung.** Bei ihr ist die Vereisungsgefahr wesentlich geringer, und die einzelnen Zylinder erhalten stets genau in der richtigen Form die richtige Menge Kraftstoff eingespritzt. Diese Einspritzung kann direkt in den Zylinder, vor die Ventilöffnung oder in die Ansaugleitung erfolgen. Wird in die Ansaugleitung eingespritzt, arbeitet die Anlage kontinuierlich, sonst funktioniert sie entsprechend der Zündfolge. In beiden Formen ist der Wirkungsgrad von Einspritzmotoren besser als der von Vergasermotoren. Ein weiterer Vorteil ist, daß Einspritzmotoren in allen Fluglagen arbeiten (Kunstflug).

Die Zündung

An Flugzeugtriebwerken wird heute fast nur noch die Magnetzündung verwendet. Gegenüber der im Auto verwendeten Batteriezündung hat die Magnetzündung drei wichtige Vorteile:

- Die Unabhängigkeit vom Bordnetz und seiner Stromversorgung: Die Magnetzündung produziert ihren Zündstrom selbst.
- Die Betriebssicherheit aufgrund einer minimalen Störanfälligkeit: Die Magnetzündung ist grundsätzlich mit zwei Zündmagneten ausgestattet, das Triebwerk arbeitet jedoch auch mit nur einem Magneten.
- Die hohe Zündspannung: Die Magnetzündung produziert Hochspannungszündfunken, die bis zu 20 000 Volt erreichen.

Grundsätzlich haben alle Kolbentriebwerke in einmotorigen Flugzeugen (ausgenommen sind nur Motorsegler) für jeden Zylinder zwei Zündkerzen. Sie dienen einmal der Sicherheit, zum anderen wird eine wesentlich bessere und gleichmäßigere Verbrennung erreicht. Ihren Zündstrom erhalten die Kerzen von zwei Hochspannungszündmagneten, die aus Sicherheitsgründen ebenfalls unabhängig von einander arbeiten. Je eine Kerzenreihe wird von einem Magneten versorgt. Über den Zündschalter kann jeder Magnet einzeln oder beide zusammen geschaltet werden. Wie die Magnete zu schalten sind und wie ihre Funktionsfähigkeit vor dem Start zu überprüfen ist, ist im Bd. »Motorflug« auf S. 19 beschrieben.

Jeder Zündmagnet besteht aus einem Anker und einem Umlaufmagneten. Der Anker enthält eine Primärwicklung (wenige Wicklungen mit dickem Draht; geringe Spannung) und eine Sekundärwicklung (viele Windungen mit dünnem Draht; hohe Spannung). Der Umlaufmagnet wird unmittelbar von der Kurbelwelle des Triebwerkes angetrieben. Dadurch wird sichergestellt, daß bei eingeschaltetem Magneten sofort ein Zündstrom erzeugt wird, wenn das Triebwerk auch nur von Hand durchgedreht wird. Deshalb muß die Grundregel beachtet werden:

- Nie den Propeller drehen ohne Gewißheit über die Stellung des Zündschalters!

Das Flugzeug und das Wetter

Für uns Menschen hat das Wetter zwei unumstößliche Tatsachen parat. Die erste ist seine Allgegenwart, der kein atmendes Wesen entrinnen kann. Wohl können wir uns mehr oder weniger gut gegen einzelne Auswirkungen des gerade herrschenden Zustandes der Atmosphäre schützen. Nirgendwo aber ist der Mensch dem Wetter so unmittelbar und so unentrinnbar ausgeliefert wie bei der freien Bewegung im dreidimensionalen Raum; geschützt nur von den dünnen »Wänden« eines kleinen Flugzeuges. Welches Wetter dabei auch gerade herrscht, es herrscht vom Start bis zur Landung unerbittlich mit allen positiven und negativen Möglichkeiten.

Die andere Tatsache ist, daß das einzig Beständige am Wetter sein ständiger Wechsel ist. Weder kann davon ausgegangen werden, daß das gerade herrschende Wetter lange erhalten bleibt, noch daß in einiger Entfernung gar die gleichen Bedingungen herrschen. Hier kann nur der Versuch weiterhelfen, dem Wetter möglichst genau auf die Schliche zu kommen. Das ist umso leichter möglich, als es ja nach den Gesetzen der Physik »funktioniert« und im wesentlichen von vier Faktoren abhängig ist:

- Von der *Sonne:* Ihre Strahlungsenergie bestimmt den Zustand der Erdatmosphäre.
- Von der *Atmosphäre:* Ihr Aufbau bestimmt die Umsetzung der Sonnenstrahlung auf dem Weg zur Erde.
- Von den *geophysikalischen Eigenschaften der Erdoberfläche:* Sie bestimmen den Zustand ganzer Luftmassen.
- Vom *geographischen Platz* auf der Erde: Er bestimmt das Klima mit seinen typischen Eigenschaften.

Wer ein wenig um das Zusammenspiel dieser vier Hauptfaktoren und dazu noch um die Möglichkeit weiß, die die Meteorologie mit ihrer Wettererfassung und Vorhersage bietet, kann zumindest nicht so leicht von Unvorhergesehenem überrascht werden. Schon das allein sollte für jeden Piloten Motivation genug sein, sich intensiv mit allem zu befassen, was mit dem Wetter zusammenhängt.

Der Aufbau der Atmosphäre

Die Gashülle um unseren blauen Planeten nennen wir Atmosphäre. Sie besteht aus Luft, einem Gasgemisch aus rund 78% Stickstoff, 21% Sauerstoff, 0,9% Edelgasen, 0,03 Kohlendioxyd sowie wechselnden Mengen von Wasserdampf, Staub und anderen Schwebstoffen. Die Luft ist zwar leicht, doch keineswegs gewichtslos. Sie folgt vielmehr der Erdanziehung und sammelt sich deshalb auch zum größten Teil direkt über der Erdoberfläche. Mit der Höhe wird die Luftmenge (= Dichte) rasch geringer.

Die Luft lastet in Meereshöhe im Normalzustand mit einem Gewicht von etwa 1,02 kg auf jedem Quadratzentimeter der Erdoberfläche. Der Druck, den dieses Gewicht ausübt, wird in Millibar (mb), Millimeter Quecksilber (mm Hg) oder Zoll/inches Quecksilber (inches Hg) gemessen. In Meereshöhe (NN = Normal Null; MSL = mean sea level) beträgt der Druck in der von der ICAO (International Civil Aviation Organisation) definierten Standardatmosphäre 1013,25 mb oder 29,92 inches Hg oder 760 mm Hg.

Der **Luftdruck** nimmt mit zunehmender Höhe über NN immer schneller ab. Bereits in 2350 m Höhe beträgt er nur noch $^3/_4$ der Norm, in 3300 m nur noch $^2/_3$ und in 5500 m sogar nur noch die Hälfte des Druckes in Meereshöhe. Nach jeweils 5500 weiteren Höhenmetern halbiert er sich dann wieder. Somit ergibt sich:

In Meereshöhe	Normaldruck
in 5500 m NN (18000 Fuß MSL)	die Hälfte des Normaldruckes
in 11000 m NN (36000 Fuß MSL)	ein Viertel des Normaldruckes
in 16500 m NN (54000 Fuß MSL)	ein Achtel des Normaldruckes.

Da die Dichte etwa parallel zum Druck abnimmt (Abweichungen sind temperaturbedingt), kann auch andersherum formuliert werden:

- 50% der Luftmasse unserer Erde liegen in Höhen unter 5500 m (18000 Fuß)
- 75% der Luftmasse unserer Erde liegen in Höhen unter 11000 m (36000 Fuß)
- 87,5% der Luftmasse unserer Erde liegen in Höhen unter 16500 m (54000 Fuß).

Der mit der Höhe abnehmende Luftdruck ist nur eines der Kennzeichen für den Aufbau der Atmosphäre. Ein anderes, noch viel deutlicheres Merkmal ist die vertikale Temperaturverteilung. Sie nämlich ist keineswegs gleichmäßig, sondern gliedert mit ihrem Verhalten die Atmosphäre in klar unterscheidbare Stockwerke, in denen jeweils eigene Gesetzmäßigkeiten herrschen.

Das unterste Stockwerk ist die **Troposphäre** (von griech. tropein = sich ändern). In ihr spielt sich das gesamte Wettergeschehen ab, der gesamte Raum darüber ist praktisch wolkenfrei. Ihre Obergrenze liegt über den Polen in etwa 8000 m Höhe, über unseren Breiten in etwa 11000 m Höhe und über dem Äquator in etwa 16–18000 m Höhe. Da die Temperatur in der Troposphäre ziemlich kontinuierlich um 0,65°C pro 100 Höhenmeter (2°C pro 1000 Fuß) abnimmt, betragen die Temperaturen an der Obergrenze über den Polen etwa −40°C; über unseren Breiten etwa −55°C und über dem Äquator etwa −80°C (gerechnet von einer Ausgangstemperatur von 15°C in NN). Druck und Dichte reduzieren sich nach den schon genannten Gesetzen, so daß an der Obergrenze der Troposphäre nur noch knapp ein Viertel des Druckes in Meereshöhe (etwa 225 mb) vorhanden und rund $^3/_4$ der Luftmasse in dieser Schicht zusammengezogen ist.

Mit zunehmender Höhe nimmt innerhalb der Troposphäre auch der in der Luft enthaltene Wasserdampf mehr und mehr ab. Zwar ist der Wasserdampf wesentlich leichter als die Luft (Molekulargewicht etwa 2 : 3) und feuchte Luft deshalb leichter als trockene, doch sind den Aufstiegsvorgängen feuchter Luft natürliche Grenzen durch die Temperatur gesetzt. Von ihr nämlich ist abhängig, wieviel Wasserdampf von der Luft überhaupt »gehalten« werden kann. Grundsätzlich gilt dabei: Luft kann umso mehr Feuchtigkeit aufnehmen, je wärmer sie ist. Mit wachsender Abkühlung muß sie immer mehr Feuchtigkeit abgeben (Kondensation, Niederschlag). Schon in 2000 m Höhe kann deshalb Luft nur noch die Hälfte der Feuchtigkeit aufnehmen, die sie in Meereshöhe fassen kann. Entsprechend gering wird die in den oberen Bereichen der Troposphäre noch enthaltene Feuchtigkeit. Oder: die Kälte bildet eine natürliche Sperre für die nach oben strebende Feuchtigkeit.

Die Obergrenze der Troposphäre ist die **Tropopause.** Sie ist dadurch gekennzeichnet, daß die Temperatur plötzlich nicht mehr abnimmt, sondern für einige tausend Höhenmeter unverändert bleibt. Diese Isothermie sorgt unter anderem dafür, daß das durch ein ewiges Auf und Ab von Luftmassen geprägte Wettergeschehen wirklich auf die Troposphäre beschränkt bleibt.

Das zweite Stockwerk ist die **Stratosphäre** (von lat. stratus = geschichtet). In ihr spielt sich praktisch keinerlei Wettergeschehen mehr ab. Ihre Obergrenze liegt bei etwa 55000 m. In dieser Höhe erreicht die Temperatur wieder Werte bis über dem Gefrierpunkt (maximal bis 50°C), da ab etwa 20000 m Höhe die Temperatur zwar langsam aber stetig wieder zunimmt. Der Luftdruck dagegen hat natürlich keine Möglichkeit, wieder zuzunehmen. Er nimmt weiter stark ab und beträgt im oberen Bereich der Stratosphäre nur noch den tausendsten Teil des Druckes in Meereshöhe. Gerade 1 mb würde ein Barometer noch anzeigen.

Die kontinuierliche Temperaturzunahme (eigentlich eine gigantische Inversion, vgl. S. 46) sorgt dafür, daß kein vertikaler Luftaustausch, wie er für die Troposphäre so charakteristisch ist, mehr stattfinden kann. Folglich könnte es hier keine Wolkenbildung aufgrund von Hebungsvorgängen geben, selbst wenn genügend Feuchtigkeit vorhanden wäre. Aber auch die fehlt ja völlig. Lediglich horizontale Luftbewegungen sind zu beobachten, Turbulenzen sind selten und ohne große Auswirkungen.

Der Aufbau der Atmosphäre

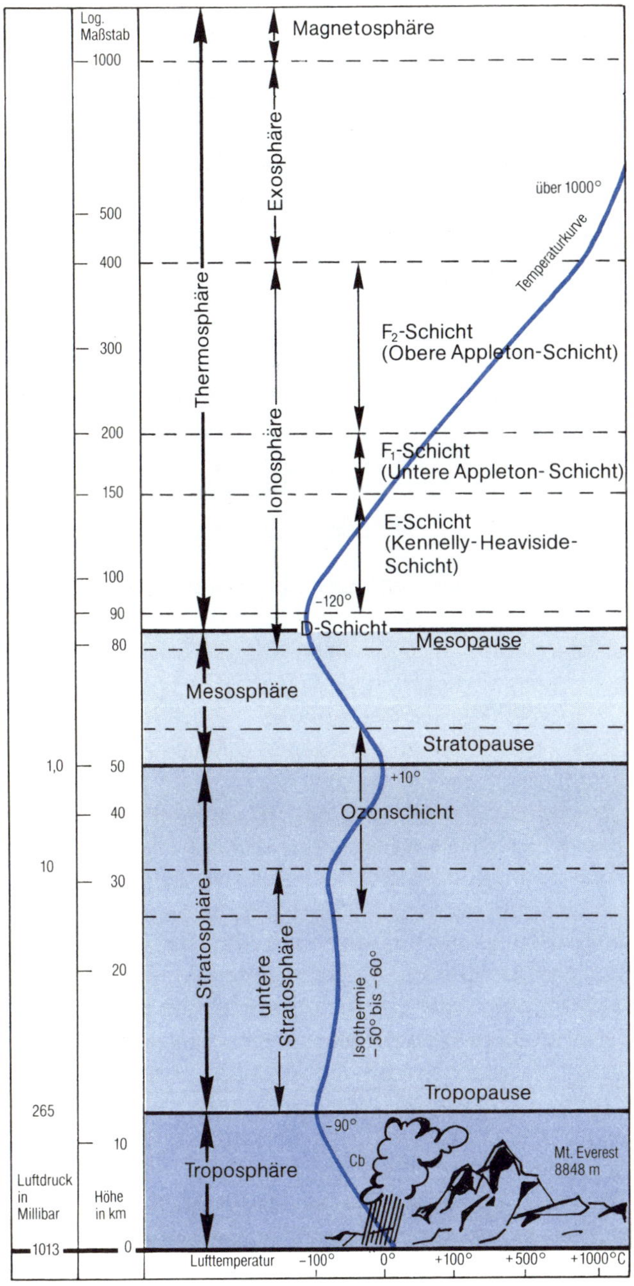

Das so statische Geschehen hat dennoch für alles Leben auf der Erde eine äußerst wichtige Funktion. Hier nämlich wird die Filterschicht gebildet, die den Anteil der schädlichen ultravioletten Strahlung auf ein erträgliches Maß reduziert. Dafür werden normale Sauerstoffmoleküle (O_2) unter Verbrauch von UV-Strahlung in dreiatomige (O_3 = Ozon) umgewandelt. Die dafür absorbierte Energie ist die Ursache für die Temperaturzunahme. Ohne diese Ozonschicht sähe unsere Welt völlig anders aus.

Die Obergrenze der Stratosphäre ist die **Stratopause.** Sie ist dadurch gekennzeichnet, daß die Temperatur nicht mehr weiter zunimmt und die Ozonkonzentration aufhört. Sie markiert gleichzeitig die Obergrenze der Dämmerung.

Das dritte Stockwerk ist die **Mesosphäre** (von griech. meso = mittel). In ihr beginnt die Temperatur wieder zu sinken bis auf Werte zwischen −80°C und −130°C. Der Luftdruck reduziert sich bis auf ein hundertstel Millibar. Das bedeutet aber keineswegs, daß es hier besonders ruhig zugeht. Vielmehr gibt es hier Windgeschwindigkeiten bis zu 1000 km/h. Die Obergrenze der Mesosphäre ist die **Mesopause,** die bei etwa 80000 m Höhe liegt. Bis hierher dringen »normale« Meteore vor.

Das vierte Stockwerk ist die **Ionosphäre** (von griech. ion = elektrisch geladenes Teilchen). Sie wird auch Thermosphäre genannt, weil in ihr Temperaturmaxima bis zu 1000°C (in über 200 km Höhe) erreicht werden. Aufgrund der extrem geringen Luftdichte könnte diese Temperatur aber kaum über Wärmeaustausch wirksam werden. Wichtiger in ihren Auswirkungen als die hohen Temperaturen sind die elektrischen Vorgänge in dieser Schicht, die sich von 80–400 km Höhe erstreckt.

Durch die Ionisation von Stickstoff und Sauerstoff durch die UV-Strahlung der Sonne werden in unterschiedlichen Höhen verschiedene, elektrisch leitfähige Schichten gebildet. Die einzelnen Schichten unterscheiden sich durch unterschiedliche Ionisierungsvorgänge und durch mit der Höhe steigende Elektronendichte. Die Ionosphäre ist der Bereich der Polarlichter und der wandernden Ionenwolken sowie der Reflexionsschichten, an denen die Kurzwellen reflektiert werden. Sie sind dafür verantwortlich, daß Kurzwellen im »Zickzack« um den Globus wandern können.

Das fünfte und oberste Stockwerk ist die **Exosphäre** (von griech. exo = außen). Sie beginnt etwa in 400 km Höhe und hat nach oben keine Begrenzung. In ihr wird der Einfluß der Schwerkraft so gering, daß aus der schon extrem geringen Luftdichte Teilchen in den Weltraum entweichen können. Umgekehrt strömen kosmische Teilchen (Meteorstaub, interplanetarisches Gas) in die Erdatmosphäre ein. Der Übergang zum Weltraum ist fließend.

Die Übersicht über das »Hochhaus« aus Luft über uns zeigt nicht nur, daß die alles irdische Leben schützende Lufthülle eigentlich recht dünn ist. Deutlich wird vor allem, daß die innerste Schicht mit ihren nur 11 km Dicke äußerst dünnhäutig ist. Noch viel dünnhäutiger wird sie, wenn man sie auf die **Lebensbedingungen** für den Menschen hin abklopft. Dazu muß berücksichtigt werden, daß der Mensch den Sauerstoff nur entsprechend seines Teildruckes aufnehmen kann. Dieser Sauerstoff-Teildruck beträgt entsprechend dem Mischungsverhältnis zwischen Stickstoff und Sauerstoff jeweils etwa 20% des Gesamtdruckes in Meereshöhe, also etwa 200 mb. In nur 5500 m NN ist der Sauerstoff-Teildruck schon auf 100 mb reduziert – kein Wunder also, wenn die an 200 mb gewöhnten Lungen dem Körper nicht mehr genügend Sauerstoff verschaffen können. Zu wenig Sauerstoff aber bedeutet Reduzierung sämtlicher Körperfunktionen und kann zum Tod führen.

- Sauerstoffmangel bedeutet akute Lebensgefahr!

Abhängig von der Höhe führt der Sauerstoffmangel zu mehr und mehr gesteigerten Mangelerscheinungen. Abhängig von diesen Symptomen werden von der Luftfahrtmedizin 4 Höhenschwellen definiert:

- *Die Reaktionsschwelle:* Sie liegt je nach Verfassung des Einzelnen zwischen 2000 und 3000 m und macht sich mit Müdigkeit bzw. verringerter Leistungsfähigkeit bemerkbar. Auch der Untrainierte aber Gesunde kann den Sauerstoffmangel noch durch schnelleres Atmen kompensieren.
- *Die Störungsschwelle:* Sie liegt zwischen 4000 und 5000 m und macht sich bereits mit spürbaren Funktionsstörungen bemerkbar. Besonders die Fähigkeit, logisch zu denken und rasch zu entscheiden, ist beeinträchtigt. Die Zeitreserve bis zum Eintritt der Bewußtlosigkeit beträgt etwa 2 Stunden.
- *Die Todesschwelle:* Sie liegt zwischen 6000 und 7000 m und macht sich bereits durch Lähmungserscheinungen bemerkbar. Die Zeitreserve bis zum Eintritt der Bewußtlosigkeit reduziert sich auf ganze 5 Minuten. Erhält der Organismus keinen zusätzlichen Sauerstoff, tritt nach einiger Zeit der Tod ein.
- *Die biologische Schwelle:* Sie liegt zwischen 12000 und 13000 m und ist dadurch gekennzeichnet, daß der Luftdruck nun nicht mehr größer ist als der Blutdruck des Menschen. Damit aber ist der Siedepunkt des Blutes erreicht, dessen Dampfdruck nun dem Außendruck entspricht. Ohne künstlichen Gegendruck (Druckanzug oder Druckkabine) beginnt im Blut die Gasblasenbildung, die über eine Embolie zum Tod führt. Die Zeitreserve bis zum Eintritt der Bewußtlosigkeit beträgt noch 30 Sekunden.

Die Angaben zu den Zeitreserven bis zum Eintritt der Bewußtlosigkeit könnten den Eindruck entstehen lassen, daß dem Piloten ja immer noch sehr viel Reaktionszeit zur Verfügung steht, wenn er die ersten Anzeichen von Sauerstoffmangel bemerkt. Deshalb kann nicht eindringlich genug darauf hingewiesen werden, daß diese Ansicht aus zwei Gründen völlig falsch ist:

- Die ersten Anzeichen von Sauerstoffmangel sind individuell sehr verschieden und keineswegs immer sicher zu erkennen. Sie reichen von wohliger Müdigkeit bis zu prickelndem Hochgefühl (»So schön war die Welt noch nie«). Da die Signale häufig angenehm wirken, wird der Beginn überhaupt nicht erkannt und die Steigerung nur allzu leicht übersehen. Sogar teilweise Bewußtlosigkeit wird nicht als Warnsignal empfunden, da sie gar nicht bemerkt wird!
- Der Beginn der Zeitreserve bis zum Eintritt der Bewußtlosigkeit kann außer beim Ausfall der Sauerstoffanlage vom Piloten meist nicht eindeutig definiert werden. Wird dagegen ohne Sauerstoffanlage die Störungsschwelle überschritten, ist selten klar, wann dies geschieht. Werden dann die ersten Anzeichen übersehen, ist es bis zur ersten unbemerkten Bewußtlosigkeit nicht mehr weit. Deshalb sollte stets die Grundregel gelten:
- Kein Flug über 4000 m/13000 ft ohne Sauerstoffgerät!

Das »Hochhaus« aus Luft hat aber – zumindest in seinem untersten Stockwerk – noch eine weitere Eigenschaft aufzuweisen. Der Zustand der Luft in der Troposphäre ist von vielen Faktoren abhängig und einem dauernden Wechsel unterworfen. Auch beeinflussen sich so manche Faktoren gegenseitig (etwa Temperatur und relative Luftfeuchtigkeit). Um dennoch einen Luftzustand als allgemein verbindliche Bezugsgröße zu erhalten, wurde von der ICAO eine **Standardatmosphäre** bezogen auf die mittlere Breite von 45° und bezogen auf Meereshöhe festgelegt. Danach weist die »amtliche Luft« folgende Werte auf:

- Der Druck in NN
  beträgt 1013,25 mb oder 29,92 inches Hg
- Die Temperatur in NN
  beträgt 15 °C
- Die relative Luftfeuchtigkeit
  beträgt 0%
- Die Dichte in NN
  beträgt 1,225 kg/m^3
- Die Temperaturabnahme
  beträgt 0,65 °C/100 m oder 2 °C/1000 ft
- Die Höhe der Tropopause
  beträgt 11000 m oder 36000 ft
- Die Temperatur der Tropopause
  beträgt −56,5 °C

Der Wärmehaushalt der Atmosphäre

Leben und Wettergeschehen auf der Erde sind nur möglich, weil es in der Strahlung eine Form der Energieübertragung gibt, die an keine Wärmeleitung gebunden ist. Entsprechend seiner Temperatur »sendet« jeder Körper elektromagnetische Wellen aus. Ihre Wellenlänge ist umso kürzer, je höher die Temperatur ist. Die an ihrer Oberfläche etwa 5750 °C heiße Sonne gibt deshalb extrem kurzwellige Strahlung im Bereich von 0,3 bis 3 Mü (1 Mü = 1/1000 mm) ab. Die nur 20 °C warme Erde strahlt dagegen langwellig im Bereich von 3 bis 80 Mü aus.

Von der von der Sonne abgestrahlten Energie in Form elektromagnetischer Wellen trifft nur etwa der milliardenste Teil die Oberfläche der Erdatmosphäre. Dennoch kommen auf der der Sonne zugewandten Seite der Erdatmosphäre pro Minute stetig etwa 2 cal/cm^2 als Energie an. Dieser seit Jahrhunderten konstante Wert ist die **Solarkonstante.**

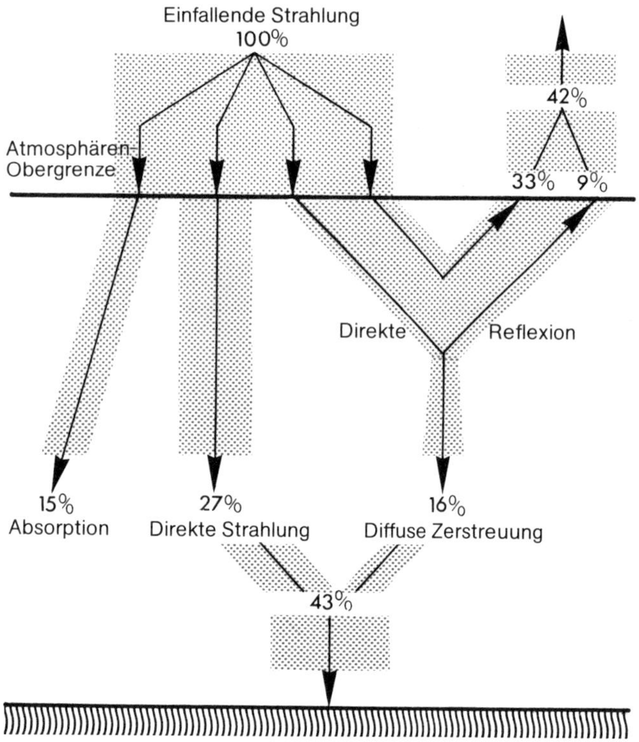

Die Extinktion der Sonnenstrahlung

Die auf die Erdatmosphäre treffende Energie ist aber nun keineswegs gleichzusetzen mit dem, was wir als Licht und Wärme auf der Erdoberfläche wahrnehmen. Zum einen nehmen wir ja gar nicht alles wahr (etwa UV- oder Infrarot-Strahlung), zum anderen wird die Sonnenstrahlung auf ihrem 500 km langen Weg durch die Atmosphäre nicht wenig beeinflußt, vor allem aber geschwächt. Diese Abschwächung der Strahlung wird **Extinktion** genannt. Sie beruht hauptsächlich auf drei verschiedenen Vorgängen:

- **Die diffuse Zerstreuung:** Sie wird durch die Luftmoleküle verursacht, die nicht alle Wellenlängen gleichmäßig passieren lassen. Besonders die blauen Strahlen sind anfällig für diese Zerstreuung. Das führt dazu, daß trotz fehlender Wolken der Himmel nur mittags so richtig blau ist. Abends dagegen wächst die Streuung der Blaustrahlung so stark, daß nur noch Gelb bis Rot übrigbleiben, weil das Licht nun einen bis zu dreißigmal längeren Weg durch die Luft hat. Aus dem gleichen Grunde erscheint der Himmel in größeren Höhen sehr viel blauer und dunkler als von Meereshöhe aus.
- **Die Reflexion:** Sie wird von den festen und flüssigen Luftbeimengungen (Staub, Wolken) sowie der Erdoberfläche verursacht. Dabei wird die Strahlung nicht abgeschwächt, sondern in eine andere Richtung gelenkt. Allein durch diese Reflexion geht im Schnitt über ein Drittel der einfallenden Strahlung verloren. Das Verhältnis zwischen reflektierter und gesamter Strahlung wird Albedo genannt. Er ist abhängig von der Wolkendichte (eine geschlossene, dicke Wolkendecke reflektiert bis zu 70% der Strahlung zurück in den Weltraum) und vom Zustand der Erdoberfläche. Frischer Schnee etwa reflektiert bis zu 85% der Strahlung ungenutzt. Wasser oder Wald dagegen reflektieren weniger als 10%.

- **Die Absorption:** Sie wird von der Ozonschicht (O_3), von Wolken, Dunst und der Erdoberfläche gesteuert. Die Ozonschicht in der Stratosphäre etwa absorbiert nahezu die gesamte UV-Strahlung und setzt sie in Wärme um. Der Boden absorbiert die gesamte nichtreflektierte Strahlung und setzt sie in Wärme um (die Luft über dem Boden wird erst danach durch Wärmeleitung vom Boden aus erwärmt).

Die von der Sonnenstrahlung erwärmte Erdoberfläche strahlt nun ihrerseits, allerdings nicht kurz-, sondern langwellige Strahlung ab. Diese langwellige Strahlung kann von Wasserdampf, Wasser und Kohlendioxyd besonders gut absorbiert und neuerlich in Wärme umgesetzt werden. Dadurch wird verhindert, daß sich die warmen Erdstrahlen in die Höhe verlieren (wie etwa in klaren und deshalb besonders kalten Nächten). Sie kommen vielmehr als Gegenstrahlung auf die Erde zurück. Dieser Vorgang wird als **Glashauseffekt** bezeichnet, da ein gläsernes Gewächshaus nach eben diesem Prinzip funktioniert: Kurzwellige Strahlung dringt ungehindert durch das Glas, wird vom Boden absorbiert,

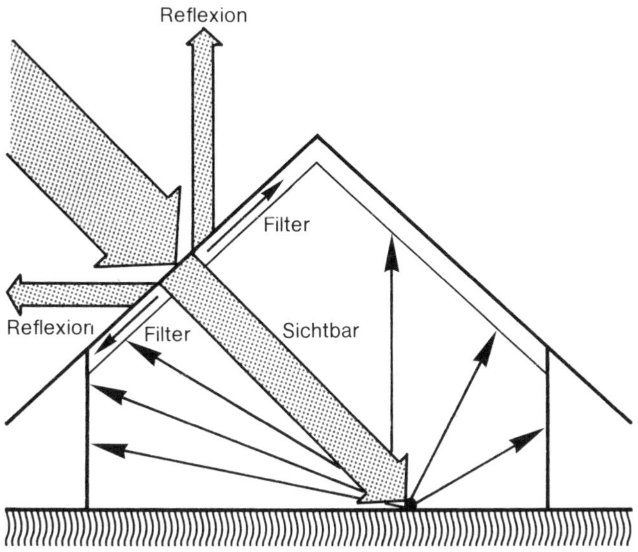

Der Glashauseffekt

erwärmt als langwellige Strahlung die Luft und kann aber nicht durch das Glas entweichen. Da die kurzwellige Strahlung die Luft kaum erwärmen kann, muß die Erwärmung der gesamten Troposphäre vom Boden aus erfolgen. Dafür gibt es folgende Möglichkeiten:

- **Die direkte Wärmeleitung:** Sie ist für die Erwärmung der bodennahen Schichten verantwortlich. Da die Luft aber viel zu gut isoliert, würde die direkte Wärmeleitung nicht sehr weit in die Höhe reichen.
- **Die Konvektion:** Sie ist die Folge der unterschiedlichen Erwärmung der Luft über unterschiedlichen Bodenflächen. Über freier Ackerfläche etwa erwärmt sich die Luft sehr viel stärker als über Laubwald. Da warme Luft weniger dicht und deshalb leichter als kalte Luft ist, beginnt sie aufzusteigen und verursacht damit auch einen Absinkvorgang von kalter Luft aus der Höhe.
- **Die Turbulenz:** Sie sorgt schon bei geringen Windgeschwindigkeiten für die Vermischung verschiedener Luftschichten und damit für den Wärmetransport nach oben.
- **Die Kondensation:** Mit ihr wird auf einem Umweg Wärme in die Höhe transportiert. Nimmt die Luft an der Erdoberfläche Wasser durch Verdunstung auf, wird dabei Wärme verbraucht. Steigt die feuchtwarme Luft bis zum Kondensationsniveau auf, wird bei der Kondensation die bei der Verdunstung verbrauchte Wärme wieder frei und erwärmt die höheren Luftschichten.
- **Die Absorption:** Auch hier wird Wärme auf einem Umweg in die Höhe transportiert, wenn die langwellige Erdstrahlung nämlich auf dichte Wolken trifft. Von ihnen wird die Erdstrahlung absorbiert, in Wärme umgesetzt und in die Umgebung abgeleitet.

Die vielen unterschiedlichen Möglichkeiten zur Erwärmung der Luft in unterschiedlichen Höhen deuten schon an, daß die Temperatur in der Höhe stark schwanken kann. Die tatsächliche Temperatur in den verschiedenen Höhen einer ruhenden Luftmasse ist deshalb für das Erkennen des Wettergeschehens von größter Bedeutung. Sie wird über Radiosondenaufstieg erfaßt und als **vertikaler Temperaturgradient** oder Schichtungsgradient gezeichnet. Dabei können sich drei Grundformen der vertikalen Temperatur zeigen:

- Eine mehr oder weniger regelmäßige, mehr oder weniger starke Abnahme der Temperatur. Im Idealfall wäre es die der ICAO-Standardatmosphäre zugrunde gelegte Temperaturabnahme von 0,65°C/100 m. Natürlich ist dieser Idealzustand selten gegeben. Andererseits haben alle Abweichungen von dieser »Norm« für die Meteorologen ihre Aussagefähigkeiten.
- Keine Abnahme der Temperatur trotz zunehmender Höhe. Diese Temperaturgleichheit wird **Isothermie** genannt und deutet eine mögliche Sperre für Vertikalbewegungen an.
- Eine mehr oder weniger starke Zunahme der Temperatur trotz zunehmender Höhe. Diese Temperaturzunahme wird **Inversion** genannt und ist stets eine Sperre für Vertikalbewegungen.

Luft ist ein Gasgemisch und folgt deshalb den Gasgesetzen. Dehnt sie sich aus (Expansion), kühlt sie sich ab. Verdichtet sie sich (Kompression), erwärmt sie sich. Tritt eine solche Temperaturänderung ohne Wärmeabgabe nach außen oder Wärmezufuhr von außen nur durch Kompression oder Expansion auf, so handelt es sich um einen **adiabatischen Vorgang.** Eine adiabatische Abkühlung etwa tritt ein, wenn Luft aufsteigt (ihr Druck also abnimmt), sie von höherem Druck zu tieferem Druck fließt oder der Luftdruck fällt. Eine adiabatische Erwärmung tritt ein, wenn Luft absinkt (ihr Druck also zunimmt), sie von tieferem Druck zu höherem Druck strömt oder der Luftdruck steigt. Die sich aus der Temperaturveränderung mit wechselnder Höhe ergebende Linie ist der **adiabatische Temperaturgradient** oder der Hebungsgradient.

Da die adiabatische Temperaturab- bzw. -zunahme von der Luftfeuchtigkeit abhängt, muß unterschieden werden:

- Der **trockenadiabatische Temperaturgradient** gilt immer dann, wenn ein auf- oder absteigendes Luftquantum nicht mit Feuchtigkeit gesättigt ist. Die Abkühlung beim Aufstieg bzw. die Erwärmung beim

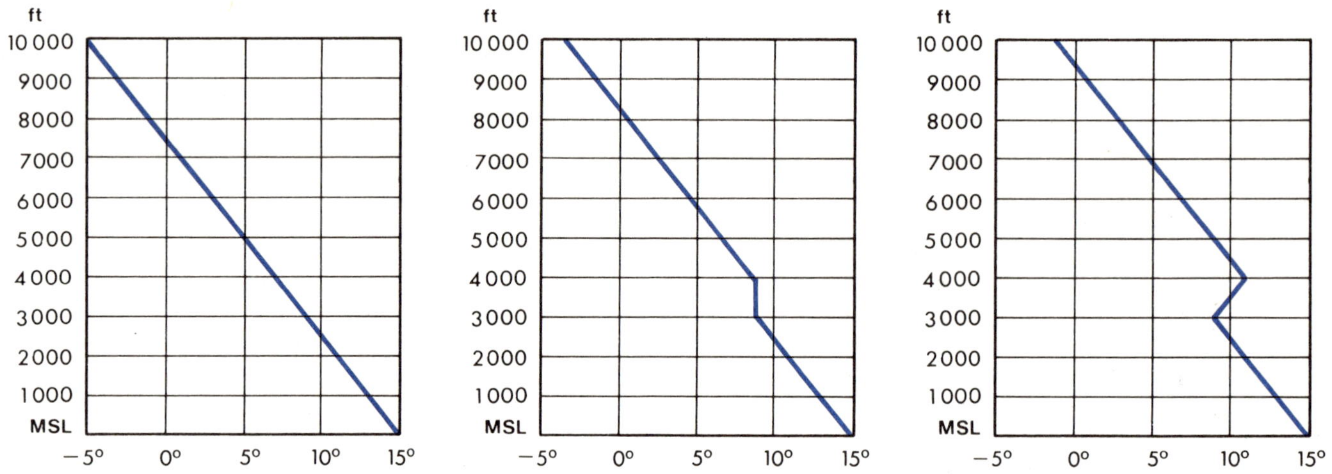

ideale Temperaturabnahme
in der Standardatmosphäre (ISA)
0,65°C/100 m
2°C/1000 ft

Temperaturgleichheit trotz
zunehmender Höhe
= Isothermie

Temperaturzunahme trotz
zunehmender Höhe
= Inversion

Der vertikale Temperaturgradient

Abstieg beträgt unter dieser Bedingung unabhängig von der Ausgangstemperatur stets genau 1 °C pro 100 Höhenmeter.

- Der **feuchtadiabatische Temperaturgradient** gilt immer dann, wenn ein aufsteigendes Luftquantum mit Feuchtigkeit gesättigt ist und deshalb mit der weiteren Abkühlung Kondensation eintritt. Die Abkühlung beim Aufstieg beträgt unter dieser Bedingung etwa 0,6 °C pro 100 Höhenmeter.

Die unterschiedliche Abkühlung von ungesättigt oder gesättigt aufsteigender Luft hat einen einfachen Grund: Bei der Kondensation des in der Luft enthaltenen Wasserdampfes zu Wasser (Nebel und Wolken = Luft mit feinsten Wassertröpfchen) wird die Wärme wieder frei, die bei der Verdunstung des Wassers an der Erdoberfläche gebunden worden war. Natürlich wird umso mehr Wärme frei, je mehr Feuchtigkeit kondensiert. Die Menge der freiwerdenden Wärme aber bestimmt die Größe des feuchtadiabatischen Temperaturgradienten. Er ist deshalb nie ganz genau gleich groß.

Isolierte Luftteilchen sind gegenüber ihrer Umgebung stets in einem der drei aus der Mechanik bekannten Gleichgewichtszustände (vgl. S. 23). Demnach gibt es folgende drei Möglichkeiten:

- Im **stabilen Gleichgewicht** befindet sich ein isoliertes Luftquantum, wenn nach einer Höhenänderung die Luft der Umgebung versucht, es in die Ausgangslage zurückzubefördern. Das ist dann der Fall, wenn der Schichtungsgradient kleiner ist als der Hebungsgradient der aufsteigenden Luft. In ungesättigter Luft ergibt sich trockenstabiles Gleichgewicht, wenn die Temperaturabnahme in der Luftschichtung mit der Höhe kleiner als 1 °C pro 100 Höhenmeter ist. In gesättigter Luft ergibt sich feuchtstabiles Gleichgewicht, wenn die Temperaturabnahme in der Luftschichtung kleiner ist als der feuchtadiabatische Temperaturgradient.

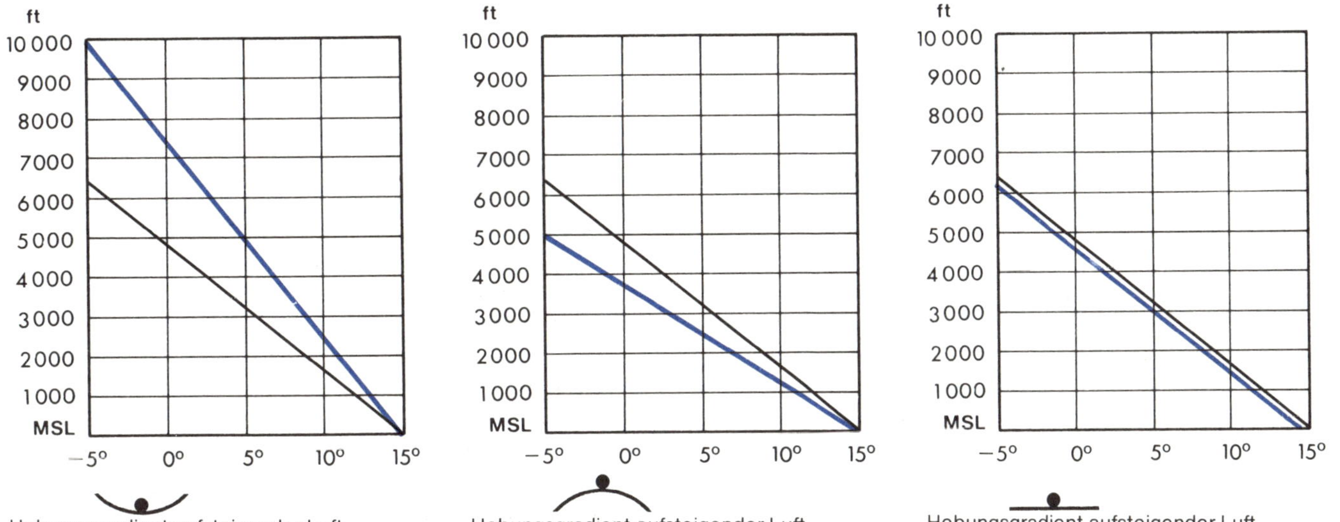

Hebungsgradient aufsteigender Luft 1°C/100 m (= Trockenadiabate)
Schichtungsgradient der ruhenden Luft kleiner als 1°C
= Stabilität

Hebungsgradient aufsteigender Luft 1°C/100 m (= Trockenadiabate)
Schichtungsgradient der ruhenden Luft größer als 1°C
= Labilität

Hebungsgradient aufsteigender Luft 1°C/100 m (= Trockenadiabate)
Schichtungsgradient der ruhenden Luft ist gleichgroß wie Hebungsgradient
= Indifferent

Die Gleichgewichtszustände in der Luftschichtung

- Im **labilen Gleichgewicht** befindet sich ein isoliertes Luftquantum, wenn nach einer Höhenänderung die Luft der Umgebung versucht, es noch weiter von seiner Ausgangslage weg zu befördern. Das ist dann der Fall, wenn der Schichtungsgradient größer ist als der Hebungsgradient der aufsteigenden Luft. In ungesättigter Luft ergibt sich trockenadiabatisches Gleichgewicht, wenn die Temperaturabnahme in der Luftschichtung mit der Höhe größer als 1 °C pro 100 Höhenmeter ist. In gesättigter Luft ergibt sich feuchtadiabatisches Gleichgewicht, wenn die Temperaturabnahme in der Luftschichtung größer ist als der feuchtadiabatische Temperaturgradient.
- Im **indifferenten Gleichgewicht** befindet sich ein isoliertes Luftquantum, wenn nach einer Höhenänderung die Luft der Umgebung nicht versucht, es zurück oder weiter weg zu befördern. Das ist der Fall, wenn der Schichtungsgradient genauso groß ist wie der Hebungsgradient der aufsteigenden Luft. In ungesättigter Luft ergibt sich trockenindifferentes Gleichgewicht, wenn die Temperaturabnahme in der Luftschichtung mit der Höhe genau 1 °C pro 100 Höhenmeter ist. In ungesättigter Luft ergibt sich feuchtindifferentes Gleichgewicht, wenn die Temperaturabnahme in der Luftschichtung genauso groß ist wie der feuchtadiabatische Temperaturgradient.

Als Faustregel kann gelten: Liegt der Schichtungsgradient auf dem Tempblatt links von der Adiabate, ist Labilität gegeben (Möglichkeit für Thermik, Wolkenbildung und eventuell Wetterverschlechterung). Je weiter die beiden Kurven auseinanderliegen, desto größer ist die Labilitätsenergie. Liegt ein Schichtungsgradient dagegen rechts von der Adiabate, ist Stabilität gegeben. Sie ist umso größer, je weiter die beiden Kurven auseinanderliegen.

Während aufsteigende Luft in Abhängigkeit von der Sättigung mit Luftfeuchtigkeit unterschiedlichen Adiabaten folgt, gilt für absinkende Luft ausschließlich der trockenadiabatische Temperaturgradient (Trockenadiabate). Das hat seinen Grund darin, daß jedes Absinken durch die damit verbundene Kompression eine Erwärmung erbringt. Sie verursacht sofort ein Unterschreiten des Taupunktes. Damit ist die Luft nicht mehr gesättigt und es gilt die Trockenadiabate mit 1 °C Erwärmung pro 100 Höhenmeter Absinken. Natürlich sorgt diese rasche Erwärmung dafür, daß der Sättigungsgrad ebenfalls rasch sinkt. Deshalb lösen sich Wolken in absinkender Luft schnell auf (z. B. bei Südföhn auf der Alpennordseite).

In Zusammenhang mit der Luftfeuchtigkeit sind mehrere Begriffe und Maßeinheiten für den Piloten von Bedeutung, weil an ihnen entscheidende Komponenten des herrschenden und des zu erwartenden Wetters ablesbar sind. Zu den wichtigsten gehören:

- **Die absolute Feuchte (a):** Hier wird vom Raummaß ausgegangen und gefragt, wieviel Feuchtigkeit in 1 m^3 feuchter Luft enthalten ist. Die Angabe g/m^3 zeigt, wieviel Gramm Wasserdampf in 1 m^3 Luft enthalten sind.
- **Die spezifische Feuchte (s):** Hier wird vom Gewicht ausgegangen und gefragt, wieviel Feuchtigkeit in 1 kg feuchter Luft enthalten ist. Die Angabe g/kg zeigt, wieviel Gramm Wasserdampf in 1 kg Luft enthalten sind.
- **Das Mischungsverhältnis (m):** Hier wird vom Gewicht ausgegangen und gefragt, wieviel Feuchtigkeit einem kg trockener Luft beigemischt ist. Die Angabe g/kg zeigt, wieviel Gramm Wasserdampf einem kg trockener Luft hinzugefügt sind.
- **Der Dampfdruck (e):** Hier wird nach dem Teildruck gefragt, den der in der Luft enthaltene Wasserdampf ausübt. Die Angabe erfolgt in mb oder mm Hg.
- **Der Taupunkt (t_d):** Hier wird danach gefragt, bis zu welcher Temperatur eine gegebene Luft abgekühlt werden muß, damit Kondensation eintritt. Die Angabe erfolgt in Grad Celsius.
- **Die Sättigungsfeuchte (A):** Hier wird danach gefragt, bei welcher Temperatur die Luft welche Menge Wasserdampf maximal aufnehmen kann. Die Angabe erfolgt in g/m^3. Da hierbei der Druck eine unwesentliche Rolle spielt, läßt sich die Sättigungs-

feuchte als Kurve zeichnen. Sie zeigt für jeden Temperaturwert die mögliche maximale Feuchte. Alle Werte unter der Kurve zeigen ungesättigte Verhältnisse an, alle Werte über der Kurve Sättigung.

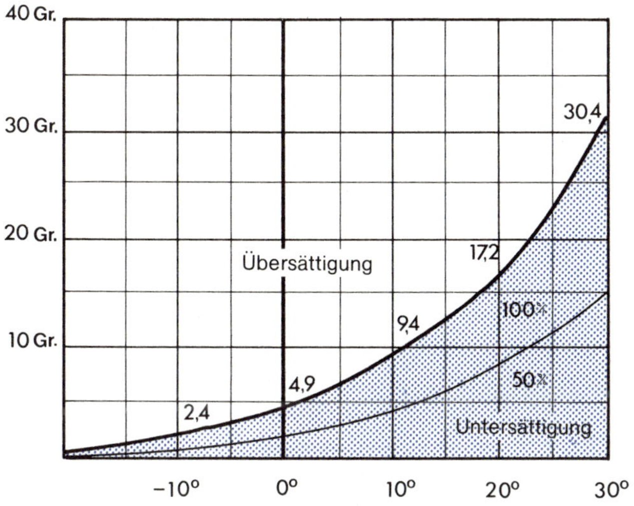

Die Sättigungsfeuchte ist abhängig von der Temperatur

- **Die relative Feuchte (f):** Hier wird nach dem Verhältnis zwischen der vorhandenen zu der bei der jeweiligen Temperatur größtmöglichen Feuchte gefragt. Die Angabe erfolgt in %, die nach folgender Formel ausgerechnet werden:

$$f = \frac{a}{A} \times 100$$

  Von Bedeutung ist dabei vor allem, wieviel % bis zur Sättigung (= 100%) noch fehlen.
- **Die Taupunktdifferenz (D):** Hier wird nach der Differenz zwischen Temperatur und Taupunkt gefragt. Die Angabe erfolgt in Grad Celsius und sagt aus, um wieviele Grad Celsius die ungesättigte Luft abgekühlt werden muß, bis die Sättigungsfeuchte und damit der Taupunkt erreicht ist. Die Taupunktdifferenz (spread) kann jeder METAR-Meldung entnommen werden. Für die Interpretation gilt:
  Ist die Taupunktdifferenz groß (der Taupunkt liegt weit unter der tatsächlichen Temperatur), dann ist in der Luft relativ wenig Feuchtigkeit enthalten und Kondensation wird nicht so schnell eintreten.
  Ist die Taupunktdifferenz klein (der Taupunkt liegt nur geringfügig unter der tatsächlichen Temperatur), dann ist in der Luft relativ viel Feuchtigkeit enthalten und Kondensation kann schnell eintreten, weil eine geringe Abkühlung ausreicht, daß die relative Luftfeuchtigkeit 100% erreicht.
  Ist die Taupunktdifferenz gleich Null (der Taupunkt und die Temperatur sind identisch), dann ist die Sättigung bereits erreicht. Die relative Feuchtigkeit beträgt 100% und die geringste Abkühlung genügt jetzt, um die Kondensation eintreten und Wolken- bzw. Nebelbildung beginnen zu lassen.

Der Wasserhaushalt der Atmosphäre

Gießt es in Strömen, liegt die Vorstellung nahe, der Himmel bestehe nur aus Wasser. Daß dem ganz und gar nicht so ist, beweist eine simple Zahl: Selbst in tropischen Regengebieten übersteigt der Wassergehalt der Luft in der Troposphäre selten 4% (darüber ist ohnehin praktisch kein Wasser mehr zu finden). Aber natürlich sagt diese Zahl nichts über örtliche Konzentrationen. Daß da manches möglich ist, zeigt schließlich jedes Gewitter. Wasser kommt in unserer Atmosphäre in allen drei möglichen **Aggregatzuständen** vor:

- *Gasförmig* ist es als Ergebnis der Verdunstung nahezu überall in der Troposphäre als unsichtbarer Wasserdampf vorhanden.
- *Flüssig* ist es in Form von Nebel, Wolken und Regen überall zu sehen. Bei Nebel und Regen allerdings ist die Sichtbarkeit nur eine Folge der Konzentration. Das einzelne Wassertröpfchen selbst wäre bei einem Durchmesser von etwa 0,005 mm kaum sichtbar. Dafür sind diese Tröpfchen aber eben schwebefähig und in der Lage, mit der Luft horizontal und vertikal zu wandern.
- *Fest* ist es in Form von Eiskristallen, Schnee und Hagel sommers wie winters zu sehen.

Unter Wärmeverbrauch verwandelt sich Eis in Wasser (Schmelzen) und Wasser in gasförmigen Wasserdampf (Verdunsten), auch kann Eis direkt in Wasserdampf übergehen (Sublimation). Umgekehrt verwandelt sich Wasserdampf unter Wärmeabgabe in Wasser (Kondensieren) und Wasser in Eis (Gefrieren), auch der direkte Übergang von Wasserdampf zu Eis (Sublimation) ist möglich. Für die einzelnen Stufen zwischen den Aggregatzuständen sind für 1 g Wasser jeweils folgende Wärmemengen notwendig:

- Verwandlung von Eis in Wasser 80 cal Wärmeverbrauch und umgekehrt 80 cal Wärmeabgabe.
- Verwandlung von Wasser in Wasserdampf 600 cal Wärmeverbrauch und umgekehrt 600 cal Wärmeabgabe.
- Verwandlung von Eis in Wasserdampf 680 cal Wärmeverbrauch und umgekehrt 680 cal Wärmeabgabe.

In welcher Form Wasser in der Atmosphäre vorkommt, hängt also direkt von der zur Verfügung stehenden, der zu- oder abnehmenden Wärme ab. Bezogen auf den Wasserkreislauf heißt das nichts anderes, als daß die Wärme einer seiner Hauptmotoren ist. Das gilt für die Verdunstung an der Grenze zwischen Wasser und Wasserdampf auf der Erdoberfläche genauso wie natürlich auch und gerade für die Wolkenbildung an der Grenze zwischen Wasserdampf und Wasser in der Luft. Als zusätzliche Bedingung kommt hier dazu, daß für die Kondensation Kondensationskerne, winzige Staub- oder Rußpartikelchen also, vorhanden sein müssen, an denen sich der Wasserdampf als Wasser niederlassen kann.

Für die **Wolkenbildung** gibt es grundsätzlich zwei Möglichkeiten. Bei der einen sind adiabatische Vorgänge (Hebung mit unterschiedlichen Ursachen) im Spiel. Bei der anderen kommen Wärmeleitung oder Ausstrahlung zum Tragen. Sie werden als nichtadiabatische Vorgänge bezeichnet.

Bei der Wolkenbildung aufgrund adiabatischer Vorgänge kann die Hebung von Temperatureinflüssen oder von Hindernissen ausgelöst werden.

Ist nur die Temperatur im Spiel, wird von **thermischer Konvektion** gesprochen (kurz Thermik genannt). Sie basiert darauf, daß eine genügend große Temperaturdifferenz für so große Labilität sorgt, daß einzelne Luftmassen wegen ihrer höheren Temperatur und daraus resultierender geringerer Dichte aufsteigen müssen, sich dabei adiabatisch abkühlen, so den Taupunkt erreichen und die »überschüssige« Feuchtigkeit über Kondensation abgeben müssen.

Dieser Vorgang hat seine Ursache ausschließlich in der unterschiedlichen Erwärmung der Luft über unterschiedlichen Bodenflächen. Dabei kann die Grundregel gelten:

- Alles, was bei Sonneneinstrahlung trocken und heiß wird, ist eine mögliche Thermikquelle (trockene Wiesen, Getreide, Siedlungen, Nadelwald, Felshänge).
- Alles, was trotz Sonneneinstrahlung feucht und kühl bleibt, ist keine Thermikquelle (feuchte Wiesen, Wasser, Schnee, Laubwald).

Der Umfang, den die Thermik erreichen kann, ist bedingt durch die erreichte Temperaturdifferenz zwischen dem vorhandenen vertikalen Temperaturgradienten und der Adiabate, die ausgeht von der am Boden erreichten Temperatur. Der Hebungsvorgang kann nach wenigen hundert Höhenmetern sanft aufhören (Blauthermik), weil dann die Temperaturdifferenz gleich Null und das Gleichgewicht wieder hergestellt ist. Er kann zu einem Himmel voller schönster Schönwettercumuli, aber auch zu einem gewaltigen Gewitter führen.

Welche Kräfte hier am Werk sein können, darauf mag die folgende, einfache Rechnung einen Hinweis geben. Dafür sei unterstellt, daß die Sonne auf einen runden Platz mit 200 m Durchmesser scheint und die Luft sich bis in 10 m über Grund um 2 Grad erwärmt. Da bekannt ist, daß ein Kubikmeter Luft mit jedem Grad Temperaturzunahme etwa 5 Gramm leichter wird, läßt sich die Gewichtsdifferenz G_D leicht ausrechnen:

$$G_D = 100 \times 100 \times 3{,}14 \times 10 \times 5 \times 2 = 3140 \text{ kg}$$

Um diese 3140 kg sind die 314 000 m^3 Luft über dem Platz nur durch die Erwärmung leichter gemacht worden. Wird diese Warmluftblase so leicht, daß sie von der umgebenden Luft nicht mehr am Boden gehalten werden kann, löst sie sich und steigt wie ein Freiballon auf. Mit einem Unterschied allerdings: die aufsteigende Blase zieht meist weitere Luft nach, so daß ein Thermikschlauch entsteht, der bei günstigen Verhältnissen vom Boden bis zu den Wolken reicht. Wäre dieser Paradeaufwind 2000 m hoch, wären (bei einem Gewicht von 1,3 kg/m³) darin immerhin 81 640 Tonnen Luft in Bewegung. Weist dieser Aufwind auch nur ein Steigen von 2,5 m/sec auf, werden jeweils in 13,3 Minuten 81,5 Tonnen Luft über 2000 Höhenmeter befördert – und das ist nur die harmlose Thermik über einem winzigen Erdenfleck! Nimmt das ganze größere Dimensionen an, wird vielleicht sogar ein Gewitter daraus, kann die Thermik vom Piloten also wohl allen Respekt verlangen!

Eine weitere Ursache für Hebungsvorgänge können **ortsfeste Hindernisse** sein. Schon Mittelgebirge, wie etwa die Schwäbische Alb und erst recht natürlich die Alpen zwingen heranströmender Luft eine Vertikalkomponente auf. In ihr wird natürlich wieder die adiabatische Abkühlung wirksam, die zur Wolkenbildung auf der Luvseite führt, wenn der Taupunkt erreicht wird. Auf der Leeseite des Hindernisses lösen sich diese Hebungswolken wieder auf.

Die Wolkenuntergrenze kann dabei auf Luv- und Leeseite nahezu gleich hoch liegen. Ebenso sind aber auch größere Unterschiede möglich. Sie hängen davon ab, in welcher Höhe auf der Luvseite der Taupunkt erreicht wird. Liegt auf der Luvseite zwischen Taupunkt (Wolkenbasis) und Gipfellinie des Hindernisses eine größere Höhe, ergibt sich eine nahezu gleich große Basisdifferenz, da auf der Leeseite schon kurz nach dem Scheitelpunkt wieder die Trockenadiabate wirksam wird (die Wolken lösen sich wegen der Erwärmung wieder auf). Daraus erklärt sich auch die starke Erwärmung der Luft bei Föhn (vgl. S. 61).

Die dritte Ursache für die Hebungsvorgänge können **Verdrängungsvorgänge zwischen Luftmassen** sein. Dabei sind immer eine relativ warme und eine relativ kalte Luftmasse beteiligt. Je nachdem welche der beiden Luftmassen die aktive Rolle übernimmt, läuft das Geschehen mehr oder weniger turbulent ab. Seinen Namen jedenfalls erhält das Geschehen von der aktiven Luftmasse (vgl. S. 65).

Bei der **Kaltfront** schiebt sich relativ kältere und deshalb dichtere und schwerere Luft wie ein Keil ziemlich rasch unter relativ wärmere und deshalb weniger dichte und leichtere Luft und zwingt sie, je nach der entstehenden Temperaturdifferenz zu mehr oder weniger stürmischem Aufsteigen. Dabei kann es Feuchtlabilität bis in größere Höhen geben. Alles zusammen läßt gewaltige Wolkenwände entstehen, in denen nicht selten heftige Gewitterherde eingestreut sind. Solche Kaltfronten sind für den Privatpiloten absolute Hindernisse: Vor und unter der Front gibt es heftigste Auf- und Abwinde (bis 30 m/sec) und entsprechende Turbulenzen, die zur Überschreitung des Lastvielfachen führen können. Ein Umfliegen ist ebenso wenig möglich wie ein Überfliegen, da die Dimensionen in beiden Richtungen zu groß sind.

Bei der **Warmfront** schiebt sich relativ wärmere und leichtere Luft wie über eine schiefe Ebene in einem riesigen Aufgleitvorgang auf relativ kältere und schwerere Luft. In der Regel ist die aufgleitende Warmluft nicht nur sehr feucht, sondern auch stabil geschichtet. Beim Aufgleiten kühlt die Warmluft langsam aber sicher adiabatisch ab und bildet ab der Kondensationsbasis aufgrund der großen Feuchtigkeit mächtige Stratuswolken. Sie sind verantwortlich für den endlosen Landregen und ebenfalls ein absolutes Hindernis für den nach Sichtflugregeln fliegenden Piloten, wenn die Stratuswolken am Boden nahezu aufliegen und die Sicht auf Null zurückgeht. Wegen der großen vertikalen und horizontalen Ausdehnung ist ein Über- oder Umfliegen ebenfalls nicht möglich. Lediglich der nach Instrumentenflugregeln fliegende Pilot kann die Warmfront durchfliegen. Wegen der stabilen Schichtung geht das ohne Turbulenz, dafür ist in den Wolken starke Vereisungsgefahr gegeben.

Eine aufziehende Warmfront kündigt sich deutlich sichtbar mit hohen Eiswolken (Cirren) an. Tauchen sie auf, ist die Linie, wo die Warmluft den Boden berührt, noch etwa 1000 km entfernt. Mit näherrückender Front gehen die Cirren in langsam dichter werdende Cirrostratus über. Mit sinkender Wolkenbasis gehen sie in Altostratus und schließlich Nimbostratus über.

Die geschlossene, gleichmäßig graue Stratusdecke der Warmfront kann aber auch Überraschungen bergen. Das ist immer der Fall, wenn die aufgleitende Warmluft nicht ganz so stabil oder sogar feuchtlabil geschichtet ist. Dann können sich über der grauen Decke auch Cumulonimben mit all ihren turbulenten Begleiterscheinungen bilden.

Die grundsätzlich andere Möglichkeit der Wolkenbildung beruht auf nicht adiabatischen Vorgängen. Während bei der Wolkenbildung aufgrund adiabatischer Vorgänge der Taupunkt durch Hebung der Luft erreicht wird, kühlt sie sich bei der nicht adiabatischen Wolkenbildung an Ort und Stelle ab. Dies ist durch Wärmeleitung oder durch Strahlungsvorgänge möglich.

Bei der **Wärmeleitung** sorgt die Erdoberfläche mit ihrer nächtlichen Abkühlung dafür, daß sich auch die darüber gelagerte Luft abkühlt. Wird damit der Taupunkt erreicht, tritt natürlich Kondensation und damit Wolkenbildung ein. Da diese Wolken am Boden aufliegen, werden sie Nebel genannt (Nebelbildung von der Erdoberfläche her).

Bei der **Strahlung** kühlt sich eine Luftschicht an Ort und Stelle ab. Das ist dadurch möglich, daß Schichten mit relativ hoher Wasserdampfkonzentration wie sie sich etwa unter Inversionen bilden, entsprechend ihrer Temperatur langwellige Strahlung aussenden. Die dabei verbrauchte Energie führt zu einer kontinuierlichen Temperaturabnahme. Wird dabei der Taupunkt erreicht, setzt Wolkenbildung ein, die zu ausgedehnten und manchmal auch sehr niedrigen Stratuswolken führt. Diese können schließlich bis zum Boden absinken (Nebelbildung von der Höhe her).

Für eine Einteilung der **Wolken** eignet sich zunächst einmal der Aggregatzustand, in dem in ihnen das Wasser enthalten ist. Danach lassen sich drei »Stockwerke« unterscheiden:

- Das Stockwerk der reinen *Wasserwolken.* Es reicht vom Erdboden bis etwa 2000 m und enthält meist nicht unterkühlte, nur aus feinsten Wassertröpfchen bestehende Wolken. Ihre niedrigste Temperatur liegt bei −10 °C. Sie werden tiefe Wolken genannt.
- Das Stockwerk der *Mischwolken.* Es reicht von 2000 m bis 7000 m und enthält häufig einen Mischmasch aus Wassertröpfchen und Eiskristallen. Die in diesem Bereich vorkommenden Wolken weisen Temperaturen zwischen −10 °C und −35 °C auf. Weil sie im mittelhohen Bereich auftreten, bekommen alle ihre Erscheinungsformen die Vorsilbe »alto«.
- Das Stockwerk der reinen *Eiswolken.* Es reicht von 7000 m bis zur Tropopause (in unseren Breiten also bis 12000 m) und enthält Wolken nur aus Eiskristallen. Sie weisen Temperaturen unter −35 °C auf. All ihre Erscheinungsformen bekommen die Vorsilbe »cirro«.

Unabhängig von Höhe und Konsistenz lassen sich die Wolken nach der Art ihrer Entstehung in Quellwolken (Cumulus) und in Schichtwolken (Stratus) einteilen. Alle *Quellwolken* haben gemeinsam, daß sie durch ziemlich senkrechte, relativ rasch ablaufende Hebungsvorgänge entstehen. Sie sind folglich stets ein Zeichen für mehr oder weniger starke Labilität, die auch unter den Wolken für unruhige Verhältnisse (Auf- und Abwinde) sorgt. Ihre Obergrenze ist gleichzeitig die Obergrenze der Labilität, im Temperaturgradienten meist durch eine Inversion gekennzeichnet.

Die Grundform aller *Cumuluswolken (Cu)* ist die im unteren Stockwerk auftretende Schönwetter-Haufenwolke. Sie ist die direkte Folge der Sonneneinstrahlung und löst sich deshalb abends wieder auf. Finden die Schönwettercumulus in der Höhe keine Sperrschicht (Isothermie oder Inversion) vor, kann dies bereits das Ende des schönen Wetters bedeuten. Die kleinen Cumulus wachsen zusammen und immer weiter in die Höhe, manchmal bis an die Grenze der Troposphäre. Dann ist aus dem Cumulus ein *Cumulonimbus (Cb)* geworden, dem sogar große Flugzeuge respektvoll ausweichen (Gewittergefahr).

Im mittleren Stockwerk auftretende Haufenwolken heißen *Altocumulus (Ac).* Obwohl es meist nur kleine, abgeflachte Ballen sind, deuten sie doch auf stärker werdende Labilität und damit auf Gewittergefahr hin. Sind sie noch ein Stockwerk höher angesiedelt, werden sie *Cirrocumulus (Cc)* genannt. Als Schäfchenwolken wurden sie schon immer als Wetterzeichen verstanden.

Alle *Schichtwolken* haben gemeinsam, daß sie durch extrem flache und sehr langsam ablaufende Hebungsvorgänge entstehen. Sie sind folglich stets ein Zeichen für mehr oder weniger starke Stabilität. Entsprechend ist ihre äußere Form: konturlos, ohne größere Helligkeitsunterschiede und häufig ohne sichtbare Grenze.

Die Grundform aller *Stratuswolken (St)* ist die im untersten Stockwerk auftretende, einförmig graue Schichtwolke. Sie ist meist die Folge des Aufgleitens von feuchtwarmer auf kältere Luft (Warmfront). Gefährlich sind bei ihr vor allem die niedrige Wolkenuntergrenze, die ausgedehnten Niederschlagsgebiete und die damit verbundene schlechte Sicht. Ist die Stratuswolke so mächtig, daß sie bis in das mittlere oder gar bis in das obere Stockwerk hineinreicht, handelt es sich um einen *Nimbostratus (Ns),* der stets extrem schlechtes Wetter bringt.

Im mittleren Stockwerk auftretende Schichtwolken heißen *Altostratus (As).* Obwohl sie häufig so dünn sind, daß die Sonne noch zu erkennen ist, sind sie doch nahezu immer Vorboten dichterer Schichtenwolken. Der nächste Regen ist jedenfalls nicht mehr weit. Ein Weiterflug in Richtung Warmfront sollte unterbleiben.

Sind die feinen Stratuswolken noch höher angesiedelt, werden sie *Cirrostratus (Cs)* genannt. Die Schicht besteht nur noch aus einem feinen Schleier, durch den die Sonne recht gut durchscheint und oft einen kreisrunden Brechungsring (Halo) bildet. Er ist fast immer das Zeichen einer aufziehenden Warmfront.

Über den höchsten Cumulus- und Stratuswolken sind die *Cirren (Ci)* angesiedelt. Sie bestehen wie die Cc und die Cs ausschließlich aus feinen Eisnadeln und sehen nicht selten wie feine Federn aus.

Die grobe Klassifizierung der wichtigsten Wolken sieht demnach folgendermaßen aus:

12000 m Hohe Wolken	Cirrocumulus Cc hohe Schäfchen keine Vereisung		Cirrostratus Cs schleierartige Schichtwolke keine Vereisung		Cirrus Ci federförmig keine Vereisung
7000 m Mittelhohe Wolken	Altocumulus Ac niedere Schäfchen leichte Turbulenz leichte Vereisung		Altostratus As mittlere Schicht- wolke keine Turbulenz leichte Vereisung		
2000 m tiefe Wolken mit Unter- grenze unter 2000 m	Cumulus Cu Schönwetter Quellwolke mäßige Turbulenz mäßige Vereisung	Cumulonimbus Cb als Gewitter bis in große Höhen starke Turbulenz starke Vereisung	Stratus St graue Schicht- wolke keine Turbulenz mäßige Vereisung	Nimbostratus Ns mächtige Schichtwolke bis in große Höhen mäßige Turbulenz starke Vereisung	Stratocumulus Sc Mischform aus Stratus- u. Cumulus leichte Turbulenz mäßige Vereisung

Ein wichtiges Kriterium speziell für Flüge nach den Sichtflugregeln ist die **Hauptwolkenuntergrenze** (ceiling). Nur wenn sie in einer Höhe von mindestens 600 m (2000 ft) über Grund oder Wasser liegt, kann in Kontrollzonen nach Sichtflugregeln geflogen werden (§ 28 LuftVO). Definiert ist die Hauptwolkenuntergrenze als die Höhe der Untergrenze der niedrigsten Wolkenschicht über Grund oder Wasser, die mehr als die Hälfte des Himmels bedeckt und unterhalb von 6000 m (20000 ft) liegt.

Während die Hauptwolkenuntergrenze von den Meteorologen ermittelt wird, kann die Untergrenze von örtlichen Schönwettercumuli vom Piloten selbst berechnet werden. Benötigt werden dafür die Lufttemperatur und der Taupunkt. Die sich daraus ergebende Taupunktdifferenz (spread) multipliziert mit 400 ergibt die Wolkenuntergrenze in Fuß.

Schon die Wolken für sich alleine sind für den nach Sichtflugregeln fliegenden Piloten absolute Hindernisse. Diese werden noch größer, wenn die Wolken ihr Wasser in welcher Form auch immer wieder abgeben, also **Niederschlag** einsetzt. Der Pilot muß deshalb nicht nur die verschiedenen Niederschlagsformen kennen, sondern auch die Möglichkeiten ihrer Entstehung abschätzen können. Dafür gilt es zunächst die Frage zu klären, wie Niederschläge überhaupt entstehen.

Eigentlich scheint es ja ganz einfach zu sein: Enthält die Wolke soviel Wasser, daß sie es nicht mehr halten kann, dann beginnt eben der Niederschlag. Dem aber steht eine unumstößliche physikalische Tatsache entgegen: Die winzigen, in der Luft frei schwebenden Wassertröpfchen nämlich neigen dazu, bei einer Kollision sich nicht zu vereinigen, sondern im Gegenteil sich abzustoßen. Die Frage ist also, wie die winzigen, schwebenden Wasserteilchen dazu gebracht werden, sich zu großen Tröpfchen zu vereinen, damit überhaupt ein Fallen in Gang kommen kann. Grundsätzlich gibt es dafür zwei Möglichkeiten:

Bei der einen steht eine physikalische Tatsache Pate. Eiskristalle regen benachbarte Wassertröpfchen zum Verdampfen an. Der Dampf wiederum gefriert anschließend auf den Eiskristallen. Die werden schwerer und schwerer und beginnen schließlich zu fallen. Wie sie am Boden ankommen, ist dann nur noch eine Frage der durchfallenen Temperaturschichten. Bedingung für diese Form der Niederschlagsauslösung ist aber, daß wenigstens einige Eiskristalle in der Wolke enthalten sind. Sie wirken dann als Katalysatoren.

Die andere Möglichkeit der Niederschlagsauslösung funktioniert auch ohne eisige Katalysatoren. Allerdings ist dafür eine andere Bedingung notwendig: Über elektrische Aufladung muß die Neigung der Wasserteilchen, aneinander abzuprallen, ausgeschaltet sein. Dann wird es möglich, daß die Tröpfchen durch Kollision sich vereinigen, immer größer werden und schließlich sogar den Boden erreichen können.

In welcher **Form der Niederschlag** die Erde erreicht, hängt von drei Variablen ab: von der Luftströmung, von der Temperatur und von der Feuchtigkeit. Entsprechend ergeben sich folgende Niederschlagsformen:

- **Regen:** Immer wenn der Niederschlag den Boden in flüssiger Form erreicht, wird vom Regen gesprochen. Ihn gibt es in drei Grundformen:

  Als *Nieselregen* (drizzle) erreicht er nur eine Tropfenstärke von weniger als 0,1 mm. Die kleinen Wasserteilchen sind so leicht, daß sie fast schweben, ihre Sinkgeschwindigkeit liegt meist weit unter 1 m/sec.

  Als *Regen* (rain) erreicht er eine Tropfenstärke bis zu 5 mm. Die Tropfen können so schwer werden, daß Fallgeschwindigkeiten bis zu 10 m/sec erreicht werden können.

  Als *unterkühlter Regen* (freezing rain) kommt er am Boden an, wenn er eine bodennahe Kaltluftschicht durchfallen muß. Werden die Wassertropfen dabei unter den Gefrierpunkt abgekühlt, ohne daß es zur Kristallisation kommt, frieren sie beim Auftreffen am Boden sofort fest und überziehen alles mit einer Klareisschicht. Bei solchen Verhältnissen darf unter keinen Umständen geflogen werden (Vereisung der Windschutzscheibe = keine Sicht; Eisansatz am gesamten Flugzeug = Veränderung der Aerodynamik und Erhöhung des Gewichtes).

- **Eis:** Immer wenn der Niederschlag den Boden in fester Form erreicht, wird von Eis gesprochen. Es fällt in zwei Grundformen zur Erde:
  Als *Schnee* (snow), wenn die Temperaturen in der Nähe des Gefrierpunktes liegen und sich die einzelnen Eiskristalle deshalb zu mehr oder weniger großen Schneesternen vereinen können. Die Flocken sind umso kleiner, je tiefer die Temperaturen sind. Das Spektrum reicht dabei bis zu den winzigen Eisnadeln, die bei strengem Frost und Temperaturen unter −25°C sogar aus dem blauen Himmel rieseln (sie entstehen dann durch Sublimation).
  Als *Hagel* (hail) können die Eisstückchen Durchmesser bis zu 10 cm haben. Ihre Form und Größe hängt von der Art ihrer Entstehung und von den Temperaturen der durchfallenen Schichten ab. Ort der Entstehung von Hagel sind fast immer Cumulonimbus-Türme. Ihre Aufwindfelder halten die Eiskerne lange in den Mischbereichen, wo noch genügend Wassertröpfchen vorhanden sind. Ihr Wasser wird von den Eiskernen angezogen, um die so immer neue Schichten wachsen. Primär hängt die Größe der Hagelkörner also davon ab, wie lange sie von den Aufwinden am Fallen gehindert werden. Sekundär hängt ihre Größe, mit der sie am Boden ankommen, davon ab, wie lange die Eiskugeln durch schmelzende Warmluft fallen.
  Sonderformen des Hagels sind *Graupel* (soft hail) und *Eiskörner* (ice pellets). Die Graupel sind ein Mittelding zwischen Schnee und Hagel. Es sind weißliche, mehr oder weniger weiche Kügelchen, die oft schon aus größeren Cumuli (besonders im Frühjahr) fallen können. Die Eiskörner sind dagegen hart, glasig und fast durchsichtig. Sie entstehen, wenn Schnee oder Graupel beim Fall durch Warmluft zu schmelzen beginnen, durch eine darunter gelagerte Kaltluft aber wieder zum Gefrieren gebracht werden.

Bei den **Niederschlagsarten** wird nach dem Entstehungsort unterschieden zwischen Schauerniederschlägen, Dauerniederschlägen und orographisch bedingten Niederschlägen:

- *Schauerniederschläge* entstehen in einzelnen Cumulonimben und in ganzen Fronten aus Quellwolken (Kaltfront). Obwohl die Niederschlagsgebiete durchaus große Ausdehnungen erreichen können, wird allein schon deshalb von Schauerniederschlägen gesprochen, weil sie alle aus Cumuluswolken der verschiedenen Arten kommen und letztlich stets die Folge von Konvektionsvorgängen sind.
- *Dauerniederschläge* entstehen in Stratus- und Nimbostratuswolken. Die ergiebigsten Dauerniederschläge verursacht die Warmfront.
- *Orographische Niederschläge* entstehen an den Luvseiten der Gebirge, wenn der Wind feuchte Luftmassen zum Aufsteigen zwingt. Wird dabei die Sättigungsgrenze erreicht, gibt es trotz manchmal starker Luftbewegung praktisch »ortsfeste« Niederschläge an der Luvseite. Auf der Leeseite, im Regenschatten dagegen, lösen sich die Wolken auf (trockenadiabatische Erwärmung), die Luft ist jetzt sehr trocken. Schönes Beispiel für orographische Niederschläge ist der Südföhn in den Alpen, bei dem die Luft ihre ganze Feuchtigkeit auf der Alpensüdseite fallen läßt und als warmer, trockener Wind auf der Alpennordseite ankommt.

Nicht weniger wichtig als Wolken und Niederschlag ist für den Piloten alles, was gewöhnlich unter dem Begriff **Nebel** zusammengefaßt wird. Während der Autofahrer bei Sichtweiten über 500 m noch gar nicht an Nebel denkt, ist er für den Meteorologen (und den Piloten) längst gegeben. In der Meteorologie und Fliegerei nämlich hat der Nebel zunächst etwas zu tun mit der Sichtweite. Deshalb einige Definitionen:

- **Dunst** herrscht, wenn die Sicht mehr als 1000 m aber weniger als 10000 m beträgt. Beträgt die relative Luftfeuchtigkeit dabei mehr als 80%, handelt es sich um *feuchten Dunst* (mist). Beträgt die relative Luftfeuchtigkeit dagegen weniger als 80%, handelt es sich um *trockenen Dunst* (haze).
- **Nebel** (fog) herrscht, wenn die Sicht weniger als 1000 m beträgt. Definiert wird die Sicht dabei:

- als *Bodensicht* (ground visibility). Das ist die amtlich festgestellte Sicht auf einem Flugplatz. Sichten unter 5 km werden in Meter angegeben.
- als *Flugsicht* (flight visibility). Das ist die Sicht aus dem Flugzeug in Flugrichtung. Sie muß für Flüge nach Sichtflugregeln im unkontrollierten Luftraum mindestens 1500 m betragen.

Natürlich ist Nebel keineswegs gleich Nebel. Allein schon von der Art der Entstehung her gibt es grundsätzlich zwei Möglichkeiten:

- Der Taupunkt wird aufgrund von Temperaturunterschieden zwischen der Erd- oder Wasseroberfläche und der darüber lagernden Luftschicht erreicht.
- Der Taupunkt wird aufgrund der Mischung unterschiedlich warmer Luftmassen erreicht.

Am häufigsten erfolgt die Nebelbildung aufgrund von Temperaturunterschieden. Natürlich können diese Temperaturunterschiede nun wieder auf verschiedene Weise entstehen:

- Beim **Strahlungsnebel** (radiation fog) entsteht der Temperaturunterschied durch nächtliche Wärmeabstrahlung der Erdoberfläche. Kommen hohe Luftfeuchtigkeit in der bodennahen Schicht und geringe Luftbewegung (unter 10 kn) dazu, sorgt der mit der Strahlung sich abkühlende Boden über Wärmeaustausch dafür, daß zunächst unmittelbar über dem Boden und dann immer höher der Taupunkt erreicht wird und Kondensation eintritt. Die Dichte des entstehenden Nebels hängt ab von der Menge der relativen Feuchtigkeit und der Größe der Temperaturdifferenz (am größten bei Sonnenaufgang). Die Dicke des Strahlungsnebels reicht von sehr flach (Wiesennebel/shallow fog) über wenige Meter Höhe (Bodennebel/ground fog) bis zu mehreren hundert Meter Höhe. Von Hochnebel (low stratus) wird gesprochen, wenn der Nebel nicht ganz am Boden aufliegt.
- Beim **Advektionsnebel** (advection fog) entsteht der Temperaturunterschied durch horizontale Luftbewegung, mit der feuchtwarme Luft über einen weniger warmen Untergrund geschoben wird. Durch Wärmeaustausch wird wieder der Taupunkt erreicht, so daß Kondensation einsetzen kann. Wird etwa feuchte Luft von warmen Landflächen auf kalte Wasserflächen geschoben, bildet sich genauso Nebel, wie wenn feuchte Luft von warmen Wasserflächen auf kalte Landflächen geschoben wird. Beide Möglichkeiten sind im Frühjahr bzw. im Herbst etwa am Bodensee gut zu beobachten.
- Beim **Verdunstungsnebel** (evaporation fog) entsteht der Temperaturunterschied über relativ warmen Wasserflächen. Über ihnen verdunstet viel Feuchtigkeit, die die vom kälteren Land einsickernde kältere Luft nicht fassen kann. Schnell wird der Taupunkt erreicht, so daß die Kondensation einsetzen kann.

Weniger häufig ist die Nebelbildung aufgrund von Mischung verschieden warmer Luftmassen. Dafür gibt es nur eine Entstehungsform:

- Beim **Mischungsnebel** (mixing fog) wird der Taupunkt dadurch erreicht, daß feuchtwarme Luft sich mit kälterer mischt. Dadurch entsteht insgesamt eine Temperatur, bei der für die neu entstandene Luftmasse der Taupunkt erreicht wird und die Kondensation beginnt.

Die Wind- und Drucksysteme der Atmosphäre

Ob zarter Lufthauch im Mai oder Schneesturm im Winter, stets ist der Wind für den Meteorologen nichts anderes als mehr oder weniger stark bewegte Luft, wobei die Stärke der Bewegung ein Maß für die freigesetzte Energie ist. Und sie ist gewiß nicht gering, bewältigt die Windenergie doch gewaltige Aufgaben. So bewegt sie Wärme und Feuchtigkeit um die halbe Welt, treibt ganze Sturmsysteme über tausende von Kilometern und ist so eine der wichtigsten Wetterfaktoren.

Ursache des Windes, seiner Stärke und seiner Richtung ist stets ungleichmäßiger Luftdruck. Da Temperaturdifferenzen nicht nur überall in der Atmosphäre vorhanden sind, sondern auch unweigerlich zu Druckunterschieden führen, ist der Anlaß für Wind eigentlich immer und überall gegeben. Wegen des Druckgefälles nämlich versuchen die Luftteilchen aus dem Bereich hohen Druckes in den tieferen Druckes zu kommen, genauso wie die Luft aus einem Autoreifen oder einem Luftballon herausströmt, sobald sie dafür einen Weg findet. Die das Luftteilchen beschleunigende Kraft heißt **Druckgradientkraft.** Sie ist umso größer (und damit auch die Windgeschwindigkeit), je enger hoher und tiefer Luftdruck aneinandergrenzen.

Grundsätzlich werden die Winde in zwei Gruppen eingeteilt:

- global vorherrschende Winde
- lokal und regional vorherrschende Winde.

Die **global vorherrschenden Winde** haben ihre Ursache in der unterschiedlichen Erwärmung der Luft in der Troposphäre, die in der Äquatorregion sehr stark, in den Polarregionen dagegen sehr schwach ist. Die unterschiedliche Wärmeeinstrahlung bringt nun Bewegung in die Luftmassen: über dem Äquator steigt die warme und deshalb leichte Luft auf und wandert in der Höhe zu den Polen. Im Gegenzug wandert die kalte Luft von den Polen in relativ geringer Höhe in Richtung Äquator.

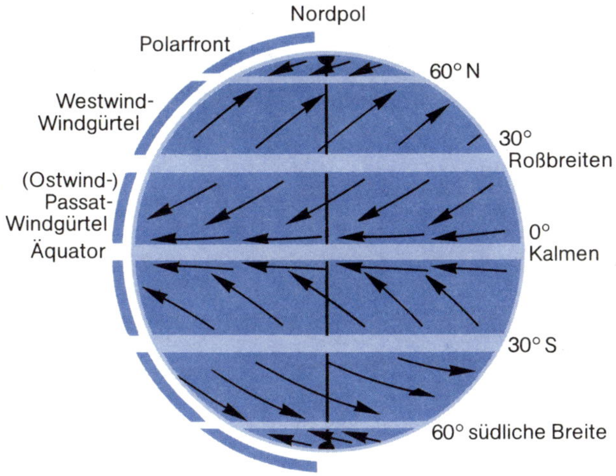

Die planetarischen Windgürtel

Ganz so einfach aber würde das nur funktionieren, würde die Erde samt ihrer Lufthülle stillstehen. Da sie sich aber nun einmal dreht, werden alle Lufbewegungen auf der Nordhalbkugel nach rechts und auf der Südhalbkugel nach links abgelenkt (Coriolis-Kraft). Diese Ablenkung führt zu Windgürteln, in denen der Wind vorwiegend aus Ost oder West weht und die rund um den Globus gehen. Unterschieden wird zwischen dem Passat-Windgürtel (vorherrschend Nordostwind zwischen Äquator und 30. Breitengrad) und dem Westwindgürtel (vorherrschend Südwestwind zwischen 30. und 60. Breitengrad).

Zwischen den Windgürteln entstehen entsprechend der vorherrschenden vertikalen Luftbewegung konstante Hoch- oder Tiefdruckgürtel. Wo die Luftströmung dazu neigt, abwärts zu fließen, bilden sich immer wieder neu Hochdruckgebiete; wo die Luft dagegen regelmäßig aufsteigt, bilden sich genauso regelmäßig Tiefdruckgebiete. So bilden sich über den Polen die polaren Hochdruckkappen und auf 30° Breite (Roßbreite) die beiden Hochdruckgürtel. Über dem Äquator (Kalmenzone) und auf 60° Breite bilden sich Tiefdruckgürtel (subpolare Tiefdruckgürtel).

Richtung und Geschwindigkeit des Windes werden im wesentlichen von drei Komponenten bestimmt:

- Das **Druckgefälle** (= Druckgradient) bestimmt die Geschwindigkeit und damit die Stärke des Windes. Es drückt die Neigung einer Ebene gleichen Druckes zur Horizontalen aus. Optisch sichtbar wird das an den Linien gleichen Druckes (sie heißen auf der Bodenwetterkarte *Isobaren*; auf der Höhenwetterkarte *Isohypsen*). Liegen sie weit auseinander (5 mb auf über 500 km), ist das Druckgefälle flach, der Druckgradient klein und die Windgeschwindigkeit klein. Liegen sie dagegen eng beieinander (5 mb auf unter 250 km), ist das Druckgefälle schon recht groß und entsprechend groß ist auch die Windgeschwindigkeit. Das Druckgefälle wirkt senkrecht zu den Isobaren in der Richtung vom Kern des hohen zum Kern des tiefen Druckes.

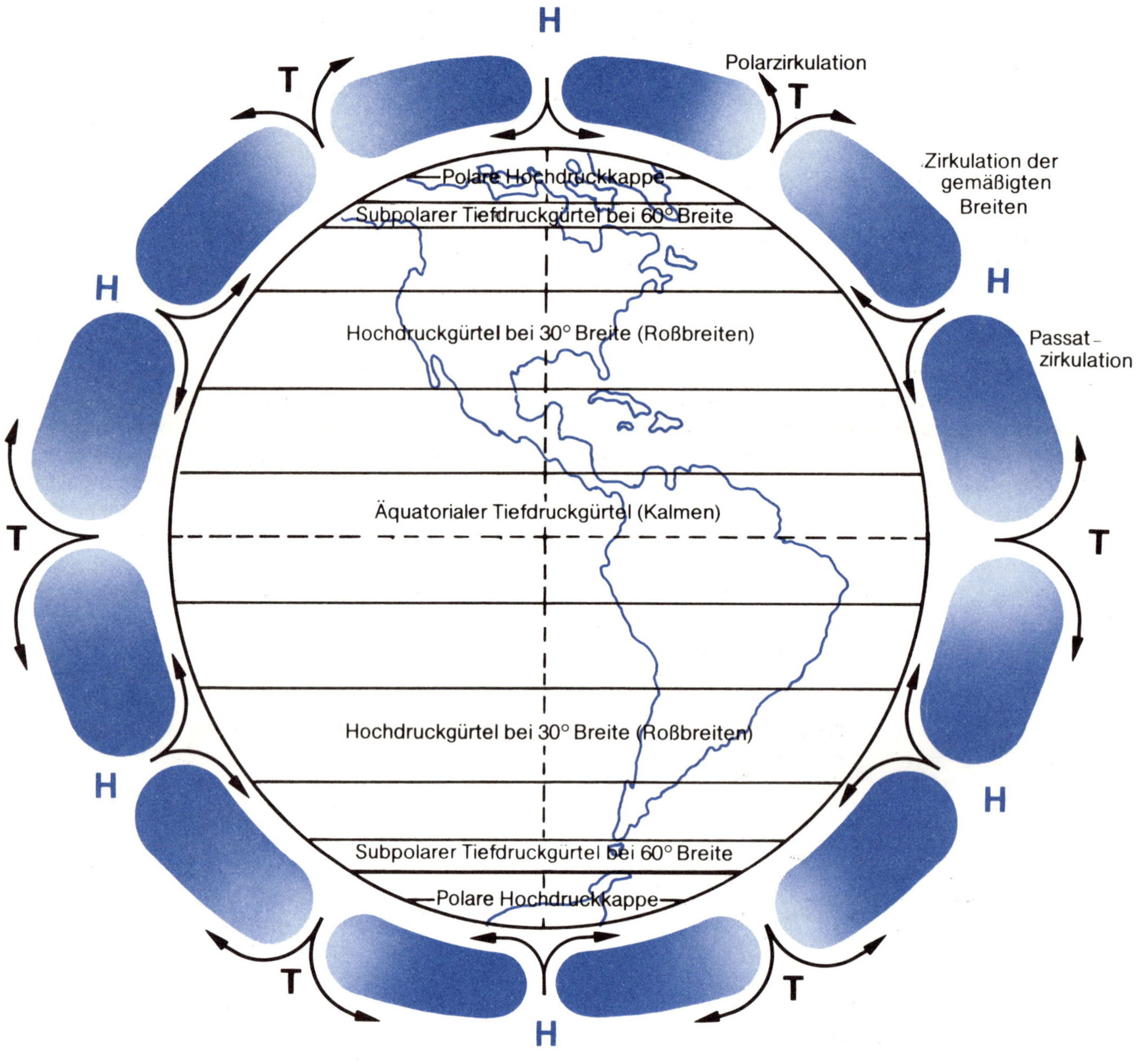

Die Hoch- und Tiefdruckgürtel der Erde

- Die **Coriolis-Kraft** wirkt nicht nur auf globale Luftverschiebungen. Sie sorgt auch dafür, daß der Wind nicht direkt dem Druckgefälle folgen kann, sondern auf der Nordhalbkugel stets nach rechts abgelenkt wird. Ursache dafür ist die Trägheit der bewegten Masse gegenüber dem bewegten Bezugssystem (die Kraft ist also nur eine scheinbare Beschleunigung). Bezogen auf die Ablenkung des Windes bedeutet das, daß die senkrecht zu den Isobaren vom Hoch zum Tief strebende Luft nach rechts abgelenkt wird. Diese Ablenkung ist in der Höhe größer als am Boden, wo die Reibung der Ablenkung entgegenwirkt. Sind die Kraft des Druckgradienten und der Coriolis-Ablenkung schließlich im Gleichgewicht (oberhalb der etwa 1500 m mächtigen Grundschicht), strömt der Wind praktisch parallel zu den Isobaren. Abhängig vom Verlauf der Isobaren handelt es sich dann:
  um *geostrophischen* Wind, wenn er parallel zu geraden Isobaren weht,
  um *Gradientwind,* wenn er entlang gekrümmter Isobaren weht.

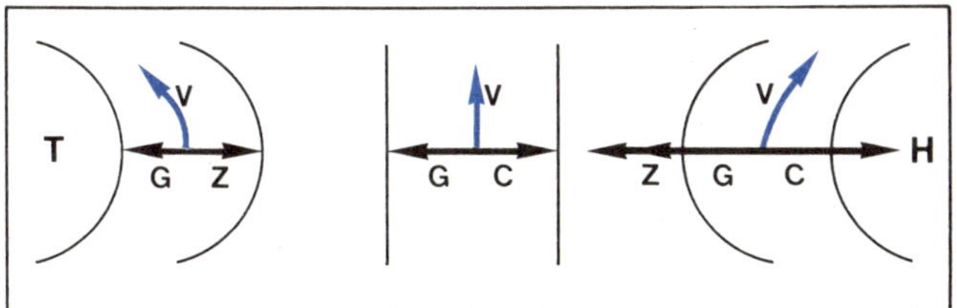

v = Wind, G = Gradientkraft, Z = Zentrifugalkraft, C = Corioliskraft

Gradientwind und geostrophischer Wind

  Zusätzlich ist dann auch noch die Zentrifugalkraft im Spiel, die im Tief der Kraft des Druckgradienten entgegen, im Hoch mit ihr gleichgerichtet wirkt.
- Die **Reibung** wirkt in der Grundschicht, also bis in eine Höhe von etwa 1500 m. Sie sorgt dafür, daß die Windgeschwindigkeit gegen den Boden hin abnimmt und auch die Coriolis-Kraft nur entsprechend schwächer wirken kann. Die geringere Ablenkung in den unteren Schichten ist der Grund dafür, daß dort der Wind nicht mehr parallel zu den Isobaren weht. In der Draufsicht ergibt sich eine scheinbare Ablenkung nach links in Richtung des Tiefdruckkernes. Für ein steigendes Flugzeug ergibt sich so:
  Bis in eine Höhe von etwa 1000 m dreht der Wind gegenüber seiner Richtung am Boden um bis zu 30° nach rechts.
  Bis in eine Höhe von etwa 1500 m hört der Einfluß der Bodenreibung völlig auf und der Wind weht endgültig als geostrophischer oder Gradientwind parallel zu den Isobaren.
  Bis in eine Höhe von etwa 500 m verdoppelt sich die Windgeschwindigkeit, bis in etwa 1500 m kann sie sich verdreifachen.
  Für ein sinkendes Flugzeug ergibt sich umgekehrt:
  Ab etwa 1500 m beginnt der Wind nach links zu drehen und nicht mehr parallel zu den Isobaren zu wehen.
  Bis zum Boden kann die Ablenkung in Abhängigkeit von der Oberflächenstruktur (je stärker, je mehr) bis zu 45° nach links drehen.
  Ab etwa 1500 m nimmt die Windgeschwindigkeit kontinuierlich ab. Bis in 500 m kann sie um ein Drittel abnehmen, am Boden ist sie auf ein Drittel reduziert.

Das Zusammenspiel der Kräfte von Druckgradient, Coriolis-Ablenkung und Reibung ergeben das Barische Windgesetz. Für die Nordhalbkugel lautet es:
- Eine Zyklone (Tiefdruckgebiet) umströmt der Wind stets gegen den Uhrzeigersinn. Er strömt am Boden in das Tief hinein.
- Eine Antizyklone (Hochdruckgebiet) umströmt der Wind stets im Uhrzeigersinn. Er strömt am Boden aus dem Hoch hinaus.

Auf der Südhalbkugel sind die Drehrichtungen genau umgekehrt.

Die **lokal und regional vorherrschenden Winde** sind entweder durch lokal bedingte Thermiksysteme oder durch landschaftsbedingte Hindernisse im Gradientwind verursacht. Die thermischen Lokalwinde hatten schon die alten Griechen beobachtet, denen aufgefallen war, daß in den Bergen bei Sonneneinstrahlung der

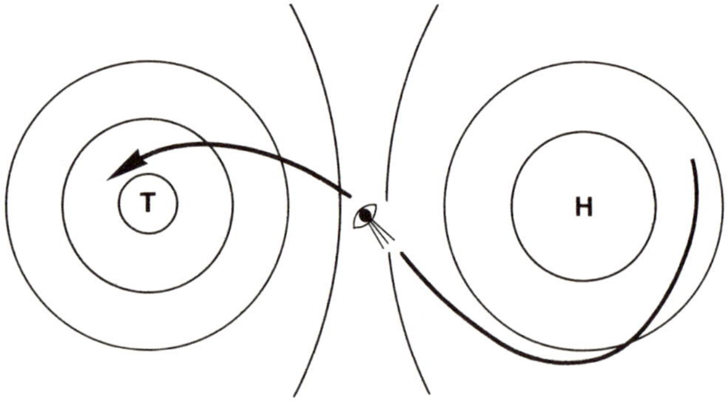

Das barische Windgesetz: Schaut man in den Wind, liegt vorne links das Hoch, hinten rechts das Tief

Wind tagsüber bergauf bzw. talauf, nachts aber umgekehrt weht. Sie nannten diese Winde deshalb anabatisch = aufsteigend und katabatisch = absteigend. Diese Bezeichnungen werden noch heute von den Meteorologen verwendet.

Bestes Beispiel für dieses System ist der **Berg- und Talwind.** Tagsüber weht er als anabatischer Wind vom Tal zum Berg und wird deshalb Talwind genannt. Seine Ursache hat der Talwind darin, daß sich die Luft über den Bergen stärker erhitzt als über dem Flachland. Die in der Höhe aufsteigenden Luftmassen lassen ein Gebiet tiefen Druckes entstehen, in das durch die Täler kühlere Luft aus dem Flachland angesaugt wird. Der Talwind kann eine Stärke bis zu 25 Knoten und eine Höhe bis zu etwa 500 m erreichen. Nachts ist es dann genau umgekehrt. Der Wind weht jetzt als katabatischer Wind vom Berg ins Tal und wird deshalb Bergwind genannt. Seine Ursache hat der Bergwind darin, daß sich die Luft über den Bergen nachts stärker abkühlt als im Flachland. Die kalte und schwere Luft beginnt deshalb talwärts zu strömen. Der Bergwind kann eine Stärke bis zu 15 Knoten und eine Höhe bis etwa 200 m erreichen.

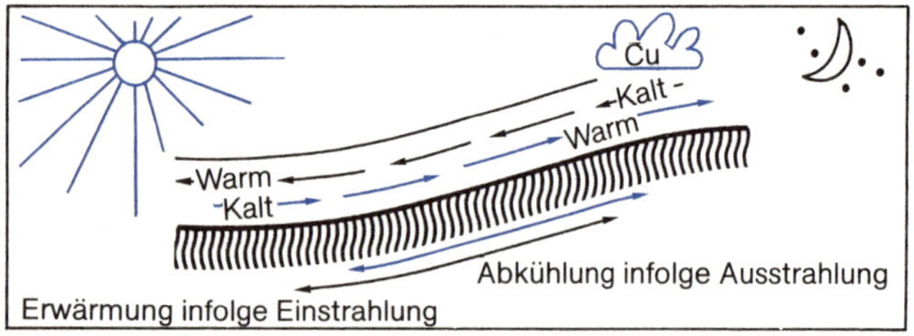

Berg- und Talwind

Dasselbe System funktioniert im kleinen auch an einzelnen Gebirgshängen und wird dann **Hangwind** genannt. Tagsüber strömt er als Hangaufwind zur Freude der Segelflieger bergwärts, nachts strömt er als Hangabwind talwärts.

Ebenfalls eine Folge unterschiedlicher Erwärmung sind **Land- und Seewind** an der Küste und an den Uferbereichen großer Seen.

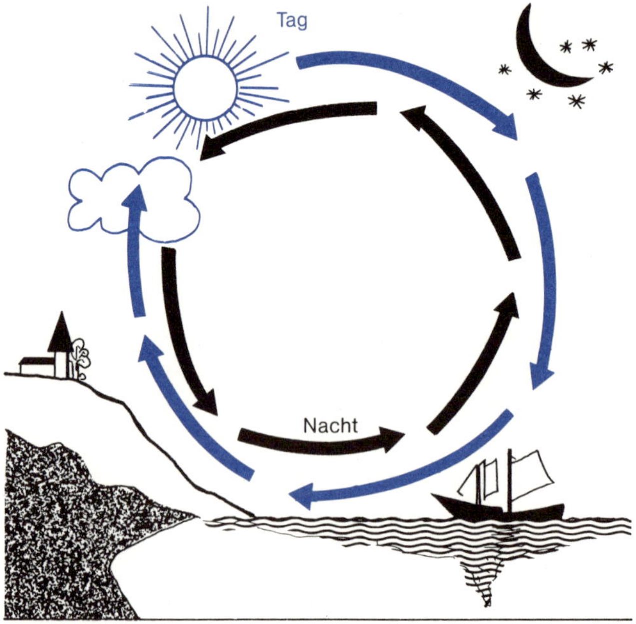

Land- und Seewind

Tagsüber wird die Luft über dem Land stärker erwärmt, steigt auf und zieht kältere Luft vom Wasser nach. Da der Wind von der See zum Land weht, wird er Seewind genannt. Er kann eine Stärke bis zu 20 Knoten und eine

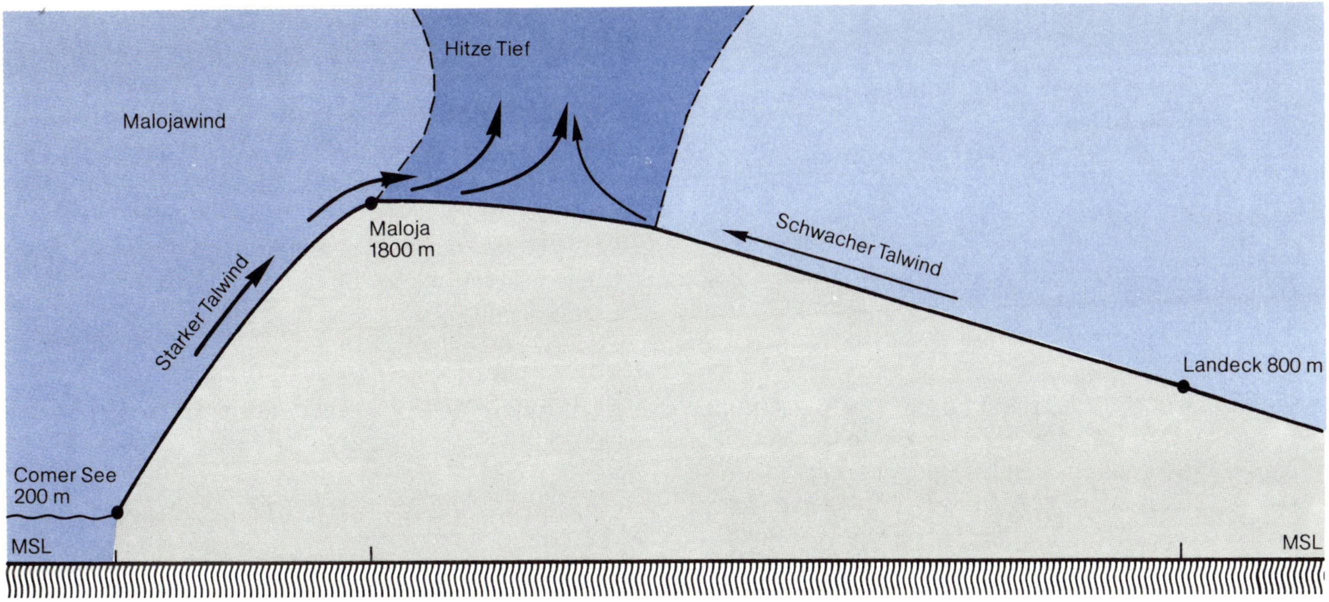

Das Zusammenspiel verschiedener Berg- und Talwindsysteme am Beispiel Malojawind

Höhe bis etwa 500 m erreichen. Nachts funktioniert die Zirkulation umgekehrt. Jetzt kühlt sich die Luft über dem Land stärker ab als über dem Wasser und drückt deshalb seewärts. Weil der Wind vom Land zur See weht, wird er Landwind genannt. Er kann eine Stärke bis zu 10 Knoten und eine Höhe von etwa 200 m erreichen.

Ein zudem noch örtlich gebundener tagesperiodischer Wind ist der aus dem Bergell ins Engadin strömende *Malojawind.* Er ist insofern eine Besonderheit, weil im Engadin zwei Berg- und Talwindsysteme aufeinandertreffen, die zudem noch sehr unterschiedlich gestaltet sind. Im einen, dem oberen Inntal, werden auf rund 100 km Luftlinie weniger als 1000 Höhenmeter überwunden. Im anderen, dem Bergell, werden auf nur 30 km Luftlinie 1600 Höhenmeter überwunden. Entsprechend dem Gefälle produziert das Inntal einen relativ schwachen, das Bergell einen relativ starken Talwind. Dazu kommt, daß das weitläufige Engadin sehr stark erwärmt wird, also praktisch ein Hitzetief produziert. Dieses von der Einstrahlung erzeugte Tief kann aus dem aus dem Inntal wehenden schwachen Talwind nicht ausreichend aufgefüllt werden. Es versorgt sich deshalb mit Nachschub aus dem Bergell. Das führt dazu, daß der Talwind aus dem Bergell bis zu 30 km weit in den Bereich des Talwindes aus dem Inntal einbricht und als Talwind sogar bergab strömt.

Zu den regionalen Winden, die die Folge landschaftsbedingter Hindernisse im Gradientwind sind, gehören:

- Der **Föhn,** dessen Name von lat. favonius kommt und der bei den Rätoromanen noch heute so heißt, ist ein warmer Fallwind auf beiden Seiten der Alpen. Als Südföhn bläst er von Süd nach Nord, als Nordföhn von Nord nach Süd. Die Erwärmung tritt jeweils auf der Leeseite auf, weil sich die Luft auf der Luvseite meist weite Strecken nur feuchtadiabatisch mit etwa 0,6 °C/100 m abkühlt, beim Abstieg in Lee sich aber auf der gesamten Strecke trockenadiabatisch mit 1 °C/100 m erwärmt.

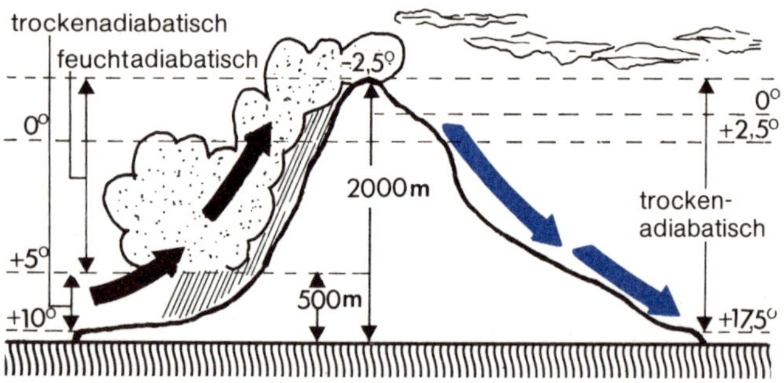

Der Stau- und Föhneffekt an Gebirgen

Voraussetzung für Südföhn ist ein Hoch über dem Balkan und ein Tief über der Biskaya; für Nordföhn ist ein bis Frankreich reichendes Hoch und ein Tief über dem nordöstlichen Mittelmeer notwendig. Beide Föhnarten aber sind für den Sportflieger extrem gefährlich: auf der Luvseite machen ausgedehnte Niederschläge und tiefe Wolkenuntergrenzen, auf der Leeseite starke Abwinde und extreme Turbulenzen Streckenflüge schwierig, nur die Segelflieger freuen sich über die Höhenflugmöglichkeiten in den Leewellen.

- Der **Mistral** weht im Rhonetal und über die französischen Seealpen hinunter zum Mittelmeer. Bei nahezu gleicher Druckverteilung wie beim Nordföhn wirken die hohen Westalpen als zusätzliche Barriere, so daß die Luftmassen zwischen ihnen und den Cevennen beschleunigt werden. Der Mistral weht sehr häufig und erreicht nicht selten Geschwindigkeiten bis zu 70 Knoten mit entsprechenden Turbulenzen.
- Die **Bora** ist ein stürmischer Fallwind an der dalmatinischen Küste. Er kommt als polare Kaltluft aus Sibirien über Ungarn und den Balkan, muß das jugoslawische Karstgebiet übersteigen und stürzt sich schließlich in die warme Adrialuft. Die Bora erreicht Geschwindigkeiten von über 100 Knoten und kann bis weit in die Adria hinaus wehen.
- Die **Bise** weht im Schweizer Mittelland zwischen Jura und Alpen. Der scharfe Nordostwind erreicht Geschwindigkeiten bis zu 50 Knoten. Weht die Bise bei bedecktem Himmel, wird von bise noire gesprochen, weht sie dagegen bei wolkenlosem Himmel, heißt sie bise blanche.
- Der **Scirocco** ist ein stürmischer Südwind, der aus der Sahara kommt. Die sehr warme Luft nimmt auf ihrem Weg über das Mittelmeer sehr viel Feuchtigkeit auf. Spätestens in Norditalien kommt es dann zu ergiebigen Niederschlägen. Erreicht der Scirocco die Alpen, kann man nicht selten die gelb bis rötlichen Kristallisationskerne aus dem Saharastaub im Schnee erkennen.

Die **Windstärke** wird entweder in Graden nach der Beaufort-Skala, in m/sec oder in Knoten angegeben.

m/sec	Bezeichnung	Knoten	Beaufort	km/h
0–0,2	still	unter 1	0	unter 1
0,3–1,5	leiser Zug	1–3	1	1– 5
1,6–3,3	leichte Brise	4–6	2	6–11
3,4–5,4	schwache Brise	7–10	3	12–19
5,5–8,9	mäßige Brise	11–15	4	20–28
9,0–11,0	frische Brise	16–21	5	29–38
12,0–14,0	starker Wind	22–27	6	39–49
15,0–17,0	steifer Wind	28–33	7	50–61
18,0–21,0	stürmischer Wind	34–40	8	62–74
22,0–24,0	Sturm	41–47	9	75–88
25,0–28,0	schwerer Sturm	48–55	10	89–102
29,0–33,0	orkanartiger Sturm	56–63	11	103–117
über 33,0	Orkan	über 63	12	über 117

Im Flugwetterdienst erfolgt die Angabe ausschließlich in Knoten. Die **Windrichtung** wird nach der Himmelsrichtung angegeben, aus der der Wind kommt. Die Angabe erfolgt nach der 360°-Windrose (West = 270°) auf 10° genau.

Ein weiterer, ganz wichtiger Wetterfaktor ist das Entstehen homogener **Luftmassen,** die so groß sein können wie halbe Kontinente, und die sich in Temperatur und Feuchtigkeit der Region anpassen, über der sie länger gelegen haben. Entsprechend der vier Möglichkeiten wird zwischen kalten Luftmassen aus den Polarregionen und warmen aus tropischen Regionen sowie zwischen feuchten aus Seegebieten und trockenen aus kontinentalen Regionen unterschieden.

Für die Definition von Luftmassen werden folgende Begriffe und Symbole verwendet:

A = arktische Luftmasse
P = polare Luftmasse
T = tropische Luftmasse
m = maritime Luftmasse
c = kontinentale Luftmasse
k = kalte Luftmasse
w = warme Luftmasse

Da eine Luftmasse häufig recht lange unterwegs ist, ist nicht nur ihr Entstehungsort und ihr ursprünglicher Zustand für die Beurteilung des Wetters wichtig. Oft genauso wichtig sind die Einflüsse der Gebiete, die die Luftmasse auf ihrem Weg bis zu uns überquert und von deren Eigenschaften sie Teile übernommen hat. Ist eine Polarluftmasse etwa auf dem Umweg über die Azoren zu uns gekommen, würde sie auf der Wetterkarte wohl die Bezeichnung mPT für maritim gealterte und tropisch erwärmte Polarluft erhalten.

Das meist wichtigste Kriterium einer Luftmasse ist ihre Temperatur. Dabei ist es weniger von Bedeutung, welche aktuelle Temperatur in ihr gemessen werden kann. Viel entscheidender ist der Temperaturunterschied gegenüber der Erdoberfläche und gegenüber der Luft, die sie vertreibt. Entsprechend wird unterschieden:

- **Kaltluft:** Sie ist stets kälter als die Erdoberfläche und als die Luft, die sie vertreibt. In ihrer Ursprungsregion mag vielleicht sogar die Feuchtigkeitssättigung erreicht gewesen sein. Dennoch ist die relative Feuchtigkeit meist gering, wenn die Kaltluft bei uns ankommt, da sich wegen der Erwärmung unterwegs Temperatur und Taupunkt schon weit voneinander entfernt haben. Neben guter Sicht beschert sie häufig Labilität und damit verbunden thermische Konvektion (Turbulenz aber auch gute Segelflugmöglichkeiten). Ihre typischen Wolken stammen aus der Cumulus-Familie. Gibt es Niederschlag, sind es Schauerniederschläge.
- **Warmluft:** Sie ist stets wärmer als die Erdoberfläche und als die Luft, die sie vertreibt. Meist hat sie in ihrer Ursprungsregion schon viel Feuchtigkeit aufgenommen, so daß ihre relative Luftfeuchtigkeit von Anfang an recht hoch ist. Auf ihrem Weg zu uns kühlt sie sich meist ab, so daß sich Temperatur und Taupunkt unterwegs weiter nähern. Durch die Abkühlung bleibt die Schichtung stabil und die Turbulenz bleibt gering. Dafür ist die Sicht häufig schlecht. Ihre typischen Wolken stammen aus der Stratus-Familie. Gibt es Niederschlag, sind es meist Dauerniederschläge.

Der Grenzbereich zwischen zwei unterschiedlichen Luftmassen wird **Front** genannt. Sie hängt nicht wie ein Vorhang vertikal in der Luft, sondern ist stets eine mehr oder weniger stark geneigte schiefe Ebene. Die jeweils aktive, die vorhandene Luft verdrängende Luftmasse gibt der Front ihren Namen. Zieht Warmluft auf, wird von einer Warmfront gesprochen. Verdrängt dagegen Kaltluft die vorhandene wärmere, handelt es sich um eine Kaltfront. Eine Front ist um so wetterwirksamer, je größer die Temperaturunterschiede der beteiligten Luftmassen sind.

- Die **Warmfront** kommt nur sehr langsam, dafür aber auch sehr gleichmäßig voran, pro Stunde nur 15 bis 30 km. Die aufgleitende Warmluft steigt pro 30 km Vormarsch nur etwa 1000 ft, was einem Steigungswinkel von etwa 1 : 100 entspricht. Die Frontlinien in der Höhe und am Boden können bis zu 1000 km auseinanderliegen, der Aufzug kann bis zu 3 Tagen dauern. Ihr Niederschlagsgebiet kann vor der Bodenfrontlinie bis zu 400 km Tiefe erreichen. Ein Umfliegen der Warmfront ist aufgrund ihrer großen Ausdehnung nicht möglich.
- Die **Kaltfront** kommt relativ rasch voran, pro Stunde schafft sie 30–60 km. Auch ihr Steigungswinkel, mit dem sie sich unter die Warmluft schiebt, ist steiler. Er beträgt nur etwa 1 : 50. Entsprechend schmaler ist das Niederschlagsgebiet, das meist kaum mehr als 100 km Tiefe aufweist. Dafür gibt es im Sommerhalbjahr vor dem eigentlichen Niederschlagsgebiet nicht selten eine um 100–200 km vorgelagerte Gewitterlinie (squall line). Da Kaltfronten selten unter 500 km lang sind, ist ein Umfliegen nicht möglich.

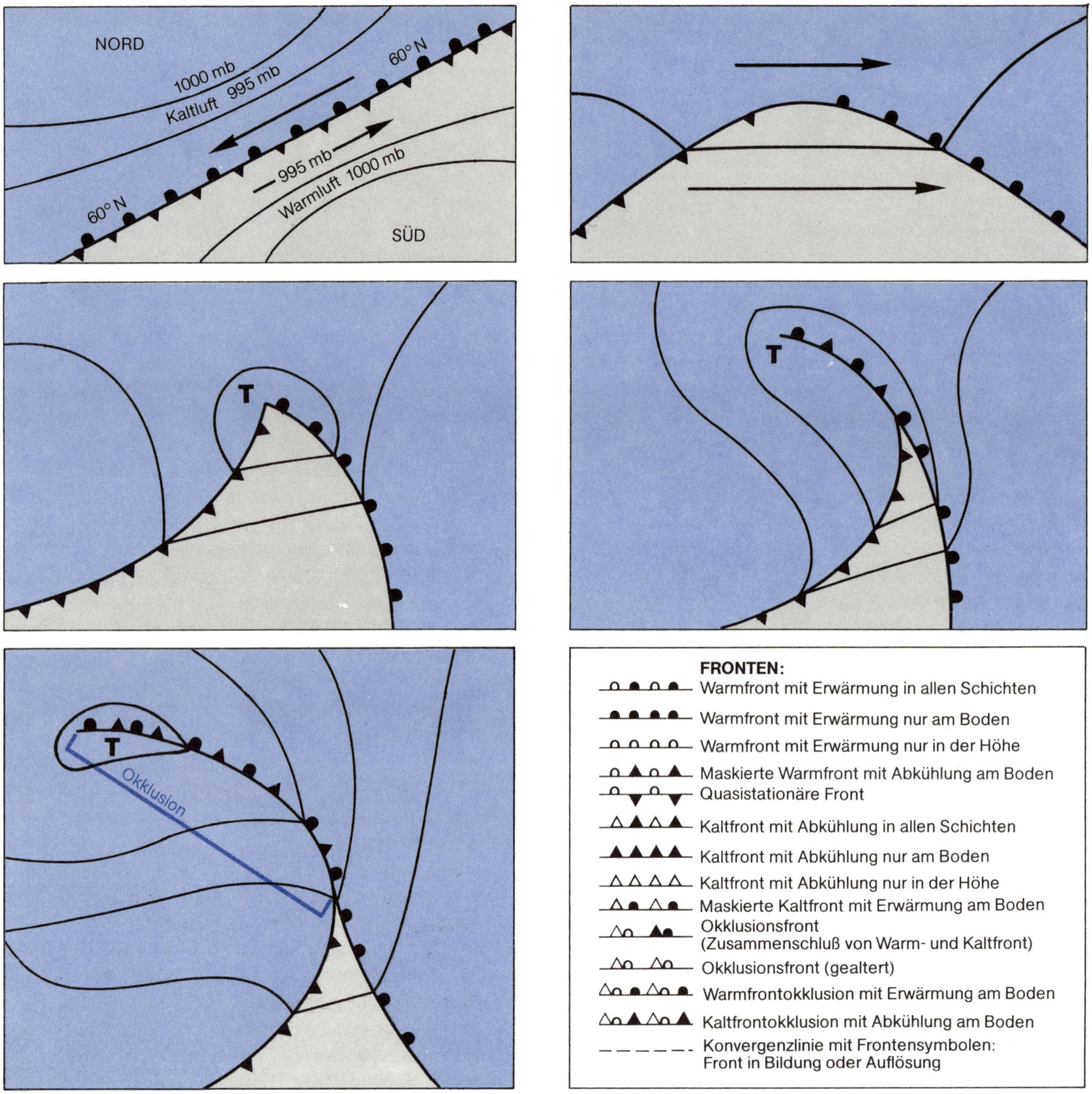
NORD
1000 mb
Kaltluft 995 mb
60° N
995 mb
Warmluft 1000 mb
60° N
SÜD
T
T
T
Okklusion
FRONTEN:
Warmfront mit Erwärmung in allen Schichten
Warmfront mit Erwärmung nur am Boden
Warmfront mit Erwärmung nur in der Höhe
Maskierte Warmfront mit Abkühlung am Boden
Quasistationäre Front
Kaltfront mit Abkühlung in allen Schichten
Kaltfront mit Abkühlung nur am Boden
Kaltfront mit Abkühlung nur in der Höhe
Maskierte Kaltfront mit Erwärmung am Boden
Okklusionsfront
(Zusammenschluß von Warm- und Kaltfront)
Okklusionsfront (gealtert)
Warmfrontokklusion mit Erwärmung am Boden
Kaltfrontokklusion mit Abkühlung am Boden
Konvergenzlinie mit Frontensymbolen:
Front in Bildung oder Auflösung

Schon ein kurzer Blick auf die Wetterkarte zeigt, daß Fronten nicht gerade Trennungslinien zwischen unterschiedlichen, in sich abgerundeten Luftmassen sind. Sie sind vielmehr den unterschiedlichen Druckgebilden als bogenförmige Radiallinien eingelagert. Sie müssen folglich mit der Verteilung der Gebiete hohen und tiefen Druckes bzw. mit der Entstehung der verschiedenen Druckgebiete in Zusammenhang stehen. Außerdem fällt auf, daß die Fronten eigentlich nur in den Zyklonen (Tiefdruckgebieten) auftreten, die ohnehin die aktive Rolle bei der Gestaltung unseres Wetters haben. Es einigermaßen abschätzen zu können, hängt folglich ab von der Kenntnis der Gesetzmäßigkeiten der Zyklone.

Die **Entstehung der Idealzyklone** läßt sich meist an der Polarfront lokalisieren. An dieser Luftmassengrenze, etwa am 60. Breitengrad, treffen die kalte von Ost nach West fließende Polarluft und feuchtwarme, von West nach Ost fließende Luft der mittleren Breiten zusammen. Im Normalfall grenzen die beiden Luftmassen zwar aneinander, sie treffen aber nicht frontal aufeinander. Vielmehr stürmen sie wie zwei auf benachbarten Gleisen in entgegengesetzter Richtung fahrende Züge aneinander vorbei. Dabei werden Geschwindigkeiten von über 100 Knoten erreicht (Polarfront-Jetstream).

Natürlich herrscht in diesem Gebiet großer Temperatur- und Strömungsunterschiede ein extrem labiles Gleichgewicht der Kräfte, in dem schon die kleinste Störung eine Art Kettenreaktion auslösen kann: eben die Bildung einer Zyklone. Anfangsstadium ist stets die sogenannte *Wellenstörung.* Die Strömungen laufen nicht mehr geradlinig aneinander vorbei, sondern bilden Schlingen und Schleifen wie ein mäandernder Fluß. Wird eine solche Schlinge zu groß, wird schließlich ein eigenständiger Wirbel mit mehreren hundert Kilometern Durchmesser daraus, der nun als Zyklone sich aus eigener Kraft zu bewegen und seine eigenen Gesetze zu entfalten beginnt.

Schon bei der Bildung der Wellenstörung ist das „Markenzeichen" jeder Zyklone zu erkennen: Stets hat sie eine Warm- und eine Kaltfront, dazwischen liegt der Warmsektor. Gebildet wird sie, weil sich im Westen der Wellenstörung die Kaltluft aus dem Norden unter die Warmluft im Süden zu schieben beginnt. Im Osten der Wellenstörung dagegen strömt die Warmluft aus dem Süden auf die Kaltluft im Norden. Gleichzeitig mit der Frontenbildung setzt die Ausbildung der Niederschlagsgebiete an den Fronten ein. Die Nahtstelle, an der die beiden Fronten im spitzen Winkel zusammenlaufen, ist das Zentrum der Zyklone und der Ort des tiefsten Druckes.

Im weiteren Verlauf löst sich die Zyklone von der kalten Polarluftmasse im Norden und driftet immer weiter in den Bereich der warmen Luft der mittleren Breiten. Dabei weitet sie sich aus, der Druck sinkt weiter und die Wanderung nach Südosten ist nicht mehr aufzuhalten. Während der Wanderung selbst zeigt sich schließlich noch ein weiteres Element: Da die Kaltfront wesentlich schneller zieht als die Warmfront, schließt sich der Warmsektor immer mehr. Ausgehend vom Zentrum des Tiefs schließt die Kaltfront zur Warmfront auf und vereint sich mit ihr zu einer einzigen Schlechtwetterfront. Dieser Vorgang wird Okklusion genannt. Entsprechend der Temperaturrelation zwischen der einholenden und der eingeholten Luftmasse wird von einer Kaltfront- oder einer Warmfrontokklusion gesprochen.

Eine solche Idealzyklone zieht in der Regel mit ihrem Kern nördlich an Deutschland vorbei. Das bedeutet automatisch, daß beide Fronten über uns hinwegziehen. Ein solch typischer Wetterablauf bringt im Idealfall fünf eigene Wettersituationen mit sich:

- Das **Vorderseitenwetter** ist gekennzeichnet durch eine aufziehende Warmfront. Untrügliche Anzeichen sind ansteigende Temperaturen, schlechter werdende Sicht, auffrischender Wind, der von Südost über Süd auf Südwest dreht, und sich stetig verdichtende Cirro- und Altostratus.
- Der **Durchzug der Warmfront** ist gekennzeichnet durch meist ergiebige, relativ warme Dauerniederschläge. Das Ende der Warmfront wird durch dünner

◁ Wellenstörung und Tiefentwicklung

werdende Stratuswolken, aus denen nur noch Nieselregen fällt, angekündigt. Der Wind dreht auf West und läßt nach, während Temperatur und Druck nahezu konstant bleiben.

- Der **Warmsektor** ist gekennzeichnet durch ein relativ ruhiges Wettergeschehen, auch wenn oft mächtige Wolkenreste imponieren wollen. Sie sind ohne größere Bedeutung, da die stabile Schichtung für Ruhe sorgt.

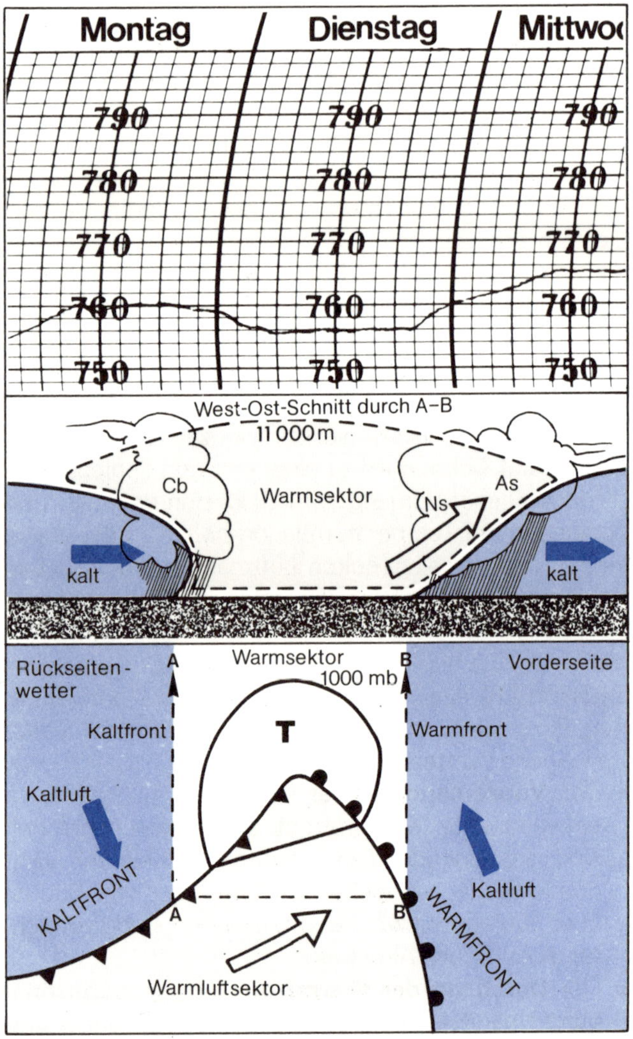

Die Veränderung des Luftdruckes bei Durchzug einer Zyklone

- Der **Durchzug der Kaltfront** ist gekennzeichnet durch einen ausgeprägten Windsprung von Südwest auf Nordwest. Der Wind wird sehr böig und frischt stark auf (bis 80 Knoten). Die Temperatur fällt stark, dafür beginnt der Druck zu steigen. Nach dem Durchzug der Störung bessert sich das Wetter rapide.
- Das **Rückseitenwetter** ist gekennzeichnet durch Wind aus Nordwest, dessen Böigkeit nur langsam abnimmt. Temperatur und Luftdruck steigen langsam an. In der labilen Kaltluft bilden sich Cumuli mit langsam abklingender Schauerneigung. Die Dauer des schönen Wetters (Zwischenhoch) hängt davon ab, wann sich die nächste Zyklone nähert und der Ablauf von neuem beginnt.

Die einzelnen Zyklonen werden nicht selten von einem gewaltigen, bis in die Tropopause hineinragenden und ortsfesten Tiefdruckzentrum gesteuert. Für unseren Raum liegt dieses Steuerzentrum über Island, dem wir häufig ganze Serien von Tiefausläufern und Einzelzyklonen verdanken.

Doch damit nicht genug: Hat ein Tief eine ausgeprägte, großräumige Kaltfront, können an dieser eigene Wellenstörungen und in der Folge Sekundärtiefs entstehen. Auf diese Weise kann es zur Bildung ganzer »Tieffamilien« kommen.

Gemessen an den Aktivitäten der Zyklone führt das **Hochdruckgebiet** eigentlich ein recht »faules« Dasein, streng genommen ist es sogar fast nur ein »Abfallprodukt« der Tiefdrucktätigkeit. Sein Entstehen nämlich verdankt es dem Zusammenströmen von Luftmassen aus den umgebenden Tiefs. So bildet sich eine Luftmasse, die unter adiabatischer Erwärmung und Drehung im Uhrzeigersinn absinkt, in der sich die Wolken auflösen und die am Boden nach den Seiten ausfließt.

Daraus folgt bereits, daß ein Hochdruckgebiet nur solange Bestand hat, solange es in der Höhe Nachschub erhält. Das kann bei einem Zwischenhoch – auch thermisches Hoch genannt – zwischen zwei Zyklonen nur von kurzer Dauer sein. Genauso gut kann es sogar mehrere Wochen halten, wenn es etwa zu einer Hochdruckbrücke zwischen Azorenhoch und russischem Festlandhoch kommt. Aber auch diese Brücke hat nur solange Bestand, solange sie in der Höhe Luftnachschub erhält. Ist die Voraussetzung jedoch erfüllt, kann das Hoch sogar Steuerfunktion übernehmen: Es

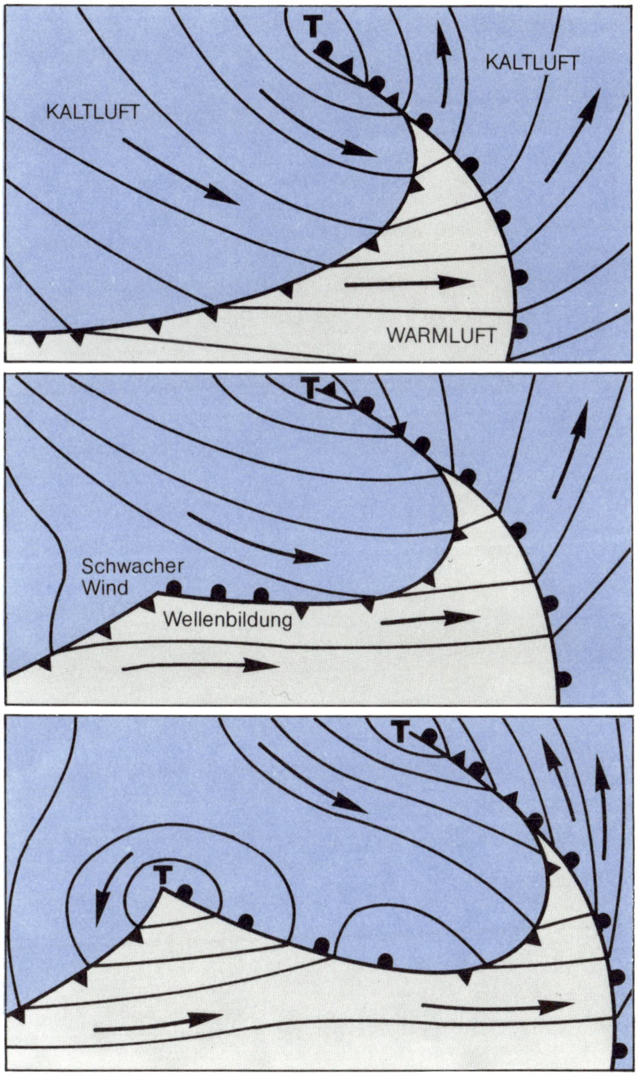

Die Entstehung eines Sekundärtiefs

weicht den kleineren Tiefs nicht, sondern steuert sie im großen Bogen um sich herum.

Die geographische Lage großer (also steuernder) Tief- und Hochdruckgebiet zueinander ist verantwortlich für die **Großwetterlage.** Sie ist wiederum verantwortlich für die Gestaltung der Witterung über einen größeren Zeitraum. So hängt es von ihr ab, wieweit Zyklonen nach Süden vorstoßen und welche Höhenströmungen sich einstellen können. In unserem Raum können sich folgende Großwetterlagen einstellen:

- Die **Westlage** ist die in Europa häufigste Wetterlage. Sie ist gekennzeichnet durch ein steuerndes Tief über Island und durch ein ebenfalls steuerndes Hoch über den Azoren. Zwischen den beiden Druckzentren stellt sich eine starke Westströmung ein, in der die Tiefs gleich reihenweise gegen den Kontinent gesteuert werden. Die Folge ist sehr unbeständige Witterung mit dauerndem Wechsel von Kalt- und Warmfronten. Die hochreichende Westströmung ist damit auch verantwortlich für unsere kühlen Sommer und milden Winter.
- Die **Nordwestlage** ist gekennzeichnet durch ein nach Norden ausgeweitetes Hoch und ein Tief über dem Baltikum und Polen. Dadurch stellt sich eine nordwestliche Höhenströmung ein, die für sehr wechselhaftes Wetter (Aprilwetter) mit starken Schauerniederschlägen sorgt.
- Die **Nordlage** ist bei uns stets mit Kälte verbunden. Sie ist gekennzeichnet durch ein bis nach Island ausgedehntes Azorenhoch, an dessen Vorderseite sich eine nördliche Höhenströmung einstellt. Sie führt Polarluft und damit ergiebige Schauerniederschläge auf kürzestem Wege zu uns.
- Die **Ostlage** ist gekennzeichnet von einem stationären (also steuernden) Hoch über Skandinavien und dem Baltikum, auf dessen Südseite sich eine östliche Strömung einstellt. Sie sorgt im Sommer für heißes, im Winter für sehr kaltes Schönwetter.
- Die **Südwestlage** ist gekennzeichnet von einem Hoch über dem Balkan und einem Tief über dem

Atlantik. Es stellt sich eine südwestliche Höhenströmung ein, die in den Alpen zu Föhn führen kann.

- Die **Troglage** ist gekennzeichnet von einer trog- oder U-förmigen Ausbuchtung der Isobaren, die sich im Bereich der Rückseite von starken Tiefdruckgebieten gegen Südwesten ausdehnen. Im Bereich der Troglinie (= die Senkrechte zur Ausbuchtung) kommt es oft zu schlechterem Wetter (stärkere Niederschläge und höhere Windgeschwindigkeiten) als in der zuvor durchgezogenen Kaltfront.

Die zur Beurteilung des Wetters notwendigen Daten und Fakten werden vom Wetterdienst erfaßt und zu Wetterkarten verarbeitet. Alle Einzelheiten darüber und Hinweise, wie der Pilot die Wetterangaben nutzen kann, finden sich im Bd. »Motorflug« ab S. 82, im Bd. »Segelfliegen« ab S. 92.

Das Flugzeug und die Navigation

Das beste Fortbewegungsmittel ist nur so gut wie die Möglichkeit, seinen jeweiligen Standort festzustellen und seinen Kurs zu bestimmen. Die Richtigkeit dieser alten Grundregel mußten schon die alten Seefahrer anerkennen als sie sich daranmachten, die Welt über die Meere zu erforschen, und nicht selten in ganz anderen Weltecken landeten als beabsichtigt. Das mußten auch die ersten Aviateure immer dann anerkennen, wenn sie wieder mal im Tiefflug nach der Ortstafel am Bahnhof suchten, und es soll sogar moderne Sportflieger geben, die schon in mancher Situation viel um eine dieser berühmten Ortstafeln gegeben hätten ...

Lange hat es gedauert, bis die Präzision erreicht war, mit der heute nicht nur große Maschinen ganze Kontinente und Meere queren. Ausschlaggebend für diese enorme Präzision waren und sind ausschließlich die Fortschritte der Funktechnik. Sie erst haben endgültig aufgeräumt mit den beiden Tücken, die das Navigieren so erschwert haben. Die eine Tücke brachte das Magnetfeld der Erde mit all seinen Unregelmäßigkeiten ins Spiel. Die andere Tücke bescherte die Kugelform der Erde. Sie ist dafür verantwortlich, daß keine Karte eine getreue Widergabe der Erdoberfläche bieten kann.

Da heute noch kein Privatpilot seine Navigation ausschließlich auf Funk aufbauen kann, wird er nach wie vor mit beiden Tücken konfrontiert, muß er mit beiden fertigwerden. Das aber gelingt nur, wenn die theoretischen Hintergründe so weit klar sind, daß die Folgerungen daraus verständlich werden und so das entsprechende Handeln selbstverständlich wird. Oder anders herum: Solange das Flugzeug seinen Weg noch nicht vollautomatisch von selbst findet, kommt hier kein Pilot ohne die theoretischen Hintergründe der Navigation aus.

Die Einteilung der Erdoberfläche

Unsere Erde umkreist als kugelförmiger Planet die Sonne auf einer beinahe kreisförmigen, elliptischen Bahn in 365 Tagen, 5 Stunden, 48 Minuten und 46

Umlauf der Erde um die Sonne

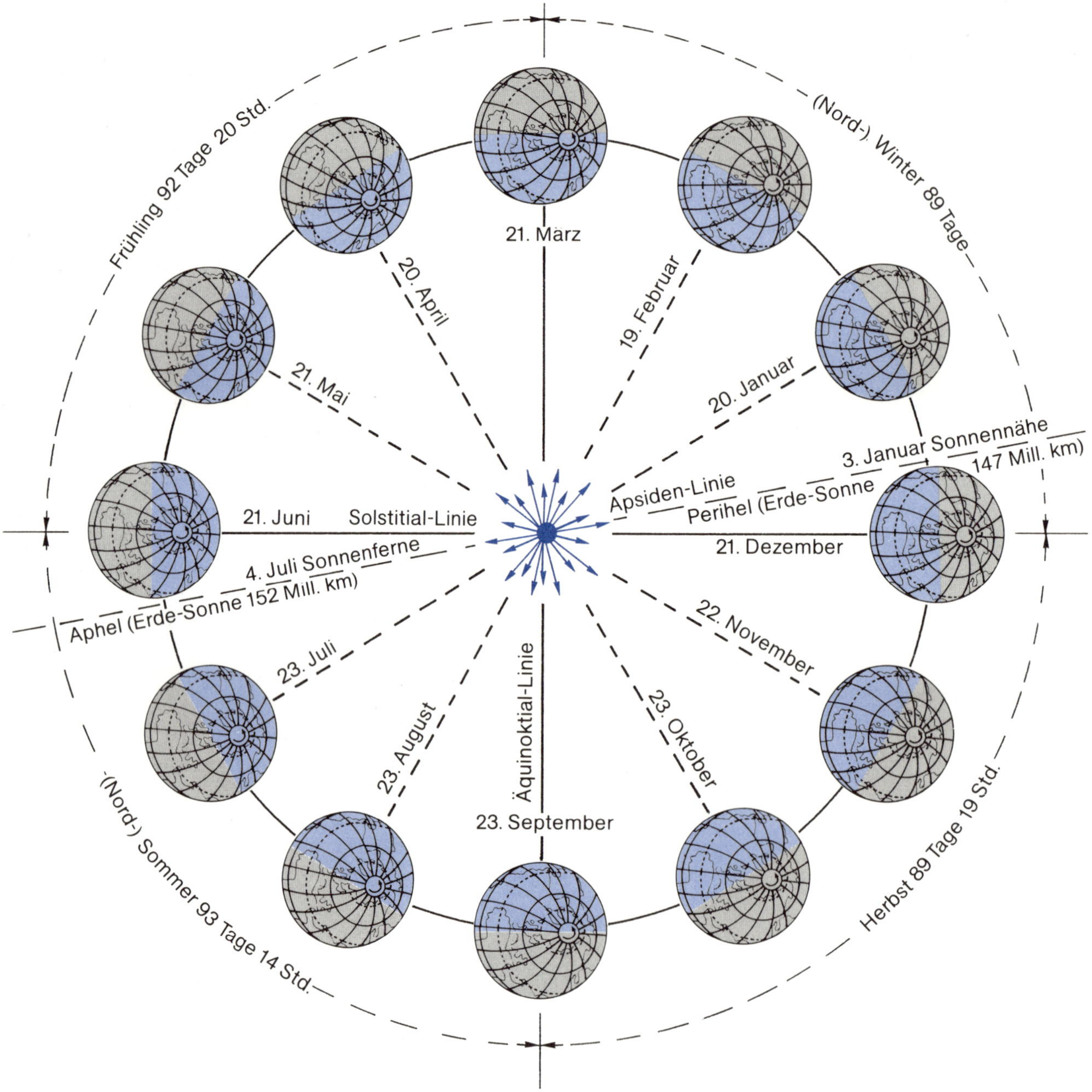

Sekunden. Der »Überhang« von knapp 6 Stunden pro Jahr macht alle vier Jahre das um einen Tag längere Schaltjahr notwendig. In einem Brennpunkt der Erdbahnellipse steht die Sonne. Den sonnennächsten Punkt erreicht die Erde am 2. Januar (Entfernung 147 Mill. km), den sonnenfernsten Punkt erreicht sie am 3. Juli (Entfernung 151,9 Mill. km).

In 24 Stunden dreht sich die Erde einmal von West nach Ost um ihre eigene Achse (= Erdrotation), wodurch der Wechsel von Tag und Nacht entsteht. Die Erdachse ist eine gedachte Linie durch die beiden Pole.

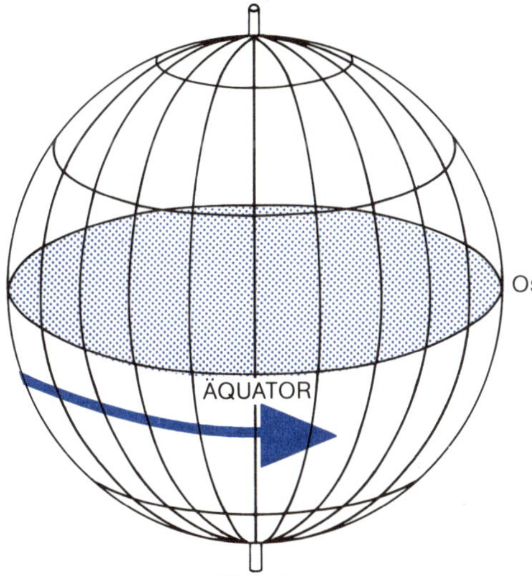

Die Drehrichtung der Erde

Die gedachte Verlängerung durch den Nordpol zeigt genau zum Polarstern, um den sich der Sternhimmel dreht. Er heißt deshalb Himmelspol. Die Erdachse steht nicht senkrecht auf der Erdbahn, sondern um 66°33′ gegen sie geneigt. Dieser Neigungswinkel verursacht die Jahreszeiten und ist damit auch verantwortlich für die jahreszeitlich bedingten unterschiedlichen Tageslängen.

Aufgrund der Rotation ist die Erde an den Polen ein ganz klein wenig abgeplattet und am Äquator geringfügig ausgeweitet. Diese Verformung ist aber so gering, daß sie vernachlässigt werden kann. So ergeben sich für die Erdkugel folgende Maße:

Mittlerer Umfang: 40 000 km / 21 600 NM
Mittlerer Halbmesser: 6370 km / 3440 NM

Rotationsgeschwindigkeit an den Polen:
0 km/h / 0 kt
Rotationsgeschwindigkeit am Äquator:
1670 km/h / 900 kt

Wie auf jeder Kugel lassen sich auch auf der Erde Kreise ziehen. Ihre Größe hängt ab von der Entfernung ihres Mittelpunktes zum Kugelmittelpunkt (zum Erdmittelpunkt also). Danach unterscheidet man:

Beleuchtung der Erde

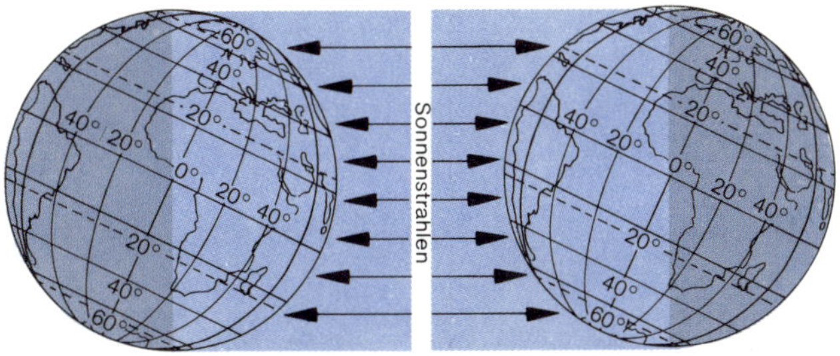

Sommersonnenwende 21. Juni   Wintersonnenwende 21. Dezember

Großkreise (great circle/GC): Es sind Kreise auf der Erdoberfläche, deren Ebene durch den Erdmittelpunkt geht. Die Kreisfläche teilt die Erde jeweils in zwei gleiche Hälften. Von den unendlich vielen möglichen Großkreisen erfüllen zwei besondere Bedingungen:

- Ein Großkreis steht genau senkrecht auf der Erdachse. Er teilt die Erde in eine Nord- und eine Südhälfte, hat die rechtweisende Richtung West–Ost und ist bekannt unter der Bezeichnung Äquator.
- Ein Großkreis steht senkrecht auf dem Äquator und verbindet die beiden Pole miteinander. Ihn gibt es viele Male. Er heißt Längenkreis oder Meridian. Alle Meridiane haben die rechtweisende Richtung Nord–Süd.

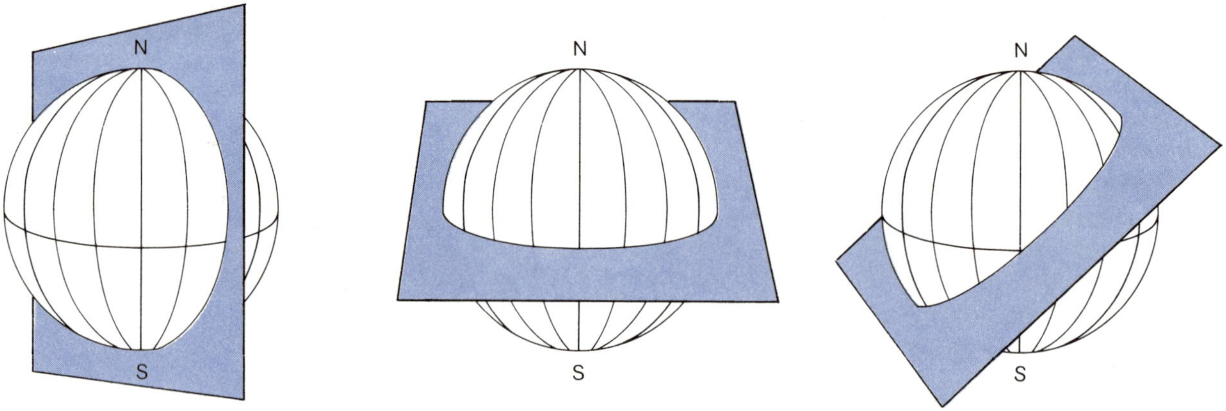

Alle Großkreise gehen durch den Erdmittelpunkt und teilen die Erde in zwei gleiche Hälften

Ein Großkreis, der zwei Punkte auf die Erdkugel durchschneidet, markiert gleichzeitig die kürzeste Verbindung zwischen diesen beiden Punkten. Ein beliebiger Großkreis (weder Äquator noch Meridian) schneidet aufeinanderfolgende Meridiane stets unter einem anderen Winkel, weil Meridiane ja nie parallel, sondern immer konvergierend (im spitzen Winkel aufeinander zu) verlaufen.

Kleinkreise (small circle/SC): Es sind Kreise auf der Erdoberfläche, deren Ebene nicht durch den Erdmittelpunkt geht. Die Kreisfläche teilt die Erde jeweils in unterschiedliche Hälften. Von den unendlich vielen möglichen Großkreisen erfüllt eine Art besondere Bedingungen:

- Ein Kleinkreis, dessen Ebene parallel zum Äquator verläuft, ist ein Breitenkreis. Da alle Breitenkreise zueinander parallel verlaufen, wird auch von Breitenparallele (parallel of latitude) gesprochen. Der größte Breitenkreis ist der Äquator, die beiden kleinsten sind praktisch die Polpunkte. Oder andersherum: Je mehr sich die Breitenkreise vom Äquator entfernen, desto kleiner werden sie.

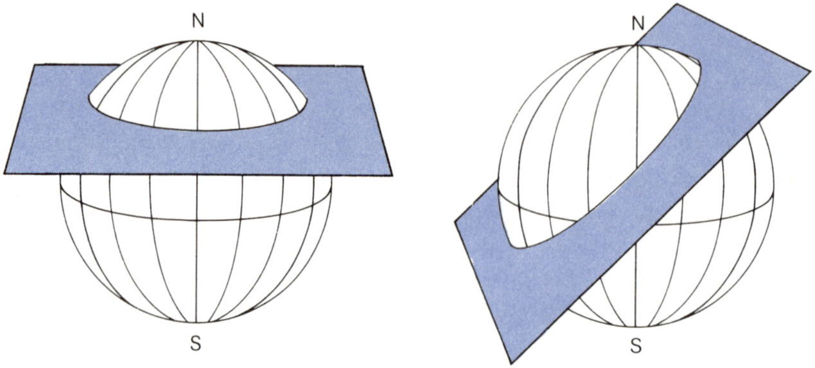

Alle Kleinkreise gehen nicht durch den Erdmittelpunkt und teilen die Erde in zwei ungleiche Hälften

Längen- und Breitenkreise gibt es unendlich viele, da durch jeden Punkt der Erdoberfläche jeweils ein eigener Längen- und Breitenkreis gezogen werden kann. Zwei bekannte Größen aber ergeben in der Geometrie innerhalb eines Koordinatensystems die Lagedefinition. Werden die Längen- und Breitenkreise so verwendet, ergeben sie ein **»sphärisches Koordinatensystem«,** dessen Lage lediglich fixiert werden muß, damit es sich als Bezugssystem eignet.
Fixpunkt dieses Koordinatensystems ist der Erdmittelpunkt, der als Scheitel für alle Winkelangaben dient. Bezugsebene sind zwei Nullkreise:

- Der **Nullkreis für alle Breitenkreise** ist der Äquator. Die Lage eines beliebigen Breitenkreises ist definiert durch den Winkel zwischen Äquator, Erdmittelpunkt und Breitenkreis. Der Winkel wird angegeben in Bodengraden (°), Bogenminuten (′) und Bogensekunden (″). Liegt der Breitenkreis südlich vom Äquator, kommt die Angabe S (südlich) dazu. Liegt er dagegen nördlich vom Äquator, kommt die Angabe N (nördlich) dazu. Die Winkelangabe wird geographische Breite (latitude/LAT) genannt. Alle Orte auf einer genau West–Ost gerichteten Linie liegen auf dem gleichen Breitenkreis und haben folglich die gleiche geographische Breite. Besondere Breitenkreise sind:
  Der *Nord-* und der *Südpol* mit der Breitenangabe 90°N bzw. 90°S.
  Die beiden *Polarkreise* in 66°33′ nördlicher und südlicher Breite. Von ihnen bis zu den Polen erstrecken sich die Polarzonen, in denen abhängig von der Breite die Sonne zwischen 1 Tag und 6 Monaten über oder unter dem Horizont bleibt.
  Die beiden *Wendekreise*in 23°27′ nördlicher und südlicher Breite. Auf ihnen steht die Sonne am 21. Juni und 21. Dezember um 12 Uhr im Zenit. Zwischen den beiden Wendekreisen liegt die heiße Zone oder die Tropen. Sie sind dadurch ausgezeichnet, daß an jedem Ort dieser Zone die Sonne im Laufe eines Jahres zweimal im Zenit steht. Zwischen den Wendekreisen und den Polarkreisen liegen die gemäßigten Zonen.

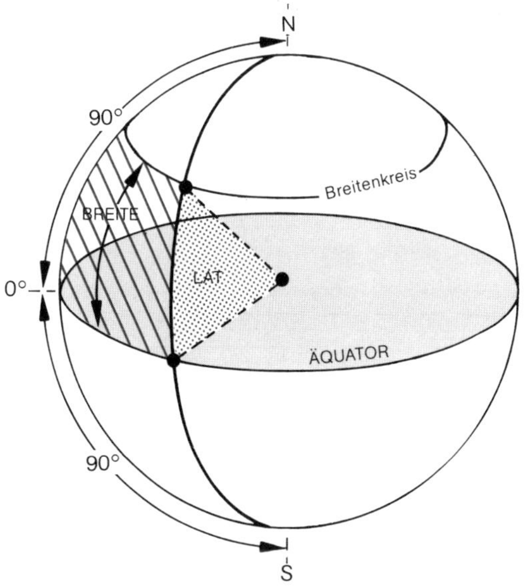

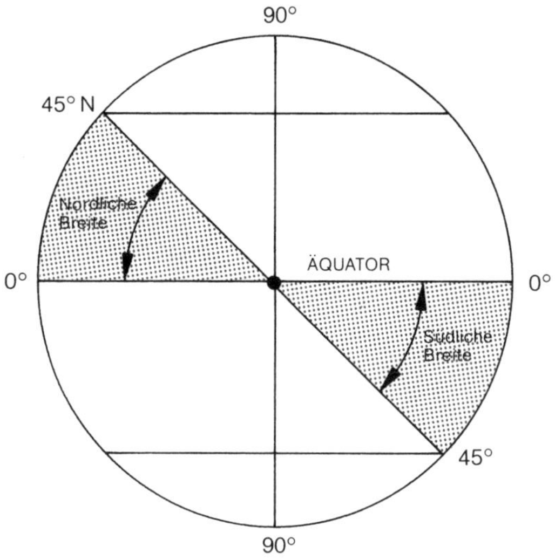

Die geographische Breite wird als Winkelangabe zwischen Äquator, Erdmittelpunkt und Breitenkreis angegeben

- Der **Nullkreis für alle Längenkreise** geht genau durch die Sternwarte von Greenwich (Londoner Vorort). Dieser Nullmeridian (prime meridian) wird deshalb auch Greenwich-Meridian genannt. Die Lage eines beliebigen Längenkreises ist definiert durch den Winkel zwischen dem Nullmeridian, dem Erdmittelpunkt und dem Längenkreis. Der Winkel wird ebenfalls angegeben in Bogengraden (°), Bogenminuten (′) und Bogensekunden (″). Liegt der Längenkreis westlich von Greenwich (bis 180°), erhält die Angabe den Zusatz W (= westlich). Liegt er dagegen östlich von Greenwich (bis 180°), kommt die Angabe E (= east/östlich) dazu. Die Winkelangabe wird geographische Länge (longitude = LONG) genannt. Alle Orte auf einer genau Nord–Süd gerichteten Linie liegen auf dem gleichen Längenkreis und haben folglich die gleiche geographische Länge. Besonders Längenkreise sind:

  Der *Nullmeridian* von Greenwich ist nicht nur der Bezugskreis für alle Längenangaben. Er markiert auch die Westeuropäische Zeit (GMT = Greenwich mean time/mittlere Greenwich-Zeit), die in der Luftfahrt allgemein verbindlich ist (gegenüber MEZ = mitteleuropäische Zeit eine Differenz von -1^h).

  Der *180°-Meridian* (dem Nullmeridian genau gegenüber) bildet die internationale Datumsgrenze. Zusammen mit dem Greenwich-Meridian teilt er die Erde in eine östliche und eine westliche Hälfte.

Innerhalb des Koordinatennetzes von Breiten- und Längenkreisen läßt sich die Lage jedes beliebigen Punktes auf der Erdoberfläche mit den beiden Winkelangaben zur Breite und Länge exakt definieren. Dabei wird grundsätzlich die Breite zuerst angegeben. Für den Flughafen München ergibt sich für dessen ARP (= aerodrome reference point/Flughafenbezugspunkt):

48°07′54″N
11°41′57″E

Daraus ist sofort ersichtlich, daß München 48 Grad, 07 Minuten und 54 Sekunden nördlich vom Äquator und 11 Grad, 41 Minuten und 57 Sekunden östlich von Greenwich (Nullmeridian) liegt.

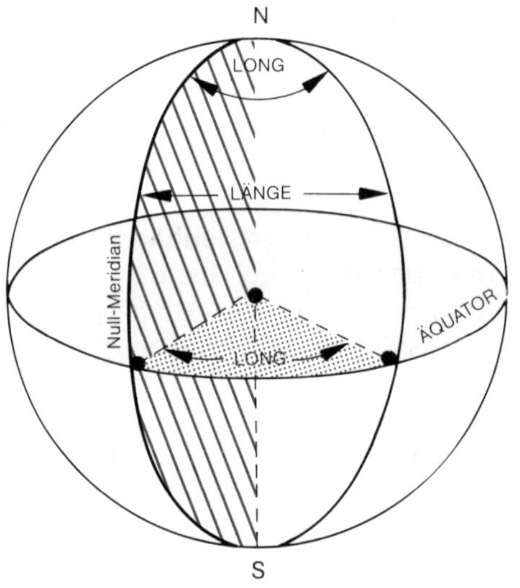

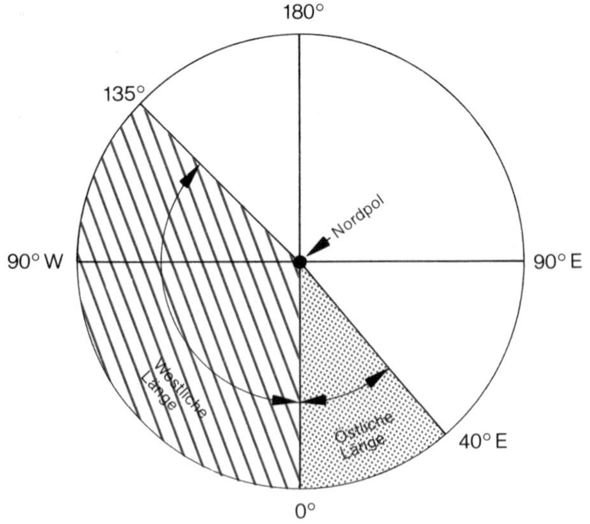

Die geographische Länge wird als Winkelangabe zwischen Nullmeridian, Erdmittelpunkt und Meridian angegeben

Die Lage zweier Punkte zueinander läßt sich über den Längen- und Breitenunterschied definieren.
Der **Längenunterschied** (DLO = difference of longitude) zwischen zwei Orten ist der Winkel zwischen den Längskreisen (Meridianen) beider Orte. Er wird nach der Richtung des Unterschiedes mit W (westlich) oder E (östlich) bezeichnet. Der Längenunterschied zwischen Düsseldorf und München beträgt demnach:

LONG München	11°41′57″ E
LONG Düsseldorf	06°45′29″ E
D LO	04°56′28″ E

Da beide Orte auf der gleichen Seite des Nullmeridians liegen, kann also die kleine von der größeren Winkelangabe abgezogen werden. Liegt der eine Ort dagegen östlich und der andere westlich des Nullmeridianes, müssen die beiden Winkelangaben addiert werden:

LONG München	11°41′57″ E
LONG Lissabon	9°38′11″ W
D LO	21°20′08″ W

Ein Ergebnis über 180° wird von 360° abgezogen.
Der **Breitenunterschied** (D LAT = difference of latitude) zwischen zwei Orten ist der Winkel zwischen den Breitenkreisen beider Orte. Er wird nach der Richtung des Unterschiedes mit N (nördlich) oder S (südlich) bezeichnet. Der Breitenunterschied zwischen München und Düsseldorf etwa beträgt demnach:

LAT Düsseldorf	51°16′56″ N
LAT München	48°07′54″ N
D LAT	03°09′02″ N

Da beide Orte auf der gleichen Seite des Äquators liegen, kann wieder die kleinere von der größeren Winkelangabe abgezogen werden. Liegt ein Ort dagegen nördlich und der andere südlich des Äquators, müssen die beiden Winkelangaben wieder addiert werden:

LAT München	48°07′54″ N
LAT Kapstadt	35°10′22″ S
D LAT	83°18′16″ S

Auch die in der Flugnavigation verwendeten Entfernungs- und Geschwindigkeitsmaße stehen in einem unmittelbaren Zusammenhang zu den Maßen der Erde und ihrem Koordinatennetz. Maß aller Dinge ist dabei der Großkreis (also alle Meridiane und der Äquator). Je nachdem, ob er metrisch oder nach Bogengraden aufgeteilt wird, erhält man Kilometer oder Seemeilen.

- Der **Kilometer** ist metrisch (mit dezimaler Teilung) aufgebaut und entspricht genau dem 40000. Teil des Umfanges eines Großkreises.
- Die **Seemeile** (NM = nautical mile) ist zwar nicht metrisch, dafür aber im Winkelmaß teilbar. Aus den 360° eines Großkreises wird so:

Großkreis	= 360°	= 21600 NM
Bogengrad	$= \frac{1}{360}$	= 60 NM
Bogenminute	$= \frac{1}{60}$	= 1 NM

Die Gegenüberstellung von Kilometer und Seemeilen ergibt:

Großkreis	360°	21600 NM	40000 km
Bogengrad	$\frac{1}{360}$	60 NM	111,111 km
Bogenminute	$\frac{1}{60}$	1 NM	1,852 km

- Die **englische Landmeile** (ML = statute mile) ist dagegen weder metrisch noch auf ein Maß der Erde bezogen, sondern willkürlich auf 1,609 km festgesetzt. Dennoch verteidigen sie die Angelsachsen eifrig. Immer wenn in Großbritannien oder den USA von »Meilen« die Rede ist, ist die statute mile gemeint.

Werden die Entfernungsmaße zur Zeit in Bezug gesetzt, ergeben sich die Geschwindigkeitsmaße bzw. das Verhältnis des Weges zur Zeit:

- Nautische Meilen pro Stunde (NM/h) ergeben wie in der Seefahrt das Geschwindigkeitsmaß Knoten (kn oder engl. kt = knots). Es ist das wichtigste Geschwindigkeitsmaß in der Luftfahrt.
- Kilometer pro Stunde (km/h) werden als Geschwindigkeitsmaß hauptsächlich von den Segelfliegern verwendet.

- Meilen pro Stunde (MPH = statute miles per hour) werden als Geschwindigkeitsmaß hauptsächlich noch in den USA verwendet. Auf MPH geeichte Fahrtmesser haben aber meist auch noch eine kt-Skala.

Die Entfernungs- und Geschwindigkeitsmaße lassen sich mit den verschiedenen Rechnern leicht umrechnen. Überschlägig läßt sich aber auch relativ genau rechnen, wenn folgende Formeln angewendet werden:

km oder km/h in NM oder kt:
km oder km/h : 2 + 10% = NM oder kt

NM oder kt in km oder km/h:
NM oder kt × 2 − 10% = km oder km/h

km oder km/h in ML oder MPH:
km oder km/h : 2 + 20% = ML oder MPH

ML oder MPH in km oder km/h:
ML oder MPH × 2 − 20% = km oder km/h

Die Einteilung der Zeit

Den Wechsel von Tag und Nacht verdanken wir der Drehung der Erde um ihre eigene Achse (Erdrotation). Eine volle Umdrehung der Erde wird **Tag** genannt. Er beginnt für irgendeinen Ort auf der Erde in dem Moment, in dem die Sonne genau durch den Gegenmeridian dieses Ortes geht. Deshalb gelten für den Tag folgende Grundregeln:

- Alle Orte auf demselben Meridian haben denselben Tagesanfang und dieselben Tageszeiten.
- Alle Orte auf verschiedenen Meridianen haben verschiedene Tagesanfänge und verschiedene Tageszeiten.
- Steht die Sonne im Gegenmeridian eines Ortes (= Mitternacht), wird von *»Unterer Kulmination«* gesprochen.

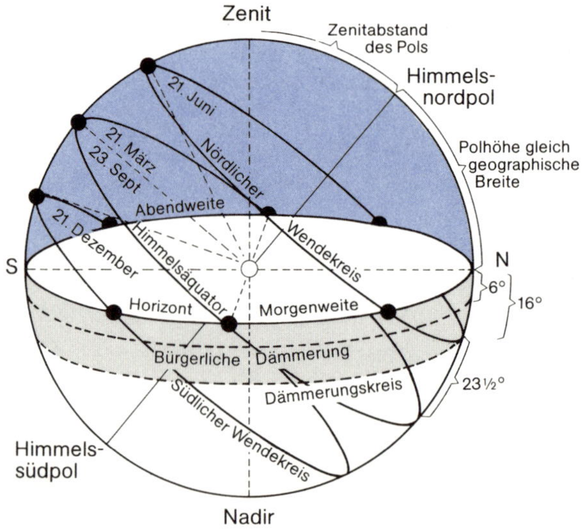

Die scheinbare Sonnenbahn

- Steht die Sonne im Meridian eines Ortes (= Mittag), wird von *»Oberer Kulmination«* gesprochen.
- Als »Bürgerlicher Tag« (= mittlerer Sonnentag) gilt der Zeitraum zwischen zwei »Unteren Kulminationen« der Sonne (= von Mitternacht bis Mitternacht = exakt 24 Stunden).

Da der mittlere Sonnentag mit seinen 24 Stunden genau den 360 Längengraden der Erde entspricht, läßt sich die geographische Länge in Zeit und Zeit in geographische Länge umrechnen nach folgender Beziehung:

360° = 24 h	24 h = 360°
15° = 1 h	1 h = 15°
1° = 4 min	1 min = 15′
1′ = 4 sec	1 sec = 15″
$1'' = \frac{1}{15}$ sec	

Die Umrechung der geographischen Länge in Zeit erfolgt nach der Regel:

- Division der Grade, Minuten und Sekunden durch 15 und Multiplikation des jeweiligen Restes mit 4.

Für München mit seiner geographischen Länge von 11°41′57″ ergibt sich also:

11 : 15 = 0 h
—
11 × 4 = 44 min
41 : 15 = 2 min
−30
—
11 × 4 = 44 sec
57 : 15 = 3 sec

11° 41′ 57″ = 0 h 46 min 47 sec

Der exakte Zeitunterschied zwischen allen Orten auf dem Nullmeridian (GMT) und München beträgt 46 min und 47 sec.

Die Umrechnung der Zeit in geographische Länge erfolgt nach der Regel:

- Multiplikation der Stunden mit 15, Division der Minuten und Sekunden durch 4 und Multiplikation der Reste von Minuten und Sekunden mit 15.

Für München mit seinem Zeitunterschied von 46 min und 47 sec zum Nullmeridian ergibt sich also:

46 : 4 = 11°
−44
—
2 × 15 = 30′
47 : 4 = 11′
−44
—
3 × 15 = 45″

---

46 min 47 sec = 11° 41′ 45″

(Die Differenz von 12 Bogensekunden ergibt sich, weil bei der Zeit die Bruchteile von Sekunden nicht mitgerechnet wurden).

Das Beispiel München zeigt, daß seine **Ortszeit** (MOZ = mittlere Ortszeit/LMT = local mean time) 46 Minuten und 47 Sekunden der mitteren Greenwich Zeit (GMT) vorauseilen würde. Andersherum formuliert ergibt sich daraus die Grundregel:

- Die mittlere Ortszeit (MOZ/LMT) eines Ortes weicht von der mittleren Greenwich Zeit (MGZ/GMT) um die Winkeldifferenz zwischen Ortsmeridian und Nullmeridian (Greenwich) ab.

Da natürlich nicht jeder Ort nach seiner eigentlichen Ortszeit vorgehen kann, wurden Zeitzonen geschaffen, in denen jeweils die gleiche Zeit gilt. Die einzelnen Zonen unterscheiden sich jeweils um 1 Stunde oder 15 Längengrade, so daß alle Zeitzonen stets um volle Stunden von der mittleren Greenwich Zeit abweichen. Der mittlere Meridian jeder Zeitzone ist immer ein Vielfaches von 15°. Die Zeitzone GMT erstreckt sich folglich von 7°30′E über 0° bis 7°30′ W. Der Nullmeridian hat die Bezeichnung Zero (= 0). Dafür wird die Abkürzung Z verwendet, die nach dem ICAO Alphabet Zulu ausgesprochen wird. Eine Zeitangabe in GMT erhält deshalb in der Fliegerei stets den Zusatz »Zulu«.

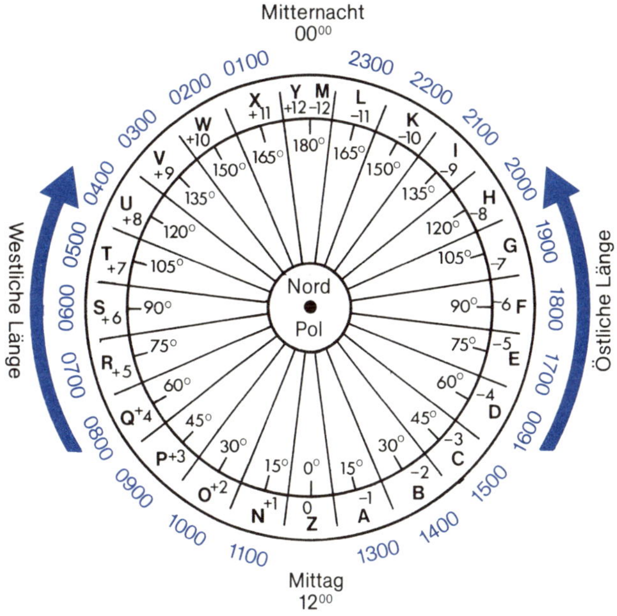

Die Zeitzonen der Erde und die Zonenzeit

Die Zeitzonen sind danach gekennzeichnet, ob ihr Mittelmeridian eine östliche oder westliche Länge hat:

- Zeitzonen östlicher Länge erhalten ein Minus (–) als Vorzeichen und die fortlaufenden Nummern 1 bis 12 bzw. die Kennbuchstaben A bis M.
- Zeitzonen westlicher Länge erhalten ein Plus (+) als Vorzeichen und die fortlaufenden Nummern 1 bis 12 bzw. die Kennbuchstaben N bis Y.

Wird die Zonenzahl entsprechend dem Vorzeichen addiert oder subtrahiert, ergibt sich die mittlere Greenwich Zeit (MGZ/GMT).

Für den **»Bürgerlichen Tag«** gelten außerdem noch folgende Einzeldefinitionen:

- Sonnenaufgang (SR = sunrise) und Sonnenuntergang (SS = sunset) sind die Zeitpunkte, an denen der obere Rand der Sonne den Horizont in mittlerer Seehöhe (MSL = mean sea level) durchschneidet. Beide Zeitpunkte werden in den Wetterberichten angegeben; sie können auch bei jeder Flugverkehrskontrollstelle erfragt werden.
- Die »Bürgerliche Dämmerung« (civil twilight) beginnt und endet beim Sonnenstand 6° unter dem Horizont. Da sie von der Jahreszeit und der geographischen Breite abhängig ist, gibt es für sie ein eigenes Verzeichnis. In der Regel dauert sie in unseren Breiten etwa eine gute halbe Stunde.
- Die Nacht ist in der Bundesrepublik in § 32 LuftVO geregelt. Danach dauert sie von 30 Minuten nach Sonnenuntergang (SS + 30) bis 30 Minuten vor Sonnenaufgang (SR – 30).

Die Einteilung von Richtungen und Kursen

Während die Lage eines Ortes auf der Erde mit der einfachen Angabe von zwei Winkeln ganz exakt definiert werden kann, ist die genaue Angabe einer Richtung entgegen dem Anschein gar nicht so einfach, obwohl es eigentlich nur eine einzige Bezugsrichtung gibt. Sie ist überall auf der Erde gegeben als die Richtung des jeweiligen Meridianes zum Nordpol. Diese Grundbezugsrichtung hat die Bezeichnung »Nord« (n = north). Ausgehend von dieser »Nullinie« werden alle anderen Richtungen als Winkel von 0° bis 360° angegeben. Man mißt von Nord aus im Uhrzeigersinn. Bezogen auf die wichtigsten Himmelsrichtungen ergibt sich:

Nord (N)	= 000°/360°
Nord-Ost (NE)	= 045°
Ost (E)	= 090°
Süd-Ost (SE)	= 135°
Süd (S)	= 180°
Süd-West (SW)	= 225°
West (W)	= 270°
Nord-West (NW)	= 315°

Für Zwecke der Navigation wird aus diesem einfachen Bezugsschema allerdings sofort eines, das wohl die Gradeinteilung beibehält, das dafür aber auf drei verschiedenen und genau zu unterscheidenden **Bezugsrichtungen** aufbaut:

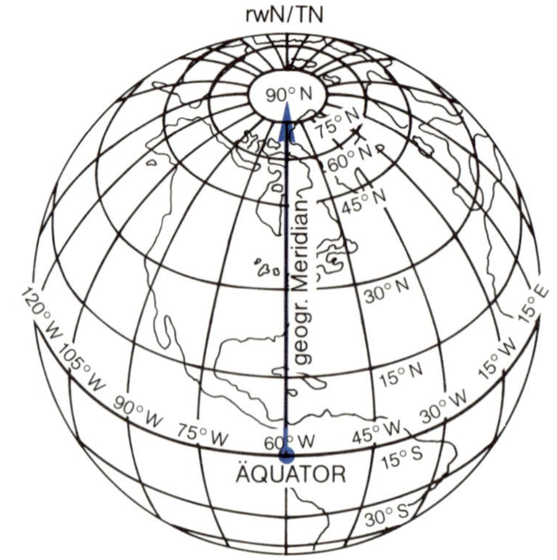

Die Bezugsrichtung Rechtweisend Nord (rwN/TN)

- Rechtweisend Nord (rwN/TN = true north) entspricht der Richtung des jeweiligen Meridianes zum geographischen Nordpol. Alle Richtungen, die aus Karten entnommen werden, sind rechtweisende Richtungen.

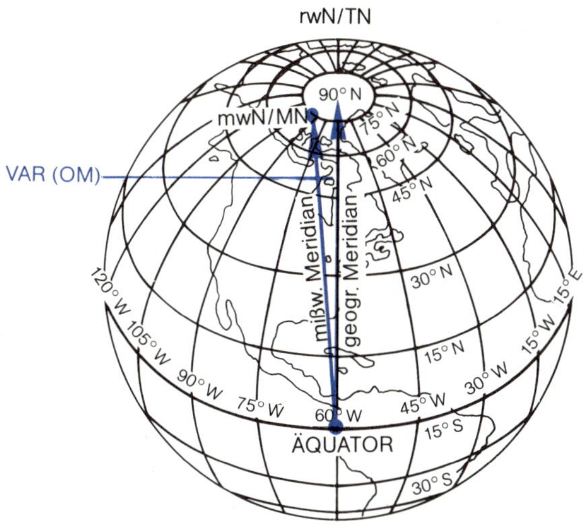

Die Bezugsrichtung Mißweisend Nord (mwN/MN)

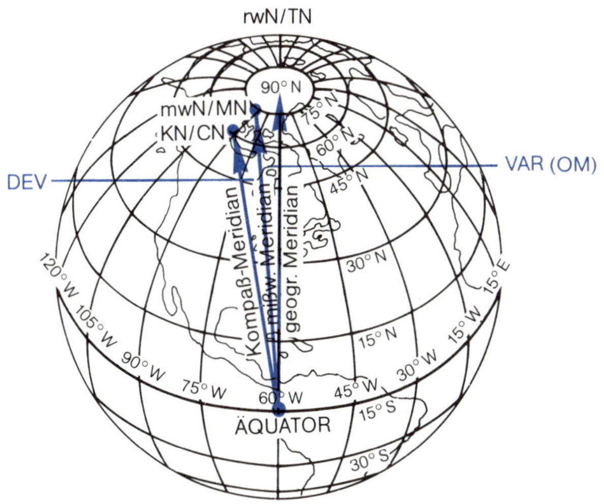

Die Bezugsrichtung Kompaß Nord (KN/CN)

- Mißweisend Nord (mwN/MN = magnetic north) entspricht der Richtung der durch den magnetischen Nordpol führenden Großkreise. Alle Richtungen, die ein durch nichts gestörter Magnetkompaß anzeigt, sind mißweisende Richtungen. Der Winkel zwischen rechtweisend Nord (rwN/TN) und mißweisend Nord (mwN/MN) ist die Ortsmißweisung (OM/VAR = variation).

- Kompaß-Nord (KN/CN = compass north) entspricht der vom Kompaß tatsächlich (also inclusive aller Fehler) angezeigten Nordrichtung. Der Winkel zwischen mißweisend Nord (mwN/MN) und Kompaß-Nord (KN/CN) ist die Kompaßablenkung (Dev/DEV = deviation). Sie ist in jedem Flugzeug unterschiedlich und der Deviationstabelle zu entnehmen.

Schon die alten Griechen nannten die Richtung von einem Ort zu einem anderen einen **Kurs.** Dabei ist es bis heute in allen Bereichen geblieben, in denen navigiert werden muß. Definiert ist der Kurs stets als Winkel zwischen dem Flugweg über Grund (Kurslinie) und einer der drei Bezugsrichtungen. Folglich gibt es grundsätzlich drei verschiedene Kurse:

- Der *rechtweisende Kurs* (rwK/TT = true track) entspricht dem Winkel zwischen der Kurslinie und rechtweisend Nord (rwN/TN). Ihn gibt es gleich in drei Varianten:

Als Kartenkurs kann er direkt der Karte entnommen werden. Bezugsrichtung ist der in der Karte eingezeichnete geographische Meridian (Abb. I).

Als rechtweisender Steuerkurs (rwSK/TH = true heading), der definiert ist als der Winkel zwischen der Steuerkurslinie (= Richtung der Flugzeuglängsachse) und rechtweisend Nord, ist er solange mit dem rechtweisenden Kurs identisch, solange kein Windeinfluß korrigiert werden muß. Muß dagegen ein Windeinfluß korrigiert werden, damit keine Abdrift (DA = drift angle) entsteht, muß der Luvwinkel (WCA = wind correction angle) berücksichtigt werden. Dann entsteht

der rechtweisende Windkurs (rwWK/TH = true heading) unterscheidet sich vom rechtweisenden Kurs durch den Luvwinkel (l/WCA) (Abb. II).

- Der *mißweisende Steuerkurs* (mwSK/MH = magnetic heading) entspricht dem Winkel zwischen der Steuerkurslinie und mißweisend Nord. Gegenüber dem rechtweisenden Steuerkurs (rwSK/TH) ist jetzt die Ortsmißweisung (OM/VAR) berücksichtigt (Abb. III).
- Der *Kompaßkurs* (KK/CH = compass heading) entspricht dem Winkel zwischen der Steuerkurslinie und Kompaß-Nord (KN/CN). Gegenüber dem mißweisenden Steuerkurs (mwSK/MH) ist jetzt auch die Kompaßablenkung (DEV) berücksichtigt (Abb. IV).

Bei all den verschiedenen Kursen ist nun aber noch nicht berücksichtigt, daß sie ja nicht auf einer Ebene liegen können, sondern auf einer Kugel berechnet werden müssen. Und daß das seine Tücken hat, das haben ebenfalls schon die alten Griechen gewußt. Sie erkannten, daß auf einer Kugel zwei Punkte durchaus mit verschiedenen Linien verbunden werden können, je nachdem welche Bedingungen erfüllt werden sollen, und unterschieden zwischen Orthodromen und Loxodromen – eine Unterscheidung, die bis heute nichts von ihrer Richtigkeit eingebüßt hat.

Orthodrome (= gerader Weg) nannten sie die kürzeste Verbindung zwischen zwei Punkten auf der Erde. Das aber ist nichts anderes als der Großkreis, der durch diese beiden Orte geht. Solange die Entfernung zwischen den Orten kleiner als der halbe Erdumfang ist, gibt es nur eine kürzeste Verbindung (Bogenstück aus dem Großkreis). Liegen dagegen die Punkte genau entgegengesetzt auf der Erde, gibt es unendlich viele kürzeste Verbindungen.

Entscheidender Nachteil der Orthodrome ist, daß sie alle Meridiane unter einem anderen Winkel schneidet, weil diese nie parallel verlaufen, sondern zu den Polen hin zusammenlaufen. Alle Bezugsrichtungen unserer verschiedenen Kurse sind aber Meridiane! Daraus ergibt sich, daß der Kurs auf der Orthodrome zwischen zwei Orten in jedem Punkt der Strecke etwas anders und ein Navigieren mit einem Kurs absolut unmöglich wäre. Um die Orthodrome einzuhalten, müßte vielmehr der Kurs ständig geändert werden (Ausnahme: die Orthodrome liegt genau auf dem Äquator oder einem Meridian). Da das aber in der Praxis unmöglich ist, wird für Strecken bis etwa 1000 NM ein anderer Weg genutzt, den auch schon die Griechen kannten.

Loxodrome (= schiefer Weg) nannten sie die Verbindungslinie zwischen zwei Punkten auf der Erde, die alle Meridiane mit dem gleichen Winkel schneidet. Diese Linie ist zwar nicht die kürzeste Verbindung, sie hat aber den entscheidenden Vorteil, stets die gleiche Richtung zu haben (obwohl die Linie eine Kurve ist!). Weil auf dieser Linie für die gesamte Strecke der gleiche Kurs gesteuert werden kann (es sei denn, der Wind ändert sich), wird sie auch Kursgleiche genannt. Von ihr gibt es zwei Grundformen:

I Der rechtweisende Kurs (rwK/TT) als Kartenkurs und als rechtweisender Steuerkurs (rwSK/TH) (ohne Wind)

II Der rechtweisende Kurs (rwK/TT) als rechtweisender Windkurs und als rechtweisender Steuerkurs (rwWK/rwSK/TH)

III Der mißweisende Steuerkurs (mwSK/MH) (Die Ortsmißweisung ist zusätzlich enthalten)

IV Der Kompaßkurs (KK/CH) (Die Kompaßablenkung ist zusätzlich enthalten)

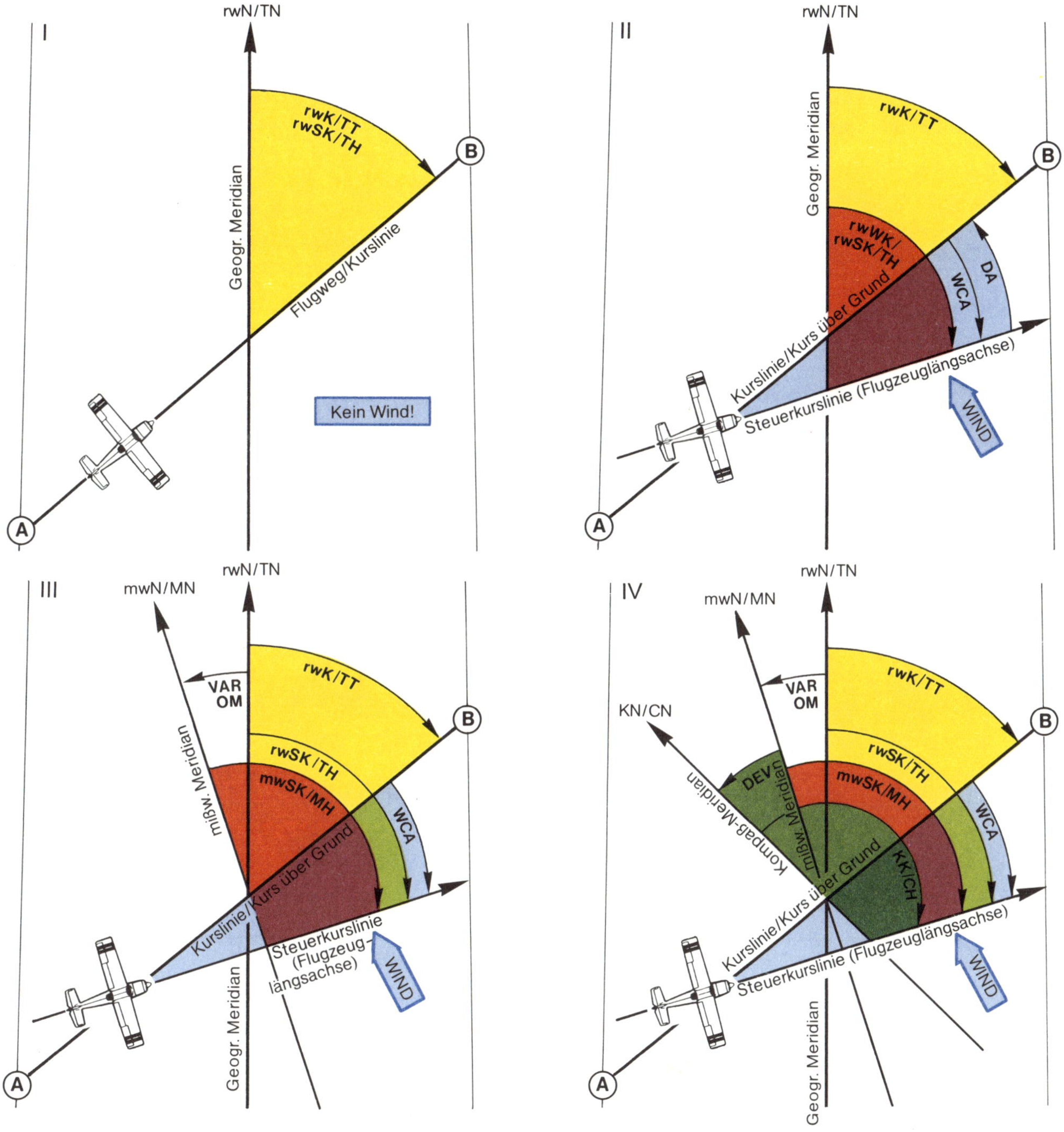
I
rwN/TN
rwK/TT
rwSK/TH
B
Geogr. Meridian
Flugweg/Kurslinie
Kein Wind!
A
II
rwN/TN
Geogr. Meridian
rwK/TT
B
rwWK/
rwSK/TH
DA
WCA
Kurslinie/Kurs über Grund
Steuerkurslinie (Flugzeuglängsachse)
WIND
A
III
mwN/MN
rwN/TN
VAR
OM
rwK/TT
B
mißw. Meridian
rwSK/TH
mwSK/MH
WCA
Kurslinie/Kurs über Grund
Steuerkurslinie
(Flugzeug-
längsachse)
WIND
Geogr. Meridian
A
IV
mwN/MN
rwN/TN
VAR
OM
KN/CN
rwK/TT
B
DEV
rwSK/TH
mwSK/MH
Kompaß-Meridian
mißw. Meridian
WCA
KK/CH
Kurslinie/Kurs über Grund
Steuerkurslinie (Flugzeuglängsachse)
WIND
Geogr. Meridian
A

- Die kreisförmigen Loxodrome sind der Äquator und alle Breitenkreise (Kleinkreise), also alle Kurslinien mit rechtsweisend (rwK/TT) 090° oder 270°. Außerdem sind alle Meridiane (Großkreise) loxodrome Linien, also alle Kurslinien mit rechtweisend 000°/360° oder 180°.
- Die spiralförmigen Loxodrome sind alle Kursgleichen außer Äquator, Breitenkreisen und Meridianen. Es sind Spiralen, die mit konstant rechtweisender Richtung mehr oder weniger steil zum Pol laufen, ihn umlaufen aber nie erreichen, da sie unendliche Spiralen sind. Da alle spiralförmigen Kursgleichen Kurven sind, die gegen den Äquator gekrümmt sind, gilt die Grundregel:

  Auf der Nordhalbkugel liegt die Loxodrome stets südlich von der Orthodrome.

  Auf der Südhalbkugel liegt die Loxodrome stets nördlich von der Orthodrome.

  Der Entfernungsunterschied zwischen Orthodrome und Loxodrome ist auf den kreisförmigen Loxodromen Äquator und Meridiane gleich Null. Er wächst mit zunehmender Breite und je mehr sich ein Kurs den Breitenparallelen nähert.

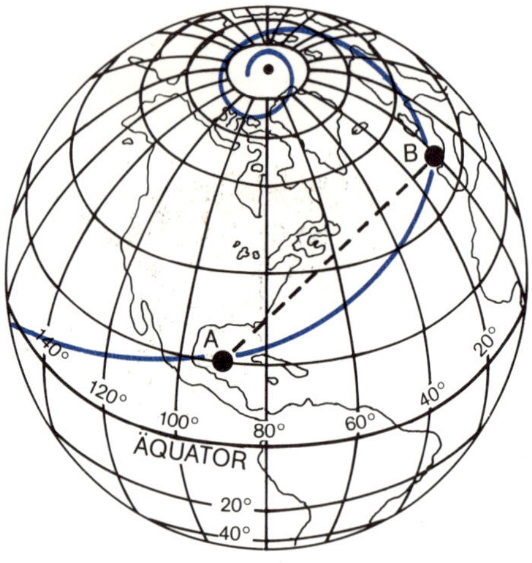

— = Loxodrome/ Kursgleiche

-- = Orthodrome/Großkreis/kürzester Weg

Die Erdoberfläche auf der Karte

Wer jemals eine Orange nach »Meridianschnitten« geschält und versucht hat, die Segmente nebeneinander in die Ebene zu legen, versteht sofort die ganze Problematik der Projektion der kugelförmigen Erdoberfläche in eine plane Karte. Die Elemente Fläche, Strecke und Winkel können nämlich niemals gleichzeitig verzerrungsfrei wiedergegeben werden. Stets ist nur eine Komponente einigermaßen vorbildgetreu und das ist wiederum stets nur zu Lasten der beiden anderen möglich.

Am schwierigsten lassen sich Streckenverzerrungen vermeiden, da die Genauigkeit bei den einen (etwa den Meridianen) sofort die Ungenauigkeit bei den anderen (etwa den Breitenparallelen) zur Folge hat. Anders dagegen ist es bei den Flächen. Sie können völlig verzerrungsfrei wiedergegeben werden, allerdings nur, wenn dafür größere Verzerrungen der Winkel in Kauf genommen werden. Umgekehrt kann Winkeltreue nur erreicht werden, wenn auf Flächentreue verzichtet wird. Wie groß die dabei resultierenden Unterschiede sind, zeigt die Gegenüberstellung der Wiedergabe von Grönland und Arabien in flächentreuer und winkeltreuer Abbildung.

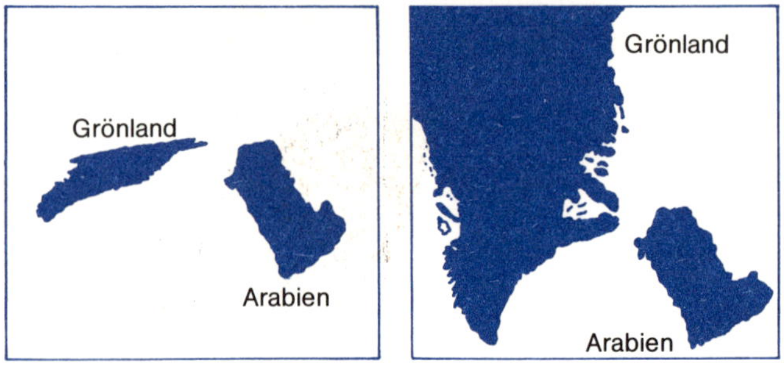

flächentreue Weltkarte 1 : 150 Mill.

winkeltreue Weltkarte 1 : 150 Mill.

Basis für den Entwurf jeder Karte ist das Gradnetz der Erde. Nach der Art, wie dieses kugelförmige Gradnetz in die Ebene projiziert wird, werden drei Grundformen der Kartenprojektion unterschieden:

Die Azimutalprojektion

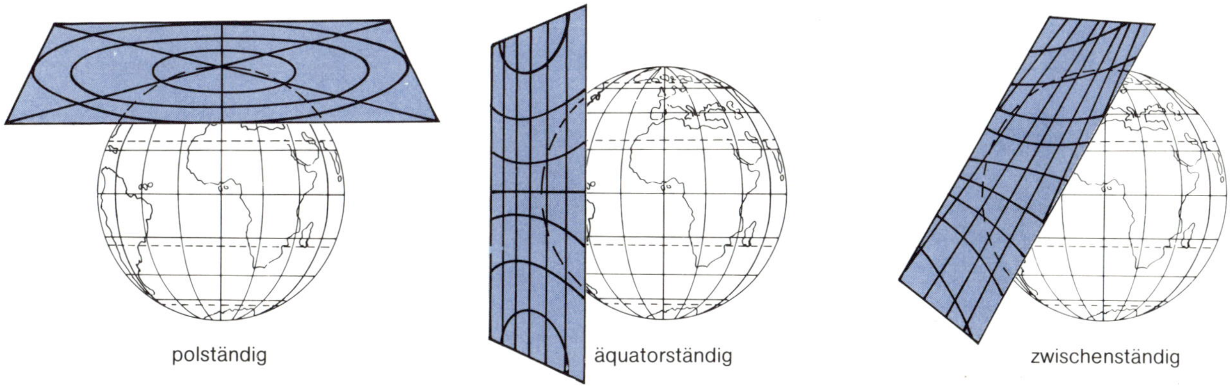

Bei der **Azimutalprojektion** erfolgt die Abbildung des Gradnetzes der Erde auf eine Ebene, die ihn an einem der Pole, an einem Punkt des Äquators oder an einer anderen Stelle berührt. Diese Projektionsebene wird Tangentialebene genannt. Je nach ihrem Berührungspunkt am Globus wird von polständiger, äquatorständiger oder zwischenständiger Projektion gesprochen. Dabei kann das Gradnetz der Erde grundsätzlich von zwei unterschiedlichen Projektionspunkten (Augen) aus auf die Tangentialebene projiziert werden.

- Bei der stereographischen Azimutalprojektion wird von einem Projektionspunkt aus projiziert, der dem Berührungspunkt der Projektionsebene genau gegenüber liegt. Karten mit dieser Projektion werden vor allem für die Navigation über Polargebieten verwendet.
- Bei der gnomischen Azimutalprojektion werden die Kugelpunkte vom Erdmittelpunkt aus auf die Berührungsebene projiziert. Karten mit dieser Projektion werden vor allem für die Langstrecken-Funknavigation verwendet.

Bei der **Zylinderprojektion** erfolgt die Abbildung des Gradnetzes der Erde auf eine Ebene, die die Erde als Zylinder umfaßt und sie am Äquator berührt. Der Projektionspunkt ist der Erdmittelpunkt. Nach ihrem Erfinder wird diese Art der Projektion auch *Mercator-Projektion* genannt. Er nämlich hatte die einfache (= perspektivische) Zylinderprojektion dadurch modifiziert, daß er den Abstand der Breitenparallelen nicht mehr perspektivisch, sondern mathematisch bestimmte.

Auf einer Mercator-Karte ist das kugelförmige Gradnetz der Erde als Netz gerader Linien abgebildet, die sich stets im rechten Winkel schneiden. Die Meridiane haben auf einer solchen Karte stets über den gesamten Kartenausschnitt den gleichen Abstand. Die Breitenparallelen haben dagegen mit zunehmender geographischer Breite einen wachsenden Abstand. Da die Meridiane als Parallele erscheinen, ihr Konvergieren gegen die Pole hin also unberücksichtigt bleibt, stimmt der Maßstab einer Mercator-Karte nur in Nord-Süd-Richtung. In Ost-West-Richtung dagegen vergrößert er sich mit zunehmender geographischer Breite stetig. In höheren Breiten zeigt die Mercator-Projektion deshalb starke Flächenverzerrungen und ist in den Polargebieten unbrauchbar. Dennoch hat die Mercator-Karte nicht unbedeutende Vorteile:

- Orthodrome Verbindungen zwischen zwei Punkten (Großkreise) werden als polwärts gekrümmte Kurven abgebildet.

Die Zylinderprojektion (MERCATOR-Projektion)

Die Kegelprojektion

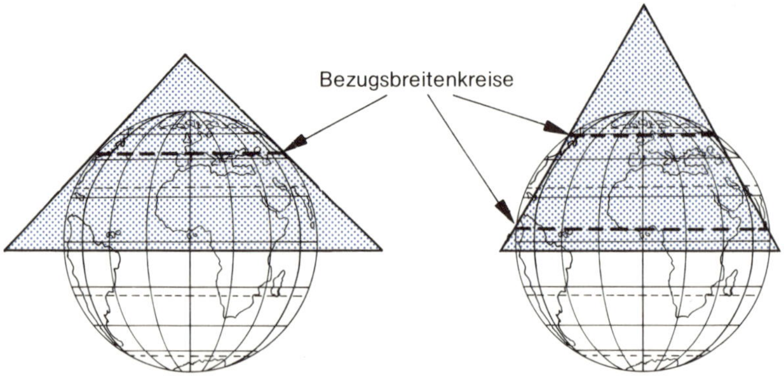

- Loxodrome Verbindungen zwischen zwei Punkten (Kursgleiche) werden als gerade Linien abgebildet.

Die Mercator-Karte ist noch immer die Grundlage für die Astro-Navigation in der Seefahrt.

Bei der **Kegelprojektion** erfolgt die Abbildung des Gradnetzes der Erde auf eine Ebene, die die Erde als Kegel umfaßt. Die Spitze des Kegels liegt über einem der Pole. Nach der Art, wie der Kegel den Globus berührt, wird unterschieden:

- Bei der Berührungskegelprojektion berührt der Kegel die Erde an einem beliebigen Breitenkreis, der dann zum Bezugsbreitenkreis der resultierenden Karte wird. Die Länge dieses Breitenkreises ist auf der Karte ganz genau maßstabsgerecht. Mit zunehmender oder abnehmender geographischer Breite nimmt die Maßstabstreue kontinuierlich ab.
- Bei der Schnittkegelprojektion durchschneidet der Kegel die Erde an zwei beliebigen Breitenkreisen, die dann zu den zwei Bezugsbreitenkreisen der resultierenden Karte werden. Die Längen dieser beiden Breitenkreise sind auf der Karte ganz genau maßstabsgerecht. Zwischen den beiden Bezugsbreitenkreisen ist die Schnittkegelkarte nahezu maßstabsgerecht. Nach ihrem Erfinder wird diese Art der Projektion auch *Lambert-Projektion* genannt. Insgesamt ergeben sich bei ihr folgende Vorteile:

  Zwischen den beiden Bezugsbreitenkreisen ist der Maßstab so genau, daß die Karte praktisch längentreu und damit für die Navigation geeignet ist.

  Die Breitenkreise erscheinen als konzentrische Kreissegmente, die nahezu den gleichen Abstand aufweisen.

  Die Meridiane erscheinen als gerade, zur Kegelspitze (Pol) konvergierende Linien. Sie alle schneiden die Breitenkreise im rechten Winkel, so daß die Karte auch winkeltreu ist.

  Die Flächenverzerrung ist trotz Winkeltreue minimal.

  Wie auf dem Globus erscheinen orthodrome Verbindungslinien zwischen zwei Punkten (Großkreise) als nahezu gerade Linien, loxodrome Verbindungen (Kursgleiche) erscheinen dagegen als äquatorwärts gekrümmte Kurven.

Aufgrund all dieser Vorteile hat die ICAO die winkeltreue Schnittkegelprojektion nach Lambert für alle Luftfahrtkarten als **Standardprojektion** vorgeschrieben. Sie ist deshalb Grundlage für:

- Die Weltluftfahrtkarte der ICAO im Maßstab 1 : 1000000 (WAC = world aeronautical chart). Auf ihr ist die ganze Welt erfaßt. Die Bundesrepublik ist auf zwei Blättern (Nord/Süd) enthalten.
- Die Luftfahrtkarten der ICAO im Maßstab 1 : 500000 (AC = aeronautical chart). Auf ihr ist die Bundesrepublik auf 8 Blättern enthalten, die einen zweifarbigen Flugsicherungsaufdruck aufweisen.
- Die Funknavigationskarten im Maßstab 1 : 1000000 (RNC = radio navigation chart). Die Bundesrepublik ist auf ihr auf zwei Blättern (Nord/Süd) enthalten.

Jede Kartenprojektion erfolgt nach einem bestimmten **Maßstab.** Er ist das Verhältnis zwischen einer Distanz auf der Karte und ihrer Entsprechung in der Natur. Auf der Luftfahrtkarte beträgt dieser Maßstab 1 : 500000. Das bedeutet, daß jeder Zentimeter auf der Karte 5 km in der Natur entspricht. Damit auch andere Längenmaße außer dem metrischen System leicht verwendet werden können, enthält jede Luftfahrtkarte neben der Angabe des Maßstabes (scale) einen Längenmaßstab, in dem Seemeilen, Kilometer und Landmeilen gegenübergestellt sind.

Die wichtigsten **Symbole** auf der Luftfahrtkarte 1 : 500000 haben die folgende Bedeutung:

Flugplätze – Aerodromes

Internationaler Flughafen
International Airport

Flughafen
Airport

Flughafen (Zivil-/Militär-)
Airport (civil/military)

Militärflugplatz
Military aerodrome

Landeplatz, Ausrichtung der längsten befestigten Start- und Landebahn
Airfield, alignment of the longest hardened runway

Landeplatz, Ausrichtung der längsten unbefestigten Start- und Landebahn

Landeplatz (Zivil-/Militär-)
Airfield (civil/military)

Hubschrauberlandeplatz
Heliport

Segelfluggelände, für den Flugzeugschleppstart zugelassen
Gliding site, permitted for towed start

630 x 30 m
Notlandeplatz mit Ausrichtung und Länge der Start- und Landebahn. (Nur für Notlandungen. Wiederstarterlaubnispflichtig. Keine Gewähr für Benutzbarkeit und Hindernisfreiheit im Augenblick der Notlandung.)
Emergency airfield. Take-off permission required. No guarantee that field is usable and free of obstacles.

Luftraumbeschränkungen – Airspace Restrictions

Gebiet mit Flugbeschränkung
Restricted area

Gefahrengebiet
Danger area

Sperrgebiet
Prohibited area

Flugüberwachungszone (FlugÜZ)
Air defence identification zone (ADIZ)

Pflichtmeldepunkt für VFR-Anflüge
Compulsary reporting point for VFR approaches

Flugverkehrsdienste – Air Traffic Services

FIR	Fluginformationsgebiet Flight information region
CTA	Kontrollbezirk Control area
TMA	Nahverkehrsbereich Terminal control area
1000 ft GND 1700 ft GND 2500 ft GND	TMA-Untergrenzen TMA-Lower limits
CTR	Kontrollzone Control zone
ATZ	Flugplatzverkehrszone Aerodrome traffic zone
	250 Fuß-Tieffluggebiet 250 feet low flying area
9	Verbindungsstrecke Link route

Funknavigationsanlagen – Radio Navigation Facilities

VOR	UKW-Drehfunkfeuer VHF omnidirectional radio range
VOR/DME	UKW-Drehfunkfeuer mit Entfernungsmeßgerät VHF omnidirectional radio change with distance-measuring equipment
VORTAC	Örtlich vereint aufgestellte VOR- und TACAN-Anlagen Co-located VOR and TACAN facilities
TACAN	Taktische UKW-Flugnavigationsanlage / Tactical UHF navigation facility
NDB	Ungerichtetes Funkfeuer Non-directional radio beacon
MKR	Markierungsfunkfeuer Marker beacon
	Allgemeines Zeichen für Funkeinrichtungen Basic radio facility symbol

Bebaute Gebiete – Built-Up Areas

BONN	Großstadt (100 000 Einwohner und mehr) City (100,000 inhabitants and more)
HOF	Stadt (über 20 000 Einwohner und Orte unter 20 000 Einwohner) Town (more than 20,000 inhabitants and villages with less than 20,000 inhabitants)
Neuhaus	Ortschaft (5000 bis 20 000 Einwohner und Ortschaften unter 5000 Einwohnern in dünn besiedelten Gebieten) Village (5,000 to 20,000 inhabitants and villages with less than 5,000 inhabitants in sparsely populated areas)

Eisenbahnen – Railways

Eisenbahn (eingleisig) mit Bahnhof
Railway (single track) with station

Eisenbahn (mehrgleisig) mit Bahnhof
Railway (multiple track) with station

Eisenbahn (stillgelegt oder im Bau)
Railway (abandoned/under construction)

Eisenbahnbrücke
Railway bridge

Eisenbahntunnel
Railway tunnel

Seil- oder Schwebebahnen
Aerial railway

Straßen – Roads

Autobahn, Schnellstraße
Autobahn, Highway

Autobahn im Bau
Autobahn under construction

Fernverkehrsstraße
Highway

Wichtige Verbindungsstraße
Federal road

Rennstrecke
Race track

Autobahn-Auffahrt
Autobahn entry

Straßenbrücke
Road bridge

Straßentunnel
Road tunnel

Gewässer – Hydrography

Küstenlinie
Shore line

Watten
Tidal flats

Fluß
River

Kanal / Canal

Stillgelegter Kanal oder Kanal im Bau
Abandoned canal or canal under construction

See
Lake

Sumpf
Swamp

Fähre
Ferry

Talsperre
Dam

Staudamm
Barrage

Schleuse / Lock

Schiffshebewerk / Ship hoist

Buhne
Groyne

Mole
Mole

Landungsbrücke
Pier

Geländedarstellung – Topography

Steile Böschung und Steilküste
Bluff, cliff or escarpment

Damm, Deich
Dike

Sanddünen
Sand dunes

• 117 — Höhenpunkt
Spot elevation

• 453 — Höchster Punkt im Kartenblatt
Highest elevation on chart

4736 — Paß
Mountain pass

Gletscher und Eiskappen
Glaciers and ice caps

Landschaftsmerkmale – Landmarks

Aussichtsturm, Fernsehturm
Lookout tower, television tower

Bergwerk / Mine

Denkmal / Monument

Fabrik / Factory

Kirche / Church

Kloster / Monastery

Leuchtturm / Lighthouse

Ölfeld / Oilfield

Öltank / Oiltank

Ruine / Ruin

Schloß / Castle

Steinbruch / Quarry

Grenzen – Boundaries

Staatsgrenzen
Boundaries (international)

Andere Grenzen
Other boundaries

Verschiedenes – Miscellaneous

3° W — Linien gleicher Mißweisung
Isogonic lines

Hindernis und Hindernisgruppe (unbefeuert)
Obstruction and group of obstructions (unlighted)

Hindernis und Hindernisgruppe (befeuert)
Obstruction and group of obstructions (lighted)

Hindernis höher als 300 m GND (unbefeuert)
Obstruction higher than 300 m GND (unlighted)

Hindernis höher als 300 m GND (befeuert)
Obstruction higher than 300 m GND (lighted)

Luftfahrtbodenfeuer
Aeronautical ground light

Seilbahnen
Funiculars

Neben den Karten der ICAO sind für den Privatpiloten vor allem noch zwei Kartenwerke von Bedeutung:

- Die Sichtanflugkarte (VIS APP = visual approach chart) gibt es für alle deutschen Flugplätze. Sie enthält jeweils die Darstellung der Flugverfahren für VFR-Flüge und der Regelungen für den Platzverkehr. Die einzelnen Blätter werden von der Bundesanstalt für Flugsicherung herausgegeben. Sie alle sind gesammelt im Luftfahrthandbuch Band III.

- Die Flugplatzkarte (AC = aerodrome chart) gibt es für alle deutschen Verkehrsflughäfen. Sie enthält alle Bodeneinrichtungen. Die Blätter werden ebenfalls von der Bundesanstalt für Flugsicherung herausgegeben. Sie sind im Luftfahrthandbuch Band III zu finden.

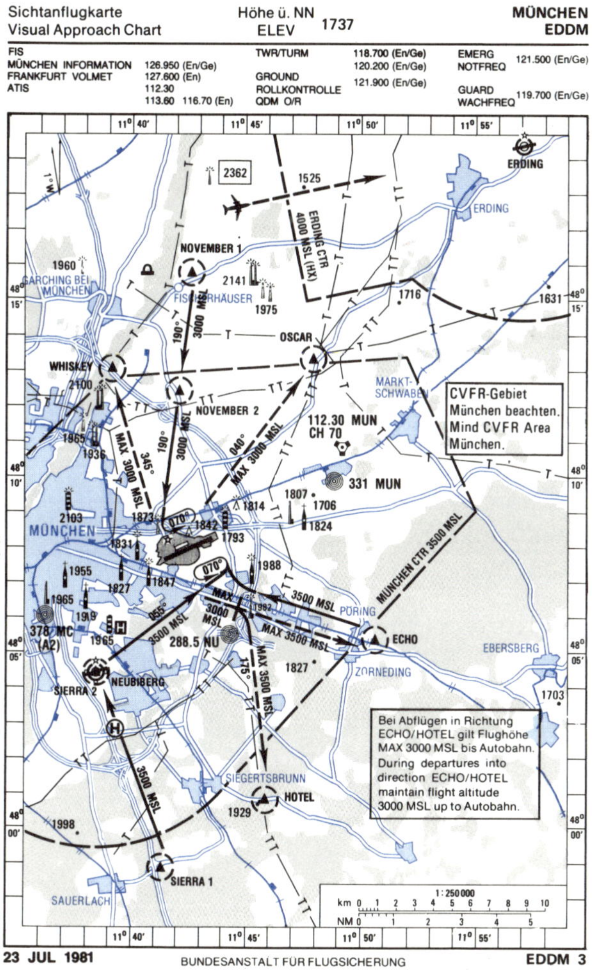

Die Sichtanflugkarte am Beispiel München

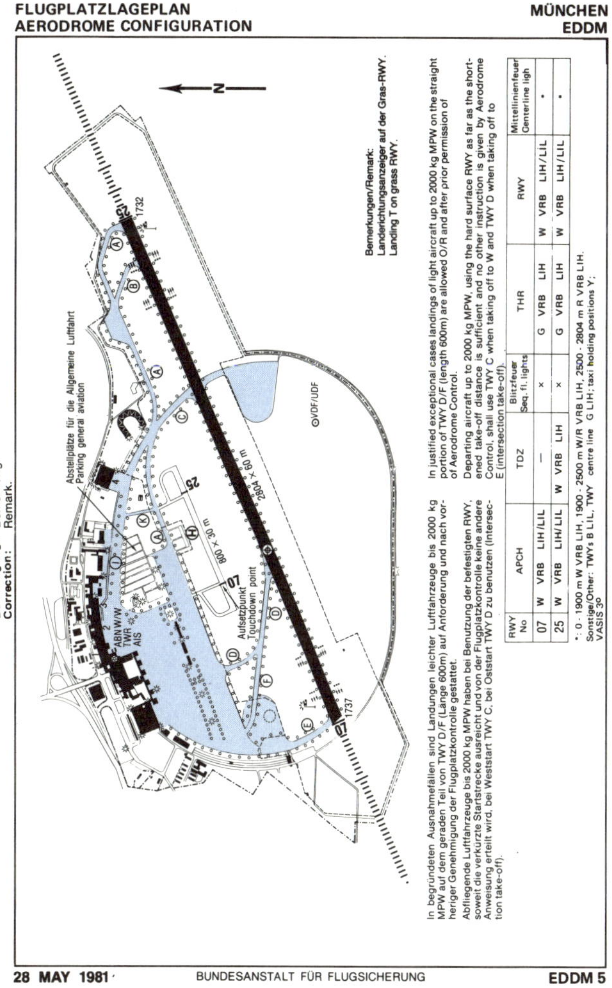

Die Flugplatzkarte am Beispiel München

Die beste Karte nimmt dem Piloten nicht die Notwendigkeit ab, das Kartenbild mit der Wirklichkeit (und umgekehrt) in Einklang bringen zu müssen. Natürlich gelingt das um so besser, je häufiger man es geübt hat. Da die Aufgabe aber auch schon leichter wird, wenn man das „grobe Gerüst" der Landschaft kennt, wird vom angehenden Piloten verlangt, daß er auf einer stummen Karte die wichtigsten Städte, Flüsse und Gebirge benennen kann. Wissen Sie alle Namen auf den nebenstehenden Karten?

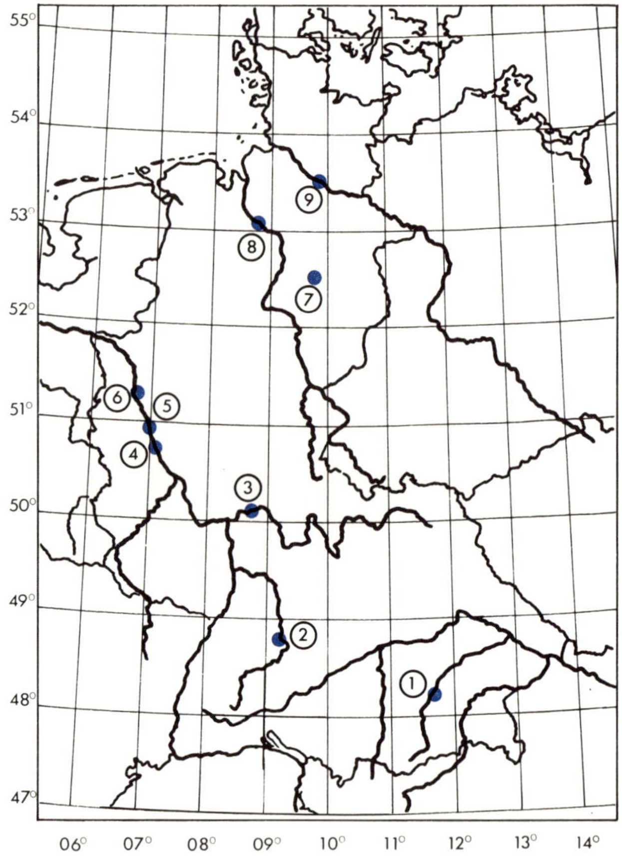

Welche Städte sind hier eingetragen?

Welche Flüsse sind hier eingetragen?

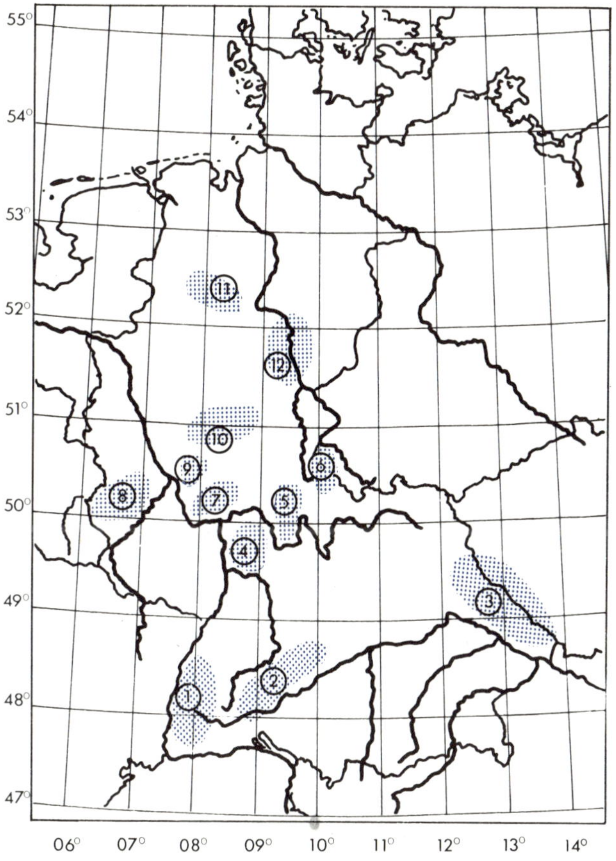

Welche Höhenzüge sind hier eingetragen?

Das Flugzeug und seine technischen Einsatzbedingungen

Jede Kette ist bekanntlich nur so stark wie ihr schwächstes Glied. Das gilt natürlich auch und gerade für ein Flugzeug – erst recht aber gilt es für seine Einsatzbedingungen. Die Aerodynamik seiner Maschine zu kennen, mit ihrem Motor zurechtzukommen, sich nicht von widrigem Wetter überraschen zu lassen oder verläßlich die richtige Route finden zu können, nützt dem Piloten für sich genommen gar nichts, wenn er übersieht, daß der geplante Start wegen großer Hitze mit der eigentlich vorgesehenen Beladung seiner Maschine nicht möglich ist.

Natürlich sind die verschiedenen Leistungen eines Flugzeugtyps im Flug- und Betriebshandbuch meist ziemlich genau beschrieben. Die Bezugsgröße, auf die sich alle Basisangaben beziehen, ist aber die Standardatmosphäre in Meereshöhe. Alle Abweichungen von den Bedingungen dieser Standardatmosphäre haben ihre Auswirkungen auf irgendwelche Einzelleistungen und damit auf das gesamte Beziehungsgefüge, in dem alle Einzelleistungen der Maschine zusammenspielen. Zu allem Überfluß gilt das nicht nur für das Flugzeug selbst, sondern auch für verschiedene Instrumente. Und natürlich sind es gerade die wichtigsten, denen es ganz und gar nicht gleichgültig ist, wenn sich die Luftdichte ändert (Fahrtmesser), der Luftdruck wechselt (Höhenmesser) oder sich die scheinbare Präzession auswirkt (Kreiselinstrumente).

Wieder gilt es, nicht nur die Einzelbedingungen zu kennen, sondern vor allem, um ihre wechselseitigen Abhängigkeiten und Beeinflussungen zu wissen und sie, soweit dies notwendig ist, auch berechnen zu können. Hie und da einmal zu viel gerechnet zu haben ist schließlich immer noch besser, als ein einziges Mal nicht oder falsch zu rechnen oder die Falschanzeige eines Instrumentes nicht zu bemerken und damit das Glied der Kette zu übersehen, an der sie dann reißt, weil ihr die Physik gar keine andere Wahl läßt.

Die Fluggeschwindigkeiten

Die Geschwindigkeit eines Flugzeuges gegenüber der Luft wird als Druckdifferenz gemessen. Erfaßt wird zum einen der statische Druck der das Flugzeug in der jeweiligen Höhe umgebenden Luft und zum anderen der Gesamtdruck (statischer Druck + Staudruck), wie er von vorne auf das Flugzeug einwirkt. Dieser im Staurohr eingegangene Gesamtdruck wird in eine Aneroiddose geleitet, die sich folglich bei wachsendem Gesamtdruck (= größere Geschwindigkeit) ausdehnt und bei abnehmendem wieder zusammenzieht. Der jeweilige statische Druckanteil am Gesamtdruck wird dadurch eliminiert, daß der meist an der Rumpfseite abgenommene statische Druck in das ansonsten luftdichte Gehäuse des Fahrtmessers geleitet wird und damit als Gegendruck von außen auf die Membrandose wirkt. Die Volumenänderung der Membrandose wird über ein feinmechanisches Hebelwerk auf den Zeiger des Fahrtmessers übertragen.

Leider ist diese Anzeige nicht ganz ohne Tücken. Ihre Richtigkeit ist vielmehr abhängig von den atmosphärischen Bedingungen und vom Betriebszustand des Flugzeuges. Es muß deshalb genau zwischen zumindest drei verschiedenen Fluggeschwindigkeiten unterschieden werden:

- der angezeigten Eigengeschwindigkeit = IAS (indicated airspeed);
- der berichtigten Eigengeschwindigkeit = CAS (calibrated airspeed);
- der wahren Eigengeschwindigkeit = TAS (true airspeed).

Die **angezeigte Eigengeschwindigkeit** ist nur dann auch gleichzeitig die wahre Eigengeschwindigkeit, wenn die Bedingungen der Standardatmosphäre herrschen, in Meereshöhe geflogen und das Staurohr exakt von vorne angeblasen wird. Da diese Bedingungen wohl nicht all zu oft alle gleichzeitig erfüllt sein dürften, bleibt dem Piloten nur, die möglichen Fehler bei seinen Berechnungen einzukalkulieren.

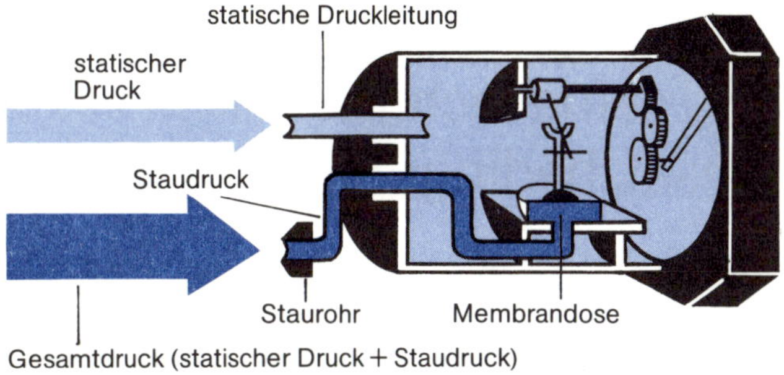

Das Funktionsschema des Fahrtmessers

Die **berichtigte Eigengeschwindigkeit** berücksichtigt in erster Linie den Einbaufehler, der dadurch entsteht, daß ein Flugzeug in verschiedenen Flugzuständen und damit auch mit verschiedenen Anstellwinkeln fliegt. Da das Staurohr darauf keine Rücksicht nehmen kann, wird es immer nur in einem Geschwindigkeitsbereich genau von vorne angeströmt. In allen anderen ist die Anzeige zunehmend ungenau. Normalerweise ist das Staurohr so eingebaut, daß das Instrument im Bereich des Reisefluges genau anzeigt. Damit automatisch verbunden ist dann, daß die Anzeige im Bereich geringerer Fluggeschwindigkeiten (größerer Anstellwinkel) ungenau wird. Der Fahrtmesser zeigt zu wenig an.

In welchen Geschwindigkeitsbereichen, bei welchen Klappenstellungen und wie stark angezeigte und berichtigte Eigengeschwindigkeit von einander abweichen, ist abhängig vom Flugzeugtyp und in Form einer Korrekturtabelle im Flughandbuch angegeben. Die Farbmarkierungen auf der Skala des Fahrtmessers sind auf der Basis der berichtigten Eigengeschwindigkeit angebracht.

Die **wahre Eigengeschwindigkeit** ist selbst unter Berücksichtigung der berichtigten Eigengeschwindigkeit nur dann mit der angezeigten identisch, wenn die Maschine in Meereshöhe fliegt und die Bedingungen der Standardatmosphäre herrschen, also ein Luftdruck von 1013,25 mb, eine Lufttemperatur von 15 °C und eine Luftdichte von 1,225 kg/m^3 gegeben sind. Vor allem Änderungen bei der Luftdichte (sie ändert sich mit der

Temperatur) machen sich dabei bemerkbar. Bei hohen Temperaturen (verringerte Luftdichte) im Sommer zeigt der Fahrtmesser deshalb etwas zu wenig, im Winter bei tiefen Temperaturen (erhöhte Luftdichte) dagegen zeigt er etwas zuviel an.
Gravierender aber ist die Dichteänderung mit zunehmender Höhe. Damit der Fahrtmesser korrekt anzeigen könnte, müßte sich in allen Höhen dieselbe Druckdifferenz zwischen Gesamtdruck und statischem Druck ergeben. Die mit der Höhe abnehmende Dichte der Luft verhindert nun genau das: Um stets die gleiche Druckdifferenz entstehen zu lassen, müßte das Flugzeug mit zunehmender Höhe immer schneller fliegen. Oder andersherum: Weil mit zunehmender Höhe die angezeigte Geschwindigkeit gegenüber der wahren Eigengeschwindigkeit immer kleiner wird, zeigt der Fahrtmesser zunehmend zu wenig an. Diese Falschanzeige beträgt etwa 2% pro 1000 ft, die zur angezeigten Eigengeschwindigkeit addiert werden müssen, damit sich die wahre Eigengeschwindigkeit ergibt.
Die genaue rechnerische Ermittlung der TAS ist mit jedem Navigationsrechner leicht möglich. Notwendig dafür ist die Druckhöhe/pressure altitude (vgl. S. 97) und die Temperatur der Außenluft. Da die TAS in der Regel nur für den Reiseflug benötigt wird, kann dabei in der Regel die Berücksichtigung der CAS vernachlässigt werden. Für die Praxis genügt es aber auch, pro 1000 ft über NN 2% der IAS zu addieren, um mit genügender Genauigkeit zur TAS zu kommen. Niemand aber sollte vergessen, daß schon in 5000 ft MSL zur IAS 10% addiert werden müssen, um mit der richtigen Fahrt für die weiteren Berechnungen rechnen zu können. In 10000 ft beträgt die Korrekturnotwendigkeit 20%!

Die Höhenanzeigen

Die Höhe eines Flugzeuges über NN/MSL oder über einem Startplatz wird in der Regel über die Messung des Luftdruckes ermittelt. Die Feststellung der Höhe über Grund an einer beliebigen Stelle ist damit nicht möglich, es sei denn, die Höhe der betreffenden Stelle über NN ist bekannt. Im Grunde genommen ist ein Höhenmesser nämlich nichts anderes als ein Barometer, mit dem der Luftdruck in der Höhe gemessen wird, in der das Flugzeug gerade fliegt. Benutzt wird dafür eine Aneroiddose in einem luftdichten Gehäuse, auf die der statische Druck geleitet wird. Mit wachsender Höhe dehnt sich die Dose aus, mit schwindender Höhe wird sie wieder zusammengedrückt. Die Volumenänderung der Membrandose wird über ein mechanisches Hebelwerk auf den Zeiger übertragen.
Zum Ausgleich des stets wechselnden Luftdruckes und zum Einstellen unterschiedlicher Bezugshöhen besitzt jeder Höhenmesser eine barometrische Einstellmöglichkeit, mit der ein bestimmter Luftdruckwert (= Bezugsdruckfläche) eingestellt werden kann. Daraus ergeben sich drei Grundregeln:

- Der Höhenmesser zeigt Null, wenn er in der Höhe ist, deren Druckwert auf der Millibarskala eingestellt ist.
- Der Höhenmesser gibt jede Höhenangabe als Höhe über der Druckfläche an, deren Druckwert auf der Millibarskala eingestellt ist.
- Der Höhenmesser zeigt den aktuellen Luftdruck auf der Millibarskala, wenn seine Höhenanzeige auf die Höhe des Standortes eingestellt wird.

Die beim Flugbetrieb verwendeten Höhenmessereinstellungen sind im Bd. »Motorflug« auf S. 13 beschrieben.
So einfach Aufbau und Arbeitsweise des Höhenmessers eigentlich sind, so ist doch auch er nicht ohne Tücken. Sie sind allerdings nicht wie beim Fahrtmesser auch von den Betriebszuständen des Flugzeuges, sondern ausschließlich von den Bedingungen in der Atmosphäre abhängig. Da auch der Höhenmesser natürlich auf die Bedingungen der Standardatmosphäre geeicht ist, diese aber keineswegs immer gegeben sind, sind Fehler in der Höhenmesseranzeige geradezu programmiert.
Bekanntlich ist Luft ein kompressibles Gasgemisch. Der Luftdruck geht deshalb mit zunehmender Höhe

nicht gleichmäßig zurück. Die Abnahme erfolgt vielmehr am Anfang schneller, dann immer langsamer, wie die folgende Tabelle (Standardbedingungen) zeigt:

Fuß (ft)	Druck mb	Temp. °C
NN/MSL	1013,25	15
1000	977	13
2000	942	11
3000	908	9
4000	875	7
5000	843	5
6000	812	3
7000	782	1
8000	752	− 1
9000	724	− 3
10000	697	− 5
15000	572	−15
18000	506	−21
20000	466	−25
25000	376	−35
30000	301	−45

Daraus ergibt sich unter anderem, daß der durch ein Millibar Druckabnahme gegebene Höhenunterschied niemals gleich ist, sondern mit zunehmender Höhe größer wird. Diese **Barometrische Höhenstufe** vergrößert sich analog zur Druckabnahme: Halbierter Druck = verdoppelte barometrische Höhenstufe, wie die folgende Übersicht zeigt:

Höhe ft/m	Druck mb	Höhenstufe ft/m
NN/MSL	1013 mb	30 ft/8 m
18000 ft/5500 m	ca. 506 mb	60 ft/16 m
36000 ft/11000 m	ca. 231 mb	120 ft/32 m

Abweichungen von diesen Werten und damit eine mehr oder weniger große Differenz zwischen der angezeigten und der **wahren Höhe/true altitude** sind immer dann gegeben, wenn die Temperatur von den Werten der Standardatmosphäre abweicht. Dabei gilt:

- Ist die Temperatur höher als in der Standardatmosphäre, dann hat sich die Luft gegenüber dem Normalzustand ausgedehnt. Folglich ist sie weniger dicht, und die Druckflächen der Höhenstufen liegen weiter auseinander. Ein in dieser warmen und weniger dichten Luft fliegendes Flugzeug fliegt höher als der Höhenmesser anzeigt. Seine Anzeige ist zu tief!
- Ist die Temperatur niedriger als in der Standardatmosphäre, dann hat sich die Luft gegenüber dem Normalzustand zusammengezogen. Folglich ist sie dichter, und die Druckflächen der Höhenstufen liegen enger beieinander. Ein in dieser kalten und dichteren Luft fliegendes Flugzeug fliegt tiefer als der Höhenmesser anzeigt. Seine Anzeige ist zu hoch.

Die temperaturbedingte Falschanzeige des Höhenmessers beträgt etwa 2% pro 5°C Temperaturabweichung. Die genaue Ermittlung der wahren Höhe ist mit jedem Navigationsrechner leicht möglich. Unabhängig davon aber sollte jeder Pilot sich einprägen:

- *Im Winter sind die Berge höher!*

Nicht wenige Höhenmesser warten auch mit einem **Instrumentenfehler** auf. Er zeigt sich, wenn nach der Einstellung des für den Standort gültigen aktuellen QNHs der Höhenmesser nicht genau die Höhe des Standortes anzeigt. Die Differenz zwischen Anzeige und wahrer Höhe des Platzes ist der Instrumentenfehler. Er wird dadurch korrigiert, daß vor dem Start festgestellt wird, um wieviel Millibar der aktuelle QNH-Wert vergrößert oder verkleinert werden muß, damit der Höhenmesser exakt die Platzhöhe anzeigt. Dabei ist allerdings zu berücksichtigen, daß keineswegs alle Flugplätze eben sind und die Angabe der Platzhöhe/field elevation sich deshalb auf den höchsten Punkt der Start- und Landebahn bezieht. Selbstverständlich muß der vor dem Start festgestellte Korrekturwert bei jeder QNH-Nachführung erneut berücksichtigt werden.

Da Verwirrung oder Irrtum bei der Anwendung der verschiedenen Anzeigen des Höhenmessers und der unterschiedlichen Arten von Flughöhen sehr gefährlich werden können, müssen die verschiedenen Werte genau auseinander gehalten werden:

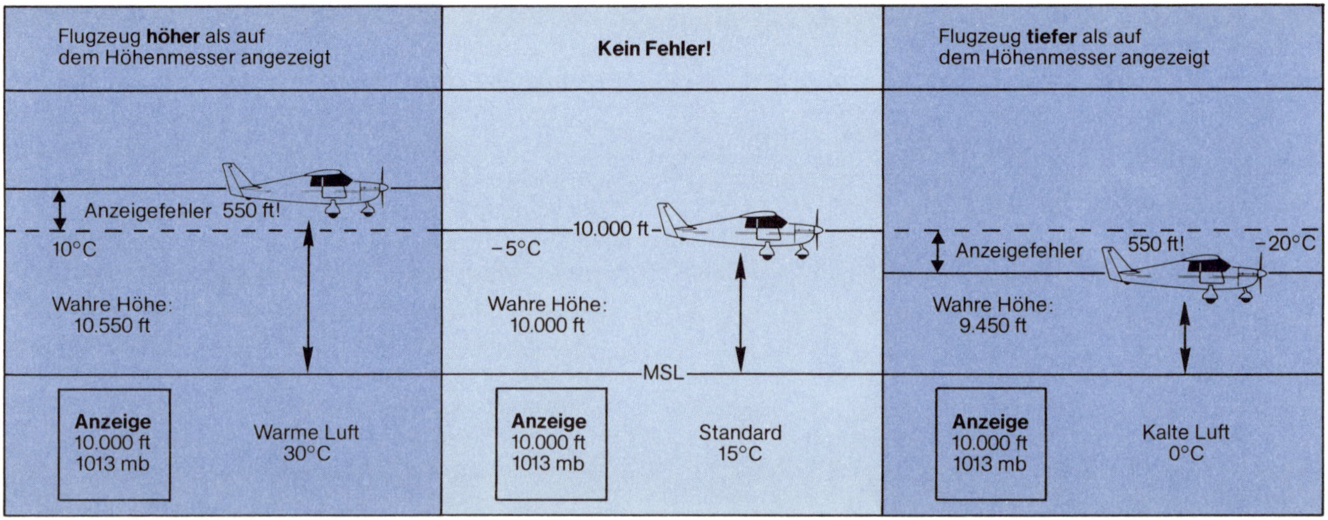

(Luftdruck in MSL 1013,2 mb)

Die Fehlanzeige des Höhenmessers durch Temperaturabweichungen vom Standardwert

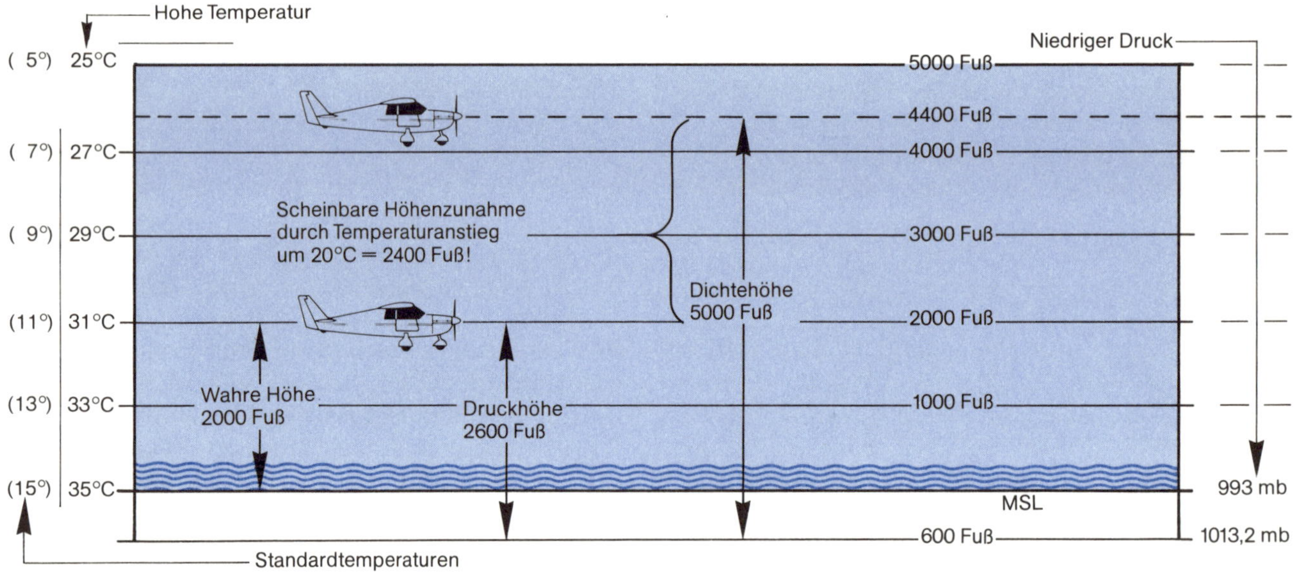

Der Einfluß von Temperatur und Luftdruck auf die Dichtehöhe

- Die **QNH-Höhe/QNH altitude** wird angezeigt, wenn auf der Millibarskala der aktuelle QNH-Wert unter Berücksichtigung des Instrumentenfehlers eingestellt wird. Ihre Bezugsebene ist der Meeresspiegel NN/MSL. Vor dem Start und nach der Landung zeigt der Höhenmesser die Flugplatzhöhe. Die QNH-Höhe ist für alle Flüge unterhalb von 3000 ft über Grund zu verwenden.
- Die **QFE-Höhe/QFE altitude** wird angezeigt, wenn vor dem Start der Höhenmesser auf Null gestellt wird. Auf der Millibarskala wird der am Platz herrschende Luftdruck angezeigt. Bezugsebene ist die Platzhöhe. Vor dem Start und nach der Landung zeigt der Höhenmesser Null. Die Verwendung der QFE-Höhe ist nur für Flüge im Platzbereich, niemals aber für Überlandflüge zulässig.
- Die **wahre Höhe/true altitude** ergibt sich, wenn die QNH-Höhe um die Auswirkung der Temperaturabweichung korrigiert wird. Ihre Bezugsebene ist der Meeresspiegel NN/MSL. Ohne Temperaturabweichung (Standardatmosphäre) sind wahre Höhe und QNH-Höhe identisch.
- Die **Druckhöhe/pressure altitude** wird angezeigt, wenn auf der Millibarskala der Druckwert der Standardatmosphäre (1013,25 mb) eingestellt wird. Ihre Bezugsebene ist die Druckfläche, in der ein Druck von 1013,25 mb herrscht. Liegt der aktuelle Druck über diesem Wert, liegt seine Druckfläche oberhalb von NN/MSL. Das Flugzeug fliegt also höher als der Höhenmesser anzeigt.
  Liegt umgekehrt der aktuelle Druck unter diesem Wert, liegt seine Druckfläche unterhalb von NN/MSL. Das Flugzeug fliegt also tiefer als der Höhenmesser anzeigt. Die Druckhöhe ist für alle Flüge oberhalb von 3000 ft über Grund zu verwenden. Benötigt wird sie außerdem zur Berechnung der Dichtehöhe, der wahren Höhe und der wahren Eigengeschwindigkeit (TAS = true airspeed).
- Die **Dichtehöhe/density altitude** ergibt sich, wenn die Druckhöhe um die Auswirkung der Temperaturabweichung korrigiert wird. Ihre Bezugsebene ist die Druckfläche, in der ein Druck von 1013,25 mb herrscht. Ohne Temperaturabweichung (Standardatmosphäre) sind Dichtehöhe und Druckhöhe identisch.

Die Kreiselinstrumente

Wendezeiger, Künstlicher Horizont und Kurskreisel arbeiten mit elektrisch oder pneumatisch angetriebenen, stets aber schnell rotierenden Kreiseln. Alle drei Geräte arbeiten damit im Rahmen der Kreiselgesetze. Sie zu kennen, ist absolute Voraussetzung für den richtigen Umgang mit diesen wichtigen Instrumenten.
Ein Kreisel ist ein um eine Achse drehbarer Körper mit symmetrisch um die Rotationsachse verteilter Masse. Wird der Kreisel in schnelle Rotation versetzt, sorgt die entstehende Massenträgheit dafür, daß der Kreisel stets versucht, seine einmal eingenommene Rotationsebene beizubehalten. Das gelingt ihm jedoch nur, wenn keine Kräfte auf seine Rotationsachse einwirken. Das wiederum ist nur gegeben, wenn der Kreisel vollkardanisch, also in allen Richtungen kräftefrei aufgehängt ist.
Die Kreisel im künstlichen Horizont und im Kurskreisel sind in dieser Weise vollkardanisch aufgehängt, aller-

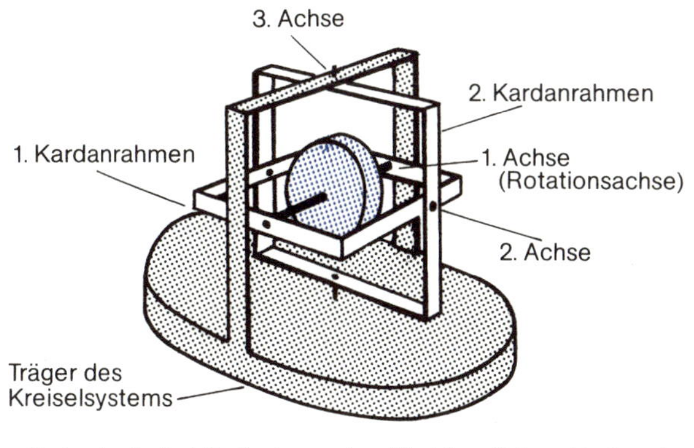

Der Kreisel mit drei Freiheitsgraden (für künstlichen Horizont und Kurskreisel)

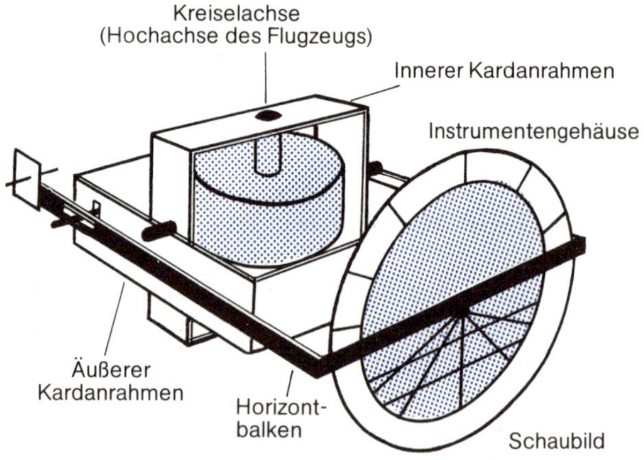

Das Funktionsschema des künstlichen Horizonts

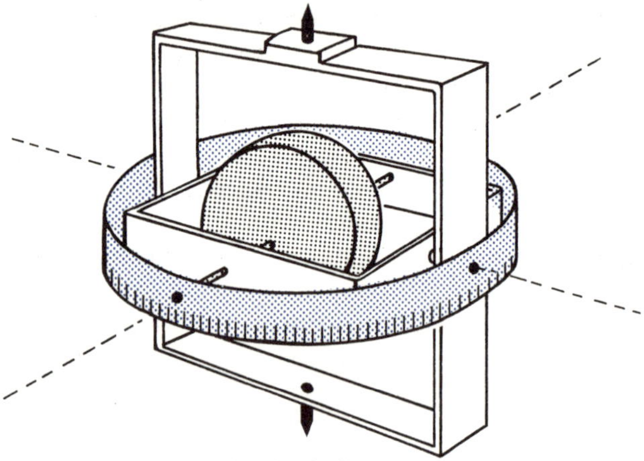
Das Funktionsschema des Kurskreisels

dings mit unterschiedlicher Lage der Rotationsachse. Im künstlichen Horizont hat der Kreisel eine senkrechte Rotationsachse (senkrecht zur Erdoberfläche) und eine waagerechte Rotationsebene. Im Kurskreisel hat der Kreisel eine waagerechte Rotationsachse (parallel zur Erdoberfläche) und eine senkrechte Rotationsebene. Rollt, kippt oder dreht das Flugzeug um eine seiner Achsen, so zeigen die beiden in ihrer Lage verharrenden Kreisel in den beiden Instrumenten an, um wieviel das Flugzeug von seiner Normallage im Raum abgewichen ist.

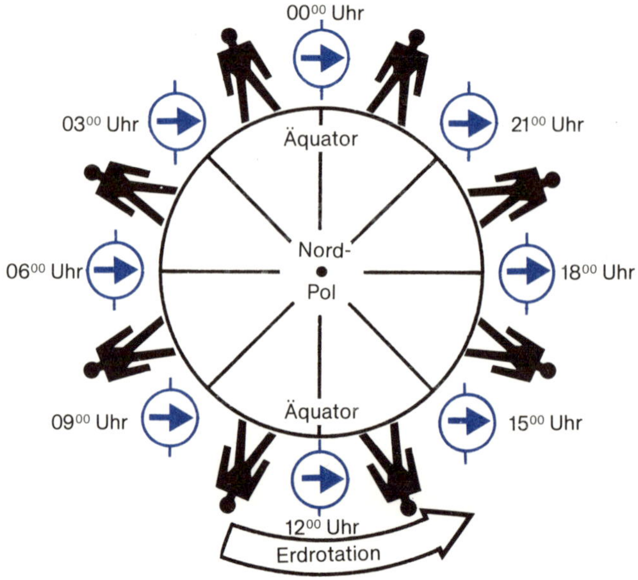

Die scheinbare Präzession des Kreisels aufgrund der Erdrotation

Da ein vollkardanisch aufgehängter Kreisel seine einmal eingenommene Lage im Raum beibehält und sich auch nicht nach dem Lot der Schwerkraft richtet, könnte er rund um die Erde getragen werden, ohne daß er seine Lage ändern würde. Für den Betrachter allerdings würde es so aussehen, als würde der Kreisel die Lage seiner Rotationsachse im Raum verändern. Diese **scheinbare Präzession** (Wandern) des Kreisels ist dabei nur die Folge der räumlichen Lageveränderung des Betrachters, der sich gegenüber seiner Ausgangslage im Raum um soviele Grade »dreht«, wie er Grade auf der Erde zurücklegt.
Genau dasselbe gilt für den vollkardanisch aufgehängten Kreisel, der an einem bestimmten Punkt der Erde die Erdrotation mitmacht. Er wird dabei ebenfalls auf einer gekrümmten Bahn bewegt und scheint deshalb für den Betrachter, der ja in der Lotrechten der Erde bleibt, wieder auszuwandern. Die scheinbare Präzession entspricht dabei genau der Rotationsgeschwindigkeit der Erde. Nach 6 Stunden hat sich der Kreisel für den Betrachter scheinbar um 90° gedreht; nach 12

Stunden sind es 180°; nach 18 Stunden sind es 270° und nach 24 Stunden schließlich scheint es, als habe der Kreisel sich einmal um sich selbst gedreht. In Wirklichkeit hat sich der Betrachter mit der Erde gedreht, während der Kreisel seine Lage im Raum beibehalten hat. Daraus ergibt sich die Grundregel:

- Ein vollkardanisch aufgehängter Kreisel behält seine ursprüngliche Lage im Raum. Scheint er auszuwandern, dann ist das lediglich der Beweis, daß sich der Betrachter gedreht hat. Als Folge der Erdrotation verändert sich die Lage der Rotationsachse des Kreisels gegenüber der Erdoberfläche um 15° pro Stunde.

Zur scheinbaren Präzession aufgrund der Erdrotation kommt die durch den Transport im Flugzeug verursachte Auswanderung. Ihre Größe ist abhängig von der geographischen Breite sowie von der Richtung und der Distanz in die der Kreisel bewegt wird. Die gesamte Präzession des Kreisels wird durch verschiedene Aufrichtungssysteme soweit wie möglich mechanisch kompensiert.

Neben der scheinbaren Präzession müssen auch noch die Auswirkungen der **wirklichen Präzession** berücksichtigt werden. Sie macht sich ebenfalls als Lageänderung der Kreiselachse bemerkbar, ist aber durch Krafteinwirkung von außen verursacht. Solche Kräfte sind die Fliehkraft in Kurven sowie die positiven und negativen Beschleunigungen bei Geschwindigkeitsänderungen. Diese Kräfte versuchen die Rotationsachse zu kippen oder zu drehen. Dabei führt

- die in Richtung drehen wirkende Kraft zum Kippen der Achse,
- die in Richtung kippen wirkende Kraft zum Drehen der Achse.

Beim **künstlichen Horizont** führen die scheinbare und die wirkliche Präzession durchaus zu Tücken bei der Anzeige. Wohl ist die scheinbare Präzession weitgehend dadurch ausgeschaltet, daß die Rotationsachse mit einem Pendel verbunden ist. Es sorgt mit seiner Folgsamkeit gegenüber der Schwerkraft dafür, daß die Rotationsachse des Kreisels stets senkrecht zur Erdoberfläche ausgerichtet bleibt.

Nicht so leicht zu kompensieren sind trotz verschiedener Aufrichtsysteme der Beschleunigungs- und der Kurvenfehler. Ihre Auswirkungen müssen deshalb vom Piloten sorgfältig berücksichtigt werden.

- Der *Beschleunigungsfehler* zeigt sich doppelt, je nachdem, ob das Flugzeug schneller oder langsamer wird. Eine Beschleunigung führt dazu, daß sich die Horizontlinie nach unten senkt. Es scheint also, daß das Flugzeug in eine Steigfluglage geraten sei. Eine Verzögerung führt dagegen dazu, daß die Horizontlinie nach oben steigt. Es scheint also, daß das Flugzeug in eine Gleitfluglage geraten sei. Die Betriebsgrenze in der Längsachse liegt bei etwa 60° Abweichung von der Normallage.
- Der *Kurvenfehler* ist von der Zentrifugalkraft verursacht, die den Kreisel zur Innenseite der Kurve präzedieren läßt. Die daraus resultierende Falschanzeige wächst mit der Schräglage, ist in der Kurve selbst am größten und kann bis zu 5° betragen. Die Betriebsgrenze in der Querneigung liegt bei etwa 90° Abweichung von der Normallage.

Beim **Kurskreisel** treten prinzipiell ähnliche Fehler auf wie beim künstlichen Horizont. Dadurch, daß sein Kreisel aber eine waagerecht zur Erdoberfläche ausgerichtete Rotationsachse hat, lassen sich seine von der Präzession verursachten Anzeigefehler besser kompensieren. Dennoch müssen bei seiner Bedienung zwei Grundregeln berücksichtigt werden, damit solche Fehler von vorneherein ausgeschaltet werden:

- Die Einstellung des Kurskreisels entsprechend der Anzeige des Magnetkompasses darf nur im unbeschleunigten und unverzögerten Horizontalflug erfolgen.
- Die Anzeige des Kurskreisels muß nach spätestens 20 Minuten mit der Anzeige des Magnetkompasses verglichen werden. Dabei muß die Maschine ebenfalls im unbeschleunigten Horizontalflug sein.

Die Betriebsgrenze des Kurskreisels liegt in der Längs- und Querneigung bei etwa 50°.

Im **Wendezeiger** wird statt eines vollkardanisch aufgehängten Kreisels ein nur halbkardanisch aufgehängter verwendet. Dadurch, daß der Kreisel nur zwei Freiheitsgrade hat, wird bei ihm die wirkliche Präzession voll wirksam und zur Anzeige der Drehung um die Hochachse benutzt. Das ist dadurch möglich, daß die Rotationsachse waagerecht zur Erdoberfläche und parallel zur Querachse des Flugzeuges angeordnet ist. Eine Drehung um die Flugzeughochachse läßt den Kreisel aufgrund der Präzession entgegengesetzt zur Kurvenrichtung um so weiter kippen, je größer die Drehgeschwindigkeit in der Kurve ist. Eine Umkehrmechanik sorgt dafür, daß der »Pinsel« sinngemäß anzeigt. Ein Dämpfungsmechanismus sorgt für eine ruhige Anzeige.

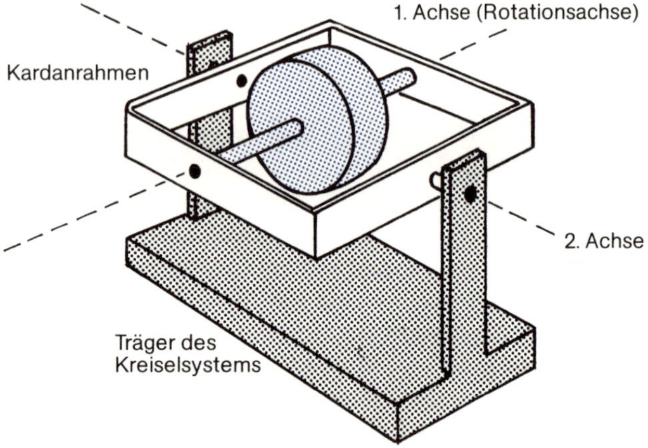

Der Kreisel mit zwei Freiheitsgraden (für Wendezeiger)

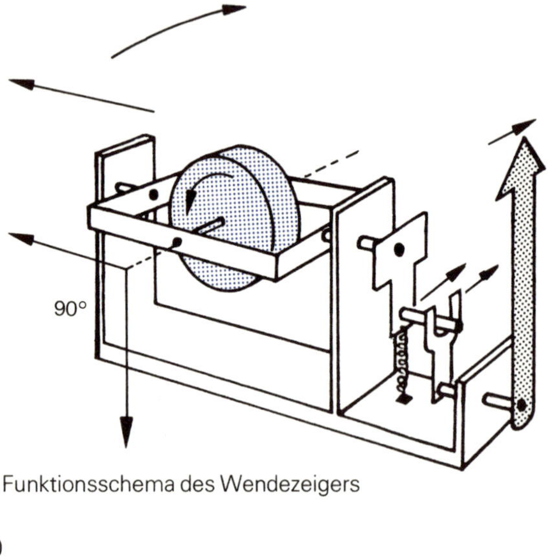

Das Funktionsschema des Wendezeigers

Insgesamt ist der Wendezeiger das zuverlässigste Kreiselinstrument, das auch dann noch seinen Dienst tut, wenn die anderen Kreiselinstrumente bereits überfordert sind.

Die Flugleistungen

Ein Flugzeug in technisch einwandfreiem Zustand erbringt für sich genommen stets die gleichen Leistungen. Umgesetzt werden kann diese Leistung jedoch nur über das Medium Luft, das wie kein anderes stets wechselnde Bedingungen liefert. Bezugsgröße für alle Leistungsangaben kann daher nur ein bestimmter Luftzustand sein. Jede Abweichung davon führt zu anderen Leistungen. Deshalb muß genau beachtet werden:

- Bezugsgröße für alle im Flughandbuch angegebenen Leistungsdaten ist die ICAO-Normalatmosphäre in NN/MSL. Auch für alle Leistungsangaben mit Höhenbezügen gelten ansonsten die Bedingungen der Standardatmosphäre.
- Jede Abweichung von den Bedingungen der Standardatmosphäre führt unweigerlich zu Veränderungen bei den Leistungsdaten!

Ähnliches gilt für alle Leistungsangaben, die sich auf die Startstrecke beziehen. Die hier im Flughandbuch angegebenen Werte beziehen sich nicht nur auf NN/MSL, sondern auch auf die optimale Bedienung der Maschine und den Start auf einer trockenen, waagerechten und befestigten (Beton oder Asphalt) Runway. Neben den gerade herrschenden atmosphärischen Bedingungen müssen daher alle Abweichungen von den Idealbedingungen für die Startbahn Eingang in die Berechnung der notwendigen Startbahnlänge finden.
Alle möglicherweise negativ wirkenden »Umweltbedingungen« zusammengenommen können ohne weiteres dazu führen, daß sich etwa die notwendige Startstrecke gegenüber den Angaben im Flughandbuch ver-

doppelt. Möchte der Pilot vermeiden, daß ihm eines Tages die Startbahn wirklich zu kurz wird, dürfte er die folgende Beschreibung des Beziehungsgefüges, in dem alle Leistungsdaten einer Maschine zu sehen sind, nicht gerade auf die leichte Schulter nehmen. Auch hier gilt: Lieber viele Male zuviel als ein einziges Mal zu wenig zu rechnen!

Die wichtigsten **atmosphärischen Faktoren,** die die Leistungsdaten eines Flugzeuges beeinflussen, sind die Druckhöhe, die Lufttemperatur und damit die Dichtehöhe sowie die Luftfeuchtigkeit. Natürlich leuchtet ein, daß mit der Höhe abnehmender Luftdruck zu einer Minderung der Triebwerksleistung und der aerodynamischen Leistungen führt. Wie stark diese Abnahme ist, davon macht man sich jedoch nicht ohne weiteres eine klare Vorstellung. Dabei gibt Lycoming den Leistungsabfall allein für ein Triebwerk dieser Firma in erstaunlichen Größenordnungen an. Demnach sinkt die jeweils zur Verfügung stehende, reine Triebwerksleistung von 100% in NN auf genau die Hälfte bereits in einer Druckhöhe von nur 19000 ft. (Die Druckhöhe als Bezugsgröße ergibt sich, wenn der Höhenmesser auf 1013,25 mb eingestellt wird.)

Druckhöhe Fuß	% PS	Druckhöhe Fuß	% PS
1000	96,8	11000	68,3
2000	93,6	12000	65,8
3000	90,5	13000	63,4
4000	87,5	14000	61,0
5000	84,6	15000	58,7
6000	81,7	16000	56,5
7000	78,9	17000	54,3
8000	76,2	18000	52,1
9000	73,5	19000	50,0
10000	70,8	20000	48,0

Zu dieser Leistungsabnahme ist dann noch die typenabhängige, aerodynamische Minderleistung zu rechnen!

Während die Auswirkungen der Druckhöhe in aller Regel in den Flughandbüchern in Tabellenform wiedergegeben wird, ist der Pilot bei der Berücksichtigung der Dichtehöhe auf das eigene Rechnen angewiesen. Das aber darf kein Grund sein, die Auswirkung der Dichtehöhe (vgl. S. 95) auf die Leistungen der Maschine unberücksichtigt zu lassen. Die Regel für die Berechnung lautet:

- Die Dichtehöhe wächst mit jedem Grad Temperaturzunahme gegenüber den Standardwerten um 120 ft gegenüber der Druckhöhe!

Welche Größenordnungen dabei im Spiel sind, zeigt ein einfaches Beispiel: In der Normalatmosphäre beträgt die Temperatur in 2000 ft Höhe (wahre Höhe und Druckhöhe sind dabei identisch) 11 °C. Herrschen im Sommer statt dieser „normalen" 11 °C gerade 31 °C, dann ist die Dichtehöhe um 2400 ft größer als die Druckhöhe. Auf einem 2000 ft hoch gelegenen Startplatz herrschen damit die gleichen Bedingungen wie auf einem 4400 ft hoch gelegenen Platz mit Normaltemperatur. Bei der Berechnung der erforderlichen Startstrecke müssen als Bezugsgröße für die Leistung diese 4400 ft zugrunde gelegt werden!

Kommt dann noch ein niedriger Luftdruck (= Differenz zwischen wahrer Höhe und Druckhöhe) dazu, verschiebt sich die Bezugsgröße noch weiter nach oben (pro 1 mb 30 ft). Beträgt das aktuelle QNH etwa 993 mb kommen noch 600 ft Dichteabnahme dazu (20 × 30). Das bedeutet nichts anderes als daß das Flugzeug unter diesen atmosphärischen Bedingungen (Luftdruck 993 mb, Temperatur 31 °C) in 2000 ft Höhe nur noch die Leistung erbringen kann, die es normalerweise in 5000 ft aufzuweisen hätte.

Auch die Luftfeuchtigkeit hat einen nicht unerheblichen Einfluß auf die Flugleistungen. Bekanntlich wiegt Wasserdampf wesentlich weniger als trockene Luft. Umgekehrt bedeutet das, daß Luft um so leichter (also weniger dicht) wird, je feuchter sie ist. Das führt vor allem zu einer spürbaren Verringerung der Triebwerksleistung, was wiederum eine Verschlechterung der Leistung vor allem beim Start und im Steigflug von reichlich 5% zur Folge hat.

Die wichtigsten **Faktoren der Startbahn,** die die Länge der notwendigen Startstrecke beeinflussen, sind ihre Oberflächenbeschaffenheit, ihre Neigung und der herrschende Bodenwind. Sehr gravierend ist dabei die Beschaffenheit der Oberfläche. Die Vergrößerung des Rollwiderstandes durch niederes oder höheres Gras (über 8 cm wird es bereits kritisch), durch Wasserpfützen, durch weichen Boden oder durch Schnee führt zu unterschiedlichen Faktoren, um die sich jeweils die erforderliche Startbahn verlängert. So verlangt eine sorgfältig gepflegte Rasenbahn bereits einen Zuschlag von 20% auf die unter Berücksichtigung von Druck- und Dichtehöhe notwendige Startstrecke. Ist der Grasboden nach Dauerregen schön durchweicht, müssen noch einmal 60% zugeschlagen werden.

Gilt es eine Neigung der Bahn zu berücksichtigen, dann schlägt jedes % Steigung oder Gefälle mit 10% der errechneten Startbahnstrecke zu Buche. Natürlich muß bei einer Steigung addiert, bei einem Gefälle darf subtrahiert werden.

Damit zum einen keiner dieser wichtigen Faktoren unter den Tisch fällt und zum anderen auch richtig gerechnet wird (nämlich nicht zu knapp), hat das Luftfahrtbundesamt (LBA) in Zusammenarbeit mit der Bundesanstalt für Flugsicherung (BFS) eine Tabelle entwickelt, ohne deren Benutzung eigentlich kein Start erfolgen sollte. Diese Tabelle ist im Band »Motorflug« auf S. 37 abgedruckt.

An der Tabelle fällt auf, daß keine Korrektur für einen die Startstrecke ja verkürzenden Gegenwind (mit Rükkenwind darf ohnehin niemals gestartet werden) enthalten ist. Dabei ist es zwar richtig, daß ein Gegenwind von nur 10% der Abhebegeschwindigkeit die Startstrecke bereits um 20% verkürzen würde. Das große Aber ist jedoch, daß der Wind ein recht unsteter Geselle ist. Läßt er gerade beim Start nach, ist natürlich der ganze Vorteil dahin. Deshalb sollte ein vorhandener Gegenwind nur als zusätzliche Sicherheit, nicht aber als letzte Möglichkeit für einen sicheren Start verstanden werden.

Zusätzlich zur Tabelle gibt das LBA noch folgende Grenzwerte für einen sicheren Start und eine sichere Landung:

- Der Start sollte abgebrochen werden, wenn das Flugzeug nicht sicher auf der ersten Hälfte der Bahn abhebt. Nur wenn ein nach den Angaben des Flughandbuches errechneter späterer Abhebepunkt einen deutlichen Bezugspunkt an der Bahn hat, darf der Start bis zu diesem Punkt fortgesetzt werden.
- Es sollte durchgestartet werden, wenn nicht innerhalb des ersten Drittels der Bahn (bei nasser Grasbahn des ersten Viertels) sicher aufgesetzt wird.
- Weder Start noch Landung sollten versucht werden, wenn die Seitenwindkomponente aus 90° 20% der Überziehgeschwindigkeit (V_s) übersteigt. Bei einer Seitenwindkomponente aus 45° darf die V_s max. 30% überschritten werden.
- Bei Start und Landung sollten folgende Geschwindigkeiten nicht unterschritten werden:
  160% der V_s bei allen Flugmanövern unterhalb 1000 ft über Grund
  140% der V_s im Anfangssteigflug oder im Endanflug
  130% der V_s im Endanflug kurz vor Erreichen der Bahnschwelle.
- Die Kraftstoffreserve sollte so bemessen sein, daß sie gut bis zum vorgesehenen Ausweichflugplatz reicht, mindestens aber für 30 Minuten Flugzeit.

Für die maximale Steiggeschwindigkeit, die optimale Reiseleistung und die erforderliche Landestrecke sind in den Flughandbüchern entsprechende Tabellen enthalten und selbstverständlich bei allen Berechnungen entsprechend zu berücksichtigen. Bei der Berechnung der erforderlichen Landestrecke (15 m über Landebahnschwelle bis Stillstand) müssen wie bei der Startstreckenberechnung Druck- und Dichtehöhe berücksichtigt werden. Vergessen werden darf auch nicht, daß Wasser oder gar Eis auf Asphalt- oder Betonbahnen die Ausrollstrecke erheblich verlängern.

Das Flugzeug und seine rechtlichen Einsatzbedingungen

Auch wenn kein Pilot mit einer Sammlung von Gesetzbüchern unterm Arm fliegen kann, hat er doch eine Unmenge von Rechtsvorschriften (z.B. Luftverkehrsgesetz, Luftverkehrs-Zulassungs-Ordnung, Luftverkehrs-Ordnung, Prüfordnung für Luftfahrtgerät usw.) und Veröffentlichungen der Luftfahrtbehörden (z.B. Luftfahrthandbuch, Nachrichten für Luftfahrer usw.) zu beachten. Die verschiedenen Kompendien liegen in jeder Flugschule bereit, so daß hier ein allgemeiner Hinweis auf ihre Existenz und die Notwendigkeit, sie zu studieren, genügen kann. Lediglich die wichtigste Rechtsvorschrift, die Luftverkehrs-Ordnung, wird im folgenden abgedruckt, da in ihr die Verkehrsregeln in der Luft zusammengefaßt sind.

Luftverkehrs-Ordnung (LuftVO)

(in der von der Bundesanstalt für Flugsicherung im Januar 1979 veröffentlichten Fassung)

ERSTER ABSCHNITT

Pflichten der Teilnehmer am Luftverkehr

§ 1

Grundregeln für das Verhalten im Luftverkehr

(1) Jeder Teilnehmer am Luftverkehr hat sich so zu verhalten, daß Sicherheit und Ordnung im Luftverkehr gewährleistet sind und kein anderer gefährdet, geschädigt oder mehr als nach den Umständen unvermeidbar behindert oder belästigt wird.

(2) Der Lärm, der bei dem Betrieb eines Luftfahrzeugs verursacht wird, darf nicht stärker sein, als es die ordnungsgemäße Führung oder Bedienung unvermeidbar erfordert.

(3) Wer infolge des Genusses alkoholischer Getränke oder anderer berauschender Mittel oder infolge geistiger oder körperlicher Mängel in der Wahrnehmung der

Aufgaben als Führer eines Luftfahrzeugs oder sonst als Mitglied der Besatzung behindert ist, darf kein Luftfahrzeug führen und nicht als anderes Besatzungsmitglied tätig sein.

§ 2

Verantwortlicher Luftfahrzeugführer

(1) Luftfahrzeuge sind während des Flugs und am Boden von einem verantwortlichen Luftfahrzeugführer zu führen.

(2) Sind mehrere zur Führung des Luftfahrzeugs berechtigte Luftfahrer an Bord, ist verantwortlicher Luftfahrzeugführer, wer als solcher bestimmt ist. Die Bestimmung ist vom Halter oder von seinem gesetzlichen Vertreter, bei einer juristischen Person von dem vertretungsberechtigten Organ zu treffen. Den nach Satz 2 Verpflichteten steht gleich, wer mit der Leitung oder Beaufsichtigung des Unternehmens eines anderen beauftragt oder von diesem ausdrücklich damit betraut ist, die Bestimmung nach Satz 1 in eigener Verantwortlichkeit zu treffen.

(3) Ist eine Bestimmung entgegen der Vorschrift des Absatzes 2 nicht getroffen, so ist derjenige verantwortlich, der das Luftfahrzeug von dem Sitz des ersten Luftfahrzeugführers aus führt. Bestehen Zweifel, welcher der Sitz des ersten Luftfahrzeugführers ist, entscheiden die Bestimmungen des Betriebshandbuchs für das Luftfahrzeug.

(4) Die Vorschriften dieser Verordnung über die Rechte und Pflichten des Luftfahrzeugführers gelten für den verantwortlichen Luftfahrzeugführer, soweit nicht etwas anderes vorgeschrieben ist und unabhängig davon, ob er das Luftfahrzeug selbst bedient oder nicht.

§ 3

Rechte und Pflichten des Luftfahrzeugführers

(1) Der Luftfahrzeugführer hat das Entscheidungsrecht über die Führung des Luftfahrzeugs. Er hat die während des Flugs, bei Start und Landung und beim Rollen aus Gründen der Sicherheit notwendigen Maßnahmen zu treffen.

(2) Der Luftfahrzeugführer hat dafür zu sorgen, daß die Vorschriften dieser Verordnung und sonstiger Verordnungen über den Betrieb von Luftfahrzeugen sowie die in Ausübung der Luftaufsicht zur Durchführung des Flugs ergangenen Verfügungen eingehalten werden.

§ 3a

Flugvorbereitung

(1) Bei der Vorbereitung des Flugs hat der Luftfahrzeugführer sich mit allen Unterlagen und Informationen, die für die sichere Durchführung des Flugs von Bedeutung sind, vertraut zu machen und sich davon zu überzeugen, daß das Luftfahrzeug und die Ladung sich in verkehrssicherem Zustand befinden, das zulässige Fluggewicht nicht überschritten wird, die vorgeschriebenen Ausweise vorhanden sind und die erforderlichen Angaben über den Flug im Bordbuch, soweit es zu führen ist, eingetragen werden.

(2) Für einen Flug, der über die Umgebung des Startflugplatzes hinausführt (Überlandflug), und vor einem Flug nach Instrumentenflugregeln hat sich der Luftfahrzeugführer über die verfügbaren Flugwettermeldungen und -vorhersagen ausreichend zu unterrichten. Vor einem Flug, für den ein Flugplan zu übermitteln ist, ist eine Flugberatung bei einer Flugberatungsstelle einzuholen. Absatz 1 bleibt unberührt.

(3) Ein Flug führt über die Umgebung eines Flugplatzes hinaus, wenn der Luftfahrzeugführer den Verkehr in der Platzrunde nicht mehr beobachten kann.

§ 4

Anwendung der Flugregeln

(1) Der Betrieb eines Luftfahrzeugs richtet sich nach den Allgemeinen Regeln (§§ 6 bis 27a), die Führung eines Luftfahrzeugs während des Flugs zusätzlich nach

den Sichtflugregeln (§§ 28 bis 34) oder den Instrumentenflugregeln (§§ 36 bis 42).

(2) Flugverhältnisse, bei denen nach Sichtflugregeln geflogen werden darf, sind gegeben, wenn die in den §§ 28, 29 und 32 für den Einzelfall festgelegten Werte für Sicht und Abstand des Luftfahrzeugs von Wolken sowie der in § 28 Abs. 2 festgelegte Wert für die Höhe der Hauptwolkenuntergrenze erreicht oder überschritten werden.
Bei diesen Flugverhältnissen kann der Luftfahrzeugführer nach Instrumentenflugregeln fliegen, wenn er es im Flugplan anzeigt; er muß nach Instrumentenflugregeln fliegen, wenn die zuständige Flugverkehrskontrollstelle ihn aus Gründen der Flugsicherheit hierzu anweist.

(3) Flugverhältnisse, bei denen nach Instrumentenflugregeln geflogen werden muß, sind gegeben, wenn die in den §§ 28, 29 und 32 für den Einzelfall festgelegten Werte für Sicht und Abstand des Luftfahrzeugs von Wolken sowie der in § 28 Abs. 2 festgelegte Wert für die Höhe der Hauptwolkenuntergrenze nicht erreicht wird. Bei diesen Flugverhältnissen darf der Luftfahrzeugführer nach Sichtflugregeln nur fliegen, wenn ihm eine Flugverkehrsfreigabe nach § 28 Abs. 4 erteilt ist.

(4) Für Flüge unter Flugverhältnissen, bei denen nach Sichtflugregeln geflogen werden darf, kann der Bundesminister für Verkehr eine Höchstgeschwindigkeit festlegen, wenn dies zur Abwehr von Gefahren für die Sicherheit des Flugverkehrs erforderlich ist.

§ 4a

Fallschirmabspringer und unbemanntes Luftfahrtgerät

§ 5

Anzeige von Flugunfällen und sonstigen Störungen

(1) Störungen bei dem Betrieb eines Luftfahrzeugs hat der Halter des Luftfahrzeugs dem Luftfahrt-Bundesamt innerhalb von drei Tagen schriftlich anzuzeigen. Das Luftfahrt-Bundesamt kann Ausnahmen zulassen.

(2) Störungen bei dem Betrieb eines Luftfahrzeugs, bei denen eine Person getötet oder schwer verletzt worden ist oder ein Luftfahrzeug einen schweren Schaden erlitten oder verursacht hat, hat der Luftfahrzeugführer, bei dessen Behinderung ein anderes Besatzungsmitglied oder, sofern keine dieser Personen dazu in der Lage ist, der Halter des Luftfahrzeugs unbeschadet der Anzeigepflicht nach Absatz 1 unverzüglich der nächst erreichbaren Polizeidienststelle zur Weiterleitung an die Luftfahrtbehörde des Landes, das Luftfahrt-Bundesamt und die nächste Flugsicherungsdienststelle anzuzeigen. Hat sich eine Störung im Sinne des Satzes 1 auf einem Flugplatz oder in der unmittelbaren Nähe eines Flugplatzes ereignet, so kann die Anzeige auch bei der Luftaufsichtsstelle erstattet werden, die sie an die Polizei weiterleitet.

(3) Absatz 2 findet auch auf Störungen Anwendung, die sich bei dem Betrieb eines deutschen Luftfahrzeugs außerhalb des Geltungsbereichs dieser Verordnung ereignet haben; die Anzeige ist jedoch unmittelbar an das Luftfahrt-Bundesamt zu erstatten. Die Anzeigepflicht nach Absatz 1 bleibt unberührt.

(4) Die Anzeigen nach den Absätzen 1 bis 3 sollen enthalten:

a) Namen und derzeitigen Aufenthalt des Anzeigenden,
b) Ort und Zeit der Störung,
c) Art, Muster und Kenn- und Rufzeichen des Luftfahrzeugs,
d) Namen des Halters des Luftfahrzeugs,
e) Zweck des Flugs, Start- und Zielflugplatz,
f) Namen des Luftfahrzeugführers,
g) Anzahl der Besatzungsmitglieder und Fluggäste,
h) Umfang des Personen- und Sachschadens,
i) Darstellung des Störungsablaufes.

ZWEITER ABSCHNITT

Allgemeine Regeln

§ 6

Sicherheitsmindesthöhe

(1) Die Sicherheitsmindesthöhe darf nur unterschritten werden, soweit es bei Start und Landung notwendig ist. Sicherheitsmindesthöhe ist die Höhe, bei der weder eine unnötige Lärmbelästigung im Sinne des § 1 Abs. 2 noch im Falle einer Notlandung eine unnötige Gefährdung von Personen und Sachen zu befürchten ist, mindestens jedoch über Städten, anderen dichtbesiedelten Gebieten und Menschenansammlungen eine Höhe von 300 m (1000 Fuß) über dem höchsten Hindernis in einem Umkreis von 600 m, in allen übrigen Fällen eine Höhe von 150 m (500 Fuß) über Grund oder Wasser. Segelflugzeuge und Ballone können die Höhe von 150 m auch unterschreiten, wenn die Art ihres Betriebes dies notwendig macht und eine Gefahr für Personen und Sachen nicht zu befürchten ist.

(2) Brücken und ähnliche Bauten sowie Freileitungen und Antennen dürfen nicht unterflogen werden.

(3) Für Flüge zu besonderen Zwecken kann die örtlich zuständige Luftfahrtbehörde des Landes Ausnahmen zulassen.

(4) Für Flüge nach Instrumentenflugregeln gilt § 36.

Ergänzung des Autors: Flughöhen unter 450 m (1500 Fuß) sollten auf Überlandflügen vermieden werden, wann immer das möglich und zulässig ist (Militärischer Tiefflugverkehr; vgl. Bände »Praxis«).

§ 7

Abwerfen von Gegenständen

(1) Das Abwerfen oder Ablassen von Gegenständen oder sonstigen Stoffen aus oder von Luftfahrzeugen ist verboten. Dies gilt nicht für Ballast in Form von Wasser oder feinem Sand, für Treibstoffe, Schleppseile, Schleppbanner und ähnliche Gegenstände, wenn sie an Stellen abgeworfen oder abgelassen werden, an denen eine Gefahr für Personen oder Sachen nicht besteht.

(2) Die örtlich zuständige Luftfahrtbehörde des Landes kann Ausnahmen von dem Verbot nach Absatz 1 Satz 1 zulassen, wenn eine Gefahr für Personen oder Sachen nicht besteht.

(3) Das Abwerfen von Post regelt der Bundesminister für das Post- und Fernmeldewesen oder die von ihm bestimmte Stelle im Einvernehmen mit der zuständigen Luftfahrtbehörde des Landes.

§ 8

Kunstflug

(1) Kunstflüge dürfen nur bei Flugverhältnissen, bei denen nach Sichtflugregeln geflogen werden darf, und nur mit ausdrücklicher Zustimmung aller Insassen des Luftfahrzeugs ausgeführt werden.
(2) Kunstflüge in Höhen von weniger als 400 m (1330 Fuß) sowie über Städten, anderen dichtbesiedelten Gebieten, Menschenansammlungen und Flughäfen sind verboten. Die örtlich zuständige Luftfahrtbehörde des Landes kann im Einzelfall Ausnahmen zulassen.
(3) Kunstflüge bedürfen, soweit sie in der Umgebung von Flugplätzen ohne Flugverkehrskontrollstelle durchgeführt werden, unbeschadet einer nach § 26 erforderlichen Flugverkehrsfreigabe der Zustimmung der Luftaufsichtsstelle. Absatz 2 bleibt unberührt.

§ 9

Schlepp- und Reklameflüge

(1) Reklameflüge mit geschleppten Gegenständen bedürfen der Erlaubnis der Luftfahrtbehörde des Landes, in dem der Antragsteller seinen Wohnsitz oder Sitz hat. Die Erlaubnis darf nur erteilt werden, wenn

1. der Luftfahrzeugführer die Schleppberechtigung nach der Verordnung über Luftfahrtpersonal besitzt;

2. das Luftfahrzeug mit einem geeichten Barographen zur Feststellung der Flughöhen während des Fluges ausgerüstet ist;
3. bei dem beantragten Flug nicht mehr als drei Luftfahrzeuge im Verband fliegen, wobei der Abstand zwischen dem geschleppten Gegenstand des voranfliegenden Luftfahrzeugs und dem nachfolgenden Luftfahrzeug sowie zwischen den Luftfahrzeugen mindestens 60 m betragen muß;
4. die Haftpflichtversicherung das Schleppen von Gegenständen ausdrücklich miteinschließt.

(2) Absatz 1 findet auf das Schleppen von Gegenständen zu anderen als Reklamezwecken sinngemäß Anwendung; Absatz 1 Nr. 2 gilt nicht für Arbeitsflüge von Drehflüglern. Das Schleppen von Segelflugzeugen bedarf nicht der Erlaubnis nach Absatz 1; es genügt die Schleppberechtigung nach der Luftverkehrs-Zulassungs-Ordnung in Verbindung mit der Prüfordnung für Luftfahrtpersonal.

(3) Die Erlaubnisbehörde kann aus Gründen der öffentlichen Sicherheit oder Ordnung, vor allem zur Verhinderung von Lärmbelästigungen, Auflagen machen. Sie kann insbesondere in Abweichung von § 6 höhere Sicherheitsmindesthöhen bestimmen und zeitliche Beschränkungen auferlegen.

(4) Reklameflüge, bei denen die Reklame nur in der Beschriftung des Luftfahrzeugs besteht, bedürfen keiner Erlaubnis.

(5) Flüge zur Reklame mit akustischen Mitteln sind verboten.

§ 9a

Uhrzeit und Maßeinheiten

(1) Im Flugbetrieb sind die Mittlere Greenwich-Zeit (MGZ) und die vorgeschriebenen Maßeinheiten anzuwenden.

(2) Die Bundesanstalt für Flugsicherung wird ermächtigt, die Maßeinheiten nach Absatz 1 festzulegen und in dem Bundesanzeiger sowie in den Nachrichten für Luftfahrer bekanntzumachen.

§ 10

Luftraumordnung

(1) Zur Durchführung des Fluginformationsdienstes und des Flugalarmdienstes legt der Bundesminister für Verkehr Fluginformationsgebiete fest und gibt sie in dem Bundesanzeiger und in den Nachrichten für Luftfahrer bekannt.

(2) Zur Durchführung der Flugverkehrskontrolle legt der Bundesminister für Verkehr innerhalb der Fluginformationsgebiete den kontrollierten Luftraum einschließlich der Kontrollzonen fest und gibt ihn in dem Bundesanzeiger und in den Nachrichten für Luftfahrer bekannt.

(3) Im kontrollierten Luftraum können Flüge nach Sichtflugregeln ganz oder teilweise in einem räumlich und zeitlich begrenzten Umfang von der Bundesanstalt für Flugsicherung untersagt werden, wenn es der Grad der Inanspruchnahme durch den der Flugverkehrskontrolle unterliegenden Luftverkehr zwingend erfordert.

(4) Flüge nach Sichtflugregeln unterliegen in bestimmten Teilen des kontrollierten Luftraums einer Flugverkehrskontrolle. Die Bundesanstalt für Flugsicherung wird ermächtigt, zur Sicherung des Luftverkehrs diese Teile des kontrollierten Luftraums festzulegen und in dem Bundesanzeiger sowie in den Nachrichten für Luftfahrer bekanntzumachen.

§ 11

Luftsperrgebiete und Flugbeschränkungen

(1) Der Bundesminister für Verkehr legt Luftsperrgebiete und Gebiete mit Flugbeschränkungen fest, wenn dies zur Abwehr von Gefahren für die öffentliche Sicherheit oder Ordnung, insbesondere für die Sicherheit des Luftverkehrs, erforderlich ist. Er gibt die Gebiete in dem Bundesanzeiger und in den Nachrichten für Luftfahrer bekannt.

(2) Luftsperrgebiete dürfen nicht durchflogen werden. Gebiete mit Flugbeschränkungen dürfen durchflogen

werden, soweit die Beschränkungen dies zulassen oder die Bundesanstalt für Flugsicherung allgemein oder die zuständige Flugverkehrskontollstelle im Einzelfall den Durchflug genehmigt hat.

(3) Der Bundesminister für Verkehr kann zulassen, daß in Luftsperrgebieten und Gebieten mit Flugbeschränkungen von den Vorschriften dieser Verordnung abgewichen wird.

§ 11 a

Flüge ziviler Luftfahrzeuge mit Überschallgeschwindigkeit (größer als Mach 1) sind im Geltungsbereich dieser Verordnung untersagt.

§ 12

Vermeidung von Zusammenstößen

(1) Der Luftfahrzeugführer hat zur Vermeidung von Zusammenstößen zu Luftfahrzeugen sowie anderen Fahrzeugen und sonstigen Hindernissen einen ausreichenden Abstand einzuhalten. Im Fluge, ausgenommen bei Start und Landung, ist zu einzelnen Bauwerken oder anderen Hindernissen ein Mindestabstand von 150 m einzuhalten; § 6 Abs. 1 bleibt unberührt. Satz 2 gilt nicht für Segelflugzeuge und bemannte Freiballone; für sonstige Luftfahrzeuge kann die zuständige Luftfahrtbehörde des Landes im Einzelfall Ausnahmen zulassen. Die Verpflichtung nach Satz 1 und 2 wird auch dann, wenn eine Flugverkehrskontrollstelle tätig ist, nicht berührt.

(2) Luftfahrzeuge dürfen im Verband nur nach vorangegangener Vereinbarung der Luftfahrzeugführer geflogen werden.

§ 13

Ausweichregeln

(1) Luftfahrzeuge, die sich im Gegenflug einander nähern, haben, wenn die Gefahr eines Zusammenstoßes besteht, nach rechts auszuweichen.

(2) Kreuzen sich die Flugrichtungen zweier Luftfahrzeuge in nahezu gleicher Höhe, so hat das Luftfahrzeug, das von links kommt, auszuweichen. Jedoch haben stets auszuwichen:

1. motorgetriebene Luftfahrzeuge, die schwerer als Luft sind, den Luftschiffen, Segelflugzeugen und Ballonen;
2. Luftschiffe den Segelflugzeugen und Ballonen;
3. Segelflugzeugen den Ballonen;
4. motorgetriebene Luftfahrzeuge den Luftfahrzeugen, die andere Luftfahrzeuge oder Gegenstände erkennbar schleppen.

Motorsegler, deren Motor nicht in Betreib ist, gelten bei Anwendung der Ausweichregeln als Segelflugzeuge.

(3) Überholt ein Luftfahrzeug eine anderes, so hat das überholende Luftfahrzeug, auch wenn es steigt oder sinkt, den Flugweg des anderen zu meiden und seinen Kurs nach rechts zu ändern. Ein Luftfahrzeug überholt ein anderes, wenn es sich dem anderen von rückwärts in einer Flugrichtung nähert, die einen Winkel von weniger als 70 Grad zu der Flugrichtung des anderen bildet. Bei Nacht ist dieses Verhältnis der Flugrichtungen zueinander anzunehmen, wenn die vorgeschriebenen roten und grünen Positionslichter (Anlage 1 § 2 Abs. 1 Buchstaben a und b) des Luftfahrzeugs nicht gesehen werden können.

(4) Luftfahrzeugen im Endteil des Landeanflugs und landenden Luftfahrzeugen ist auszuweichen.

(5) Von mehreren einen Flugplatz gleichzeitig zur Landung anfliegenden Luftfahrzeugen, die schwerer als Luft sind, hat das höher fliegende dem tiefer fliegenden Luftfahrzeug auszuweichen. Jedoch haben motorgetriebene Luftfahrzeuge, die schwerer als Luft sind, anderen Luftfahrzeugen in jedem Fall auszuweichen. Ein tiefer fliegendes Luftfahrzeug darf ein anderes Luftfahrzeug, das sich im Endteil des Landeanflugs befindet, nicht unterschneiden oder überholen.

(6) Ein Luftfahrzeug darf erst starten, wenn keine Gefahr eines Zusammenstoßes besteht.

(7) Ein Luftfahrzeug hat einem anderen Luftfahrzeug, das erkennbar in seiner Manövrierfähigkeit behindert ist, auszuweichen.

(8) Ein Luftfahrzeug, das nach den Absätzen 1 bis 5 und 7 nicht auszuweichen oder seinen Kurs zu ändern hat, muß seinen Kurs und seine Geschwindigkeit beibehalten, bis eine Zusammenstoßgefahr ausgeschlossen ist.

(9) Die Vorschriften über die Ausweichregeln entbinden die beteiligten Luftfahrzeugführer nicht von ihrer Verpflichtung, so zu handeln, daß ein Zusammenstoß vermieden wird. Ein Luftfahrzeug, das nach den Absätzen 2 bis 5 und 7 einem anderen Luftfahrzeug ausweichen oder dessen Flugweg meiden und seinen Kurs ändern muß, darf das andere Luftfahrzeug nur in einem Abstand überfliegen, unterfliegen oder vor diesem vorbeifliegen, der eine Gefährdung oder Behinderung dieses Luftfahrzeugs ausschließt.

§ 14

Wolkenflüge mit Segelflugzeugen

Wolkenflüge mit Segelflugzeugen können von der Bundesanstalt für Flugsicherung erlaubt werden, wenn die Sicherheit der Luftfahrt durch geeignete Maßnahmen aufrechterhalten werden kann. Die Erlaubnis kann mit Auflagen verbunden werden.

§ 15

Außenstarts und Außenlandungen von Flugzeugen, Drehflüglern, Luftschiffen, Motorseglern, Segelflugzeugen und Fallschirmspringern

(1) Starts und Landungen von Flugzeugen, Drehflüglern, Luftschiffen, Motorseglern und Segelflugzeugen außerhalb der für sie genehmigten Flugplätze bedürfen der Erlaubnis der örtlich zuständigen Luftfahrtbehörde des Landes. Die Erlaubnis für Außenlandungen von Motorseglern und Segelflugzeugen, die sich auf einem Überlandflug befinden, gilt als erteilt.

(2) Absatz 1 Satz 1 ist auf Außenlandungen von Fallschirmabspringern sinngemäß anzuwenden.

(3) Die Erlaubnisbehörde kann von dem Antragsteller den Nachweis der Zustimmung des Grundstückeigentümers oder der sonstigen Berechtigten verlangen.

§ 16

Aufstiege von Ballonen, Drachen, Flugmodellen und Flugkörpern mit Eigenantrieb

(...)

§ 17

Von Luftfahrzeugen zu führende Lichter

(1) Von Sonnenuntergang bis Sonnenaufgang haben im Betrieb befindliche Luftfahrzeuge die Lichter nach Anlage 1 zu führen; sie dürfen keine Lichter führen, die mit diesen verwechselt werden können. Wenn es zur Sicherung des Verkehrs erforderlich ist, sind Luftfahrzeuge, die nicht in Betrieb sind, durch die Lichter nach Anlage 1 oder durch sonstige Beleuchtungseinrichtungen von dem Luftfahrzeugführer oder Halter oder den in § 2 Abs. 2 Satz 2 und 3 genannten anderen Personen kenntlich zu machen. Satz 2 gilt nicht, wenn die Luftfahrzeuge durch andere Lichtquellen ausreichend beleuchtet sind.

(2) Das Zusammenstoß-Warnlicht nach § 3 der Anlage 1 ist von in Betrieb befindlichen Luftfahrzeugen am Tage und in der Nacht zu führen. Das Luftfahrt-Bundesamt kann Ausnahmen zulassen.

ANLAGE 1

Vorschriften über die von Luftfahrzeugen zu führenden Lichter

§ 1

Begriffsbestimmungen

Bei Anwendung der Vorschriften dieser Anlage gelten folgende Begriffsbestimmungen.

Ein Licht ist sichtbar, wenn es in dunkler Nacht bei ungetrübter Atmosphäre erkannt werden kann.

§ 2

Positionslichter

(1) Flugzeuge haben folgende Positionslichter zu führen (siehe Abb.):

a) ein rotes Licht, das unbehindert von genau voraus nach links über einen Winkel von 110 Grad und nach oben und unten scheint;

b) ein grünes Licht, das unbehindert von genau voraus nach rechts über einen Winkel von 110 Grad und nach oben und unten scheint;

c) ein weißes Licht, das unbehindert von genau nach hinten nach links und nach rechts über einen Winkel von jeweils 70 Grad und nach oben und unten scheint.

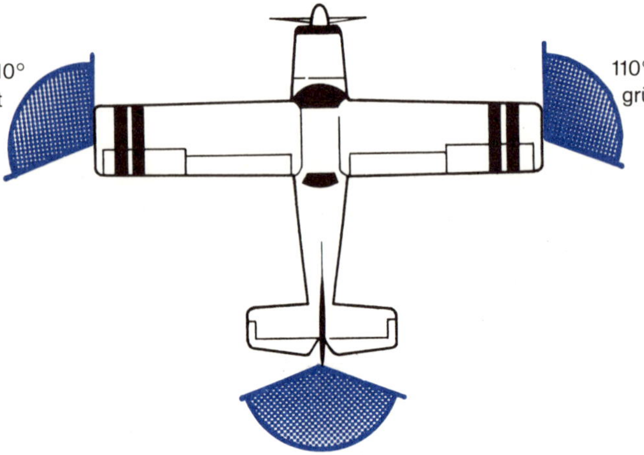

(2) Die Positionslichter dürfen entweder Dauerlichter oder Blinklichter sein. Falls Blinklichter verwendet werden, dürfen zusätzlich folgende Lichter geführt werden:

a) ein rotes Blinklicht am Heck, das in den Blinkpausen des in Absatz 1 Buchstabe c beschriebenen Lichtes am Heck leuchtet und/oder

b) ein weißes Blinklicht, das aus allen Richtungen zu sehen ist und in den Blinkpausen der in Absatz 1 beschriebenen Lichter leuchtet.

(3) Die Lichtstärke der in Absatz 1 Buchstabe a und b beschriebenen Lichter darf nicht weniger als 5 Candela und die Lichtstärke des in Absatz 1 Buchstabe c beschriebenen Lichtes nicht weniger als 3 Candela betragen.

(4) Falls die in Absatz 1 Buchstabe a und b beschriebenen Lichter weiter als 2 m (6 Fuß) von den Tragflächenenden entfernt sind, müssen Begrenzungslichter an den Tragflächen geführt werden. Die Begrenzungslichter müssen Dauerlichter sein; ihre Farbe muß der Farbe der dazugehörigen Positionslichter entsprechen.

§ 3

Zusammenstoß-Warnlicht

(1) Flugzeuge, Drehflügler und Luftschiffe sind mit einem oder mehreren Zusammenstoß-Warnlichtern auszurüsten. Diese sind als Blinklichter so einzurichten und anzubringen, daß sie möglichst aus allen Richtungen zwischen 30° über und 30° unter der Horizontalebene des betreffenden Luftfahrzeugs zu sehen sind, ohne die Sicht des Luftfahrzeugführers und die Sichtbarkeit der Positionslichter zu beeinträchtigen. Die Art der Ausführung wird von dem Luftfahrt-Bundesamt bestimmt. Bei Luftfahrzeugen, die mit Zusammenstoß-Warnlichtern ausgerüstet sind, müssen die in § 2 Abs. 1 beschriebenen Lichter als Dauerlichter eingerichtet sein.

(2) Motorsegler, Segelflugzeuge und Freiballone sind mit einem oder mehreren Zusammenstoß-Warnlichtern nach Absatz 1 oder an deren Stelle mit anderen Mitteln zu einer besseren Erkennbarkeit der Luftfahrzeuge auszurüsten. Das Nähere wird von dem Luftfahrt-Bundesamt geregelt.

(3) Das Luftfahrt-Bundesamt kann allgemein oder im Einzelfall Ausnahmen von den Absätzen 1 oder 2 zulassen. Die Ausnahmen können befristet und mit Auflagen verbunden werden.

§ 18

Übungsflüge unter angenommenen Instrumentenflug-Bedingungen

Ein Luftfahrzeug darf unter angenommenen Instrumentenflug-Bedingungen nur geflogen werden, wenn

1. eine Doppelsteuerung vorhanden ist und
2. ein zweiter Luftfahrzeugführer am Doppelsteuer mitfliegt, der einen für das Muster des Luftfahrzeugs gültigen Luftfahrerschein besitzt. Der zweite Luftfahrzeugführer muß den Luftraum beobachten, nötigenfalls muß er sich der Hilfe eines Beobachters bedienen, der in Sprechverbindung mit ihm steht.

§ 19

Luftfahrzeuge auf dem Wasser

(...)

§ 20

Gefahrenmeldung

Der Luftfahrzeugführer hat Beobachtungen über Gefahren für den Luftverkehr unverzüglich der für ihn zuständigen Flugverkehrskontrollstelle zu melden. Die Meldungen sollen alle Einzelheiten enthalten, die für die Gewährleistung der Sicherheit des Luftverkehrs wesentlich sind.

§ 21

Signale und Zeichen

(1) Beobachtet oder empfängt ein Luftfahrzeugführer Signale oder Zeichen nach Anlage 2 (vgl. Bde »Praxis«), so hat er die dort vorgesehenen Maßnahmen zu treffen.

(2) Die Signale und Zeichen der Anlage 2 sind nur für die darin beschriebenen Zwecke anzuwenden; andere Signale und Zeichen, die hiermit verwechselt werden können, dürfen nicht verwendet werden.

(3) Besteht Funkverbindung, haben Funkanweisungen der zuständigen Stellen Vorrang vor Licht- und Bodensignalen sowie Zeichen; das gilt nicht gegenüber Signalen nach § 5 Abs. 1 Nr. 6 der Anlage 2.

(4) Beobachtet ein Luftfahrzeugführer bei der Ansteuerung durch ein militärisches Luftfahrzeug die nach Satz 2 festgelegten Signale und Zeichen, hat er die vorgeschriebenen Maßnahmen zu treffen. Der Bundesminister für Verkehr legt die von militärischen Luftfahrzeugen bei der Ansteuerung zu gebenden Signale und Zeichen sowie die von den Führern angesteuerter Luftfahrzeuge zu treffenden Maßnahmen fest.

§ 21 a

Regelung des Flugplatzverkehrs

(1) Für die Durchführung des Flugplatzverkehrs können besondere Regelungen getroffen werden. Zuständig hierfür ist die Bundesanstalt für Flugsicherung, wenn Flugplätze mit Flugverkehrskontrollstelle betroffen sind. In allen anderen Fällen werden die Regelungen von der für die Genehmigung des Flugplatzes zuständigen Luftfahrtbehörde des Landes auf Grund einer gutachtlichen Stellungnahme der Bundesanstalt für Flugsicherung getroffen. Die Regelungen werden in den Nachrichten für Luftfahrer bekanntgemacht.

(2) Flugplatzverkehr ist der Verkehr von Luftfahrzeugen, die sich in der Platzrunde befinden, in diese einfliegen oder sie verlassen sowie der gesamte Verkehr auf dem Rollfeld. Rollfeld sind die Start- und Landebahnen sowie die weiteren für Start und Landung bestimmten Teile eines Flugplatzes einschließlich der sie umgebenden Schutzstreifen und die Rollbahnen sowie die weiteren zum Rollen bestimmten Teile eines Flugplatzes außerhalb des Vorfeldes; das Vorfeld ist nicht Bestandteil des Rollfeldes.

§ 22

Flugbetrieb auf einem Flugplatz und in dessen Umgebung

(1) Wer ein Luftfahrzeug auf einem Flugplatz oder in dessen Umgebung führt, ist verpflichtet,

1. die in den Nachrichten für Luftfahrer bekanntgemachten Anordnungen der Luftfahrtbehörden für den Verkehr von Luftfahrzeugen auf dem Flugplatz oder in dessen Umgebung, insbesondere die nach § 21 a getroffenen besonderen Regelungen für die Durchführung des Flugplatzverkehrs, zu beachten,
2. die Verfügungen der Luftaufsicht und die Anweisungen des Flugplatzunternehmers zu beachten,
3. den Flugplatzverkehr zu beobachten, um Zusammenstöße zu vermeiden,
4. sich in den Verkehrsfluß einzufügen oder sich erkennbar aus ihm herauszuhalten,
5. Richtungsänderungen in der Platzrunde, beim Landeanflug und nach dem Start in Linkskurven auszuführen, sofern nicht eine andere Regelung getroffen ist,
6. gegen den Wind zu landen und zu starten, sofern nicht Sicherheitsgründe, die Rücksicht auf den Flugbetrieb, die Ausrichtung der Start- und Landebahnen oder andere örtliche Gründe es ausschließen,
7. auf Mitteilungen durch Funk, auf Licht- und Bodensignale sowie auf Zeichen zu achten,
8. sich vor dem Start bei der Luftaufsichtsstelle, auf Flugplätzen ohne Luftaufsichtsstelle bei der Flugleitung zu melden,
9. beim Rollen Start- und Landebahnen möglichst rechtwinklig und nur dann zu kreuzen, wenn sich dort kein anderes Luftfahrzeug im Landeanflug oder im Start befindet,
10. nach der Landung die Landebahn so schnell wie möglich freizumachen,
11. rechts neben dem Landezeichen aufzusetzen, sofern nicht eine andere Regelung getroffen ist,
12. nach dem Start unter Beachtung der flugtechnischen Sicherheit so schnell wie möglich Höhe zu gewinnen,
13. nach dem Durchstarten entsprechend Nummer 12 zu verfahren,
14. eine Flugplatzverkehrszone zu meiden, wenn nicht beabsichtigt ist, innerhalb der Flugplatzverkehrszone zu landen.

(2) Flugplatzverkehrszone ist ein um einen Flugplatz oder um mehrere Flugplätze gemeinsam zum Schutz des Flugplatzverkehrs festgelegter Luftraum von bestimmten Abmessungen. Der Bundesminister für Verkehr legt die Flugplatzverkehrszonen fest und gibt sie in dem Bundesanzeiger und in den Nachrichten für Luftfahrer bekannt.

(3) Abweichungen von Absatz 1 kann die Luftaufsichtsstelle, an Flugplätzen ohne Luftaufsichtsstelle die Flugleitung, im Einzelfall zulassen, wenn zwingende Gründe dies notwendig machen und dadurch eine Gefährdung der öffentlichen Sicherheit oder Ordnung, insbesondere der Sicherheit des sonstigen Luftverkehrs, nicht zu erwarten ist.

(4) Auf Flugplätzen sind aus eigener Kraft rollende Luftfahrzeuge gegenüber anderen Fahrzeugen und Fußgängern bevorrechtigt.

(5) Motoren von Luftfahrzeugen dürfen nur in Betrieb gesetzt werden, wenn sich im Führersitz sachkundige Bedienung befindet und Personen nicht gefährdet werden können. Der Motor darf im Stand nur laufen, wenn außerdem das Fahrwerk genügend gesichert ist. Das Abbremsen der Motoren und das Abrollen von den Hallen ist so vorzunehmen, daß Gebäude, andere Luftfahrzeuge oder andere Fahrzeuge kein stärkerer Luftstrom

trifft und Personen nicht verletzt werden können. Bei laufendem Motor darf sich niemand vor dem Luftfahrzeug oder in einem für die Sicherheit nicht ausreichenden Abstand von diesem aufhalten.

§ 23

Flugbetrieb auf einem Flugplatz mit Flugverkehrskontrollstelle

(1) Wer ein Luftfahrzeug auf einem Flugplatz mit Flugverkehrskontrollstelle oder in dessen Umgebung führt, ist über die Vorschriften des § 22 hinaus verpflichtet,

1. auf der dafür vorgesehenen Funkfrequenz der Flugverkehrskontrollstelle des Flugplatzes empfangsbereit zu sein, sofern er nicht durch eine andere Flugverkehrskontrollstelle betreut wird; ist eine Funkverbindung nicht möglich, so hat der Luftfahrzeugführer auf Anweisungen durch Licht- und Bodensignale sowie Zeichen zu achten;
2. durch Funk oder Zeichen die vorherige Genehmigung für alle Bewegungen einzuholen, durch die das Rollen, Starten und Landen eingeleitet werden oder die damit in Zusammenhang stehen;
3. für Bewegungen auf dem Vorfeld und den Abstellflächen des Flugplatzes die Signale und Zeichen des Flugplatzunternehmers zu befolgen.

(2) Auf einem Flugplatz mit Flugverkehrskontrollstelle tritt für die Zulassung von Abweichungen nach § 22 Abs. 3 die Flugverkehrskontrollstelle an die Stelle der Luftaufsichtsstelle, mit Ausnahme der Zulassung von Abweichungen von § 22 Abs. 1 Nr. 8.

(3) Auf dem Rollfeld eines Flugplatzes mit Flugverkehrskontrollstelle bedarf auch der Verkehr von Fußgängern und Fahrzeugen der Erlaubnis der Flugverkehrskontrollstelle. Den von ihr zur Sicherung des Flugplatzverkehrs schriftlich, mündlich, durch Funk, Lichtsignale oder Zeichen erlassenen Verfügungen ist Folge zu leisten.

(4) Flüge nach Sichtflugregeln in Kontrollzonen bedürfen einer Flugverkehrsfreigabe durch die zuständige Flugverkehrskontrollstelle.

§ 24

Prüfung der Flugvorbereitung und der vorgeschriebenen Ausweise

Auf Verlangen der für die Wahrnehmung der Luftaufsicht zuständigen Personen oder Stellen hat

1. der Luftfahrzeugführer nachzuweisen, daß er den Flug ordnungsgemäß vorbereitet hat,
2. das Luftfahrtpersonal die vorgeschriebenen Ausweise, insbesondere die Scheine und Zeugnisse für die Besatzung und das Luftfahrzeug, zur Prüfung auszuhändigen.

§ 25

Flugplanabgabe

(1) Der Luftfahrzeugführer hat der zuständigen Flugverkehrskontrollstelle einen Flugplan zu übermitteln für

1. Flüge, die nach Instrumentenflugregeln durchgeführt werden;
2. Flüge nach Sichtflugregeln, die der Flugverkehrskontrolle nach § 10 Abs. 4 unterliegen;
3. Flüge nach Sichtflugregeln bei Nacht im kontrollierten Luftraum;
4. Kunstflüge im kontrollierten Luftraum und über Flugplätzen mit Flugverkehrskontrollstelle;
5. Wolkenflüge mit Segelflugzeugen;
6. Fahrten von bemannten Freiballonen und Luftschiffen;
7. Aufstiege von unbemannten Freiballonen mit einem Gesamtgewicht von Ballonhülle und Ballast von mehr als 0,5 kg sowie Aufstiege von gebündelten Freiballonen und Massenaufstieg von unbemannten Freiballonen;

8. Flüge aus der Bundesrepublik oder in die Bundesrepublik;

9. Flüge in Gebieten mit Flugbeschränkungen, soweit dies ausdrücklich bei der Festlegung der Gebiete angeordnet wurde.

Der Bundesminister für Verkehr kann Ausnahmen zulassen, soweit die öffentliche Sicherheit oder Ordnung, insbesondere die Sicherheit des Luftverkehrs, dadurch nicht beeinträchtigt werden.

(2) Der Luftfahrzeugführer kann auch für andere Flüge der zuständigen Flugverkehrskontrollstelle einen Flugplan übermitteln, um die Durchführung des Such- und Rettungsdienstes für Luftfahrzeuge zu erleichtern.

(3) Die Bundesanstalt für Flugsicherung wird ermächtigt, Einzelheiten über Arten, Inhalt, Form, Abgabe, Annahme, Aufhebung, Änderung und zulässige Abweichungen von Flugplätzen festzulegen und in dem Bundesanzeiger sowie in den Nachrichten für Luftfahrer bekanntzumachen.

§ 26

Flugverkehrsfreigabe

(1) Der Luftfahrzeugführer hat bei Flügen, für die ein Flugplan zu übermitteln ist (§ 25 Abs. 1) sowie in den in dieser Verordnung vorgeschriebenen Fällen eine Flugverkehrsfreigabe einzuholen.

(2) Flugverkehrsfreigaben sollen, soweit es die öffentliche Sicherheit oder Ordnung, insbesondere die Sicherheit des Luftverkehrs zulassen, Schnelligkeit Wirtschaftlichkeit und Regelmäßigkeit des Luftverkehrs berücksichtigen.

(3) Beantragt der Luftfahrzeugführer aus zwingenden Gründen eine bevorzugte Flugverkehrsfreigabe, hat er diese Gründe in seinem Antrag anzugeben.

(4) Von dem durch Erteilung der Flugverkehrsfreigabe bestätigten oder durch Erteilung weiterer Flugverkehrsfreigaben ergänzten Flugplan darf der Luftfahrzeugführer nicht abweichen, bevor ihm nicht eine neue Flugverkehrsfreigabe erteilt worden ist. Dies gilt nicht in solchen Notlagen, die eine sofortige eigene Entscheidung erfordern. In diesen Fällen hat der Luftfahrzeugführer unverzüglich die zuständige Flugverkehrskontrollstelle zu benachrichtigen und eine abgeänderte Flugverkehrsfreigabe einzuholen. Unbeschadet des Satzes 1 hat der Luftfahrzeugführer die zuständige Flugverkehrskontrollstelle zu benachrichtigen, wenn der Ablauf des Fluges nicht mehr mit dem Flugplan übereinstimmt.

§ 26a

Funkverkehr

(1) Der Funkverkehr wird als Sprechfunkverkehr im Flugfunkdienst durchgeführt. Hierbei sind die nach Absatz 3 festgelegten Verfahren anzuwenden.

(2) Der Luftfahrzeugführer hat an Bord eine dauernde Hörbereitschaft auf der nach Absatz 3 festgelegten Funkfrequenz der zuständigen Flugverkehrskontrollstelle aufrechtzuerhalten und im Bedarfsfall einen Funkverkehr mit ihr herzustellen

1. bei Flügen nach Instrumentenflugregeln,

2. bei Flügen nach Sichtflugregeln, wenn sie
   a) der Flugverkehrskontrolle nach § 10 Abs. 4 unterliegen,
   b) innerhalb von Kontrollzonen durchgeführt werden,
   c) zu Flugplätzen mit Flugverkehrskontrollstelle führen oder
   d) bei Nacht im kontrollierten Luftraum durchgeführt werden.

Die Bundesanstalt für Flugsicherung kann Ausnahmen zu Nummer 2 Buchstabe b und c zulassen.

(3) Die Bundesanstalt für Flugsicherung wird ermächtigt, die Funkfrequenzen der Flugverkehrskontrollstellen und die Funkfrequenzen der Bodenfunkstellen für den Sprechfunkverkehr im Flugfunkdienst, die nicht von der Bundesanstalt für Flugsicherung betrieben werden, sowie die Sprechfunkverfahren und die Ver-

fahren bei Ausfall der Funkverbindung festzulegen und in dem Bundesanzeiger und in den Nachrichten für Luftfahrer bekanntzumachen.

§ 26b

Standortmeldungen

(1) Der Luftfahrzeugführer hat in den Fällen des § 26a Abs. 2 Nr. 1 und 2 Buchstabe a bis c beim Überfliegen jedes nach Absatz 2 festglegten Meldepunktes unverzüglich eine Standortmeldung an die zuständige Flugverkehrskontrollstelle zu übermitteln.

(2) Die Bundesanstalt für Flugsicherung wird ermächtigt, die Meldepunkte sowie die Einzelheiten über Inhalt und Form der Standortmeldungen festzulegen und in dem Bundesanzeiger sowie in den Nachrichten für Luftfahrer bekanntzumachen. Die zuständige Flugverkehrskontrollstelle kann im Einzelfall Standortmeldungen an weiteren Punkten verlangen oder auf die Übermittlung von Standortmeldungen verzichten.

§ 26c

Beendigung der Flugverkehrskontrolle

Der Luftfahrzeugführer hat bei Flügen nach Instrumentenflugregeln und bei Flügen nach Sichtflugregeln, die der Flugverkehrskontrolle nach § 10 Abs. 4 unterliegen, die zuständige Flugverkehrskontrollstelle unverzüglich zu benachrichtigen, wenn er den kontrollierten Luftraum oder den nach § 10 Abs. 4 festgelegten Teil des kontrollierten Luftraums verläßt.

§ 26d

Startmeldung

(1) Der Luftfahrzeugführer hat für Flüge, für die ein Flugplan abgegeben wurde, der zuständigen Flugverkehrskontrollstelle die tatsächliche Startzeit unverzüglich zu übermitteln, wenn sie von der im Flugplan angegebenen Zeit abweicht. Dies gilt nicht für Flüge von Flugplätzen mit Flugverkehrskontrollstelle. Der Bundesminister für Verkehr kann Ausnahmen von Satz 1 zulassen.

(2) Die Bundesanstalt für Flugsicherung wird ermächtigt, Einzelheiten über Inhalt, Form, zulässige zeitliche Abweichungen und Übermittlungsart der Startmeldungen festzulegen und in dem Bundesanzeiger sowie in den Nachrichten für Luftfahrer bekanntzumachen.

§ 27

Landemeldung

(1) Der Luftfahrzeugführer hat bei Flügen, für die ein Flugplan abgegeben wurde, der zuständigen Flugverkehrskontrollstelle unverzüglich eine Landemeldung zu übermitteln. Dies gilt nicht für Flüge zu Flugplätzen mit Flugverkehrskontrollstelle. Der Bundesminister für Verkehr kann Ausnahmen zulassen.

(2) Die Bundesanstalt für Flugsicherung wird ermächtigt, Einzelheiten über Inhalt, Form und Übermittlungsart der Landemeldungen festzulegen und in dem Bundesanzeiger sowie in den Nachrichten für Luftfahrer bekanntzumachen.

§ 27a

Flugverfahren

(1) Der Luftfahrzeugführer hat bei Flügen innerhalb von Kontrollzonen, bei An- und Abflügen zu und von Flugplätzen mit Flugverkehrskontrollstelle, bei Flügen nach Instrumentenflugregeln und bei Flügen nach Sichtflugregeln, die der Flugverkehrskontrolle nach § 10 Abs. 4 unterliegen, die vorgeschriebenen Flugverfahren zu befolgen.

(2) Die Bundesanstalt für Flugsicherung wird ermächtigt, die Verfahren nach Absatz 1 festzulegen und in dem Bundesanzeiger sowie in den Nachrichten für Luftfahrer bekanntzumachen.

(3) Die Flugverkehrskontrollstellen können in Einzelfällen Abweichungen von den Verfahren nach Absatz 1 zulassen, soweit die öffentliche Sicherheit oder Ordnung, insbesondere die Sicherheit des Luftverkehrs, dadurch nicht beeinträchtigt werden.

DRITTER ABSCHNITT
Sichtflugregeln

§ 28

Flüge nach Sichtflugregeln im kontrollierten Luftraum oder in einer Höhe von 900 m (3000 Fuß) und mehr über Grund oder Wasser außerhalb des kontrollierten Luftraums

(1) Im kontrollierten Luftraum oder in einer Höhe von 900 m (3000 Fuß) und mehr über Grund oder Wasser außerhalb des kontrollierten Luftraums sind Flüge nach Sichtflugregeln so durchzuführen, daß

1. der Luftfahrzeugführer eine Flugsicht von mindestens 8 km hat und
2. das Luftfahrzeug von den Wolken in waagerechter Richtung mindestens 1,5 km, in senkrechter Richtung mindestens 300 m (1000 Fuß) Abstand hält.

Flugsicht ist die Sicht in Flugrichtung aus dem Führerraum eines Luftfahrzeugs.

(2) In Kontrollzonen können Flüge nach Sichtflugregeln nur durchgeführt werden, wenn zusätzlich

1. eine Bodensicht von mindestens 8 km herrscht und
2. die Hauptwolkenuntergrenze in einer Höhe von mindestens 600 m (2000 Fuß) über Grund oder Wasser liegt.

Bodensicht ist die Sicht auf einem Flugplatz, wie sie von einer amtlich beauftragten Person festgestellt wird. Hauptwolkenuntergrenze ist die Untergrenze der niedrigsten Wolkenschicht über Grund oder Wasser, die mehr als die Hälfte des Himmels bedeckt und unterhalb von 6000 m (20 000 Fuß) liegt.

(3) Der Bundesminister für Verkehr kann niedrigere Mindestwerte für Flugsicht und Abstand von Wolken sowie für Bodensicht und die Hauptwolkenuntergrenze festlegen, soweit die öffentliche Sicherheit oder Ordnung, insbesondere die Sicherheit des Luftverkehrs, dadurch nicht beeinträchtigt werden.

(4) Wenn die nach den Absätzen 1 bis 3 vorgeschriebenen Mindestwerte innerhalb einer Kontrollzone nicht gegeben sind, dürfen nach Sichtflugregeln betriebene Luftfahrzeuge nur dann auf einem in der Kontrollzone gelegenen Flugplatz starten, landen oder in die Kontrollzone einfliegen, wenn die zuständige Flugverkehrskontrollstelle hierzu eine Flugverkehrsfreigabe für einen Sonderflug nach Sichtflugregeln erteilt hat. Die Voraussetzungen für die Erteilung der Flugverkehrsfreigabe werden von der Bundesanstalt für Flugsicherung festgelegt und in den Nachrichten für Luftfahrer bekanntgemacht.

§ 29

Flüge nach Sichtflugregeln außerhalb des kontrollierten Luftraums in Höhen von weniger als 900 m (3000 Fuß) über Grund oder Wasser

(1) Flüge nach Sichtflugregeln außerhalb des kontrollierten Luftraums in Höhen von weniger als 900 m (3000 Fuß) über Grund oder Wasser sind außer von Drehflüglern, Luftschiffen und Freiballonen so durchzuführen, daß

1. der Luftfahrzeugführer Erdsicht und eine Flugsicht von mindestens 1,5 km hat und
2. das Luftfahrzeug Wolken nicht berührt.

(2) Außerhalb des kontrollierten Luftraums in Höhen von weniger als 900 m (3000 Fuß) über Grund oder Wasser sind Flüge von Drehflüglern sowie Luftschiff- und Ballonfahrten nach Sichtflugregeln so durchzuführen, daß

1. der Luftfahrzeugführer Erdsicht und eine Flugsicht von mindestens 800 m hat,
2. das Luftfahrzeug Wolken nicht berührt und
3. ein rechtzeitiges Erkennen von Hindernissen möglich ist.

(3) Der Bundesminister für Verkehr kann Ausnahmen von den in den Absätzen 1 und 2 vorgeschriebenen Werten zulassen, soweit die öffentliche Sicherheit oder

Ordnung, insbesondere die Sicherheit des Luftverkehrs, dadurch nicht beeinträchtigt werden.

§ 30

Flüge nach Sichtflugregeln oberhalb der Flugfläche 200

Flüge nach Sichtflugregeln oberhalb der Flugfläche 200 sind untersagt. Der Bundesminister für Verkehr kann Ausnahmen zulassen.

Ergänzung des Autors: Davon unberührt ist die Gültigkeit des Beschränkungsgebietes ED-R9 in dem VFR Flüge zwischen FL 100 und FL 200 untersagt sind.

§ 31

Höhenmessereinstellung und Reiseflughöhen bei Flügen nach Sichtflugregeln

(1) Bei Flügen nach Sichtflugregeln in und unterhalb der nach Absatz 3 festgelegten Höhe hat der Luftfahrzeugführer den Höhenmesser auf den QNH-Wert des zur Flugstrecke nächstgelegenen Flughafens mit Flugverkehrskontrollstelle einzustellen, wenn der Flug über die Umgebung des Startflugplatzes hinausführt. QNH-Wert ist der auf mittlere Meereshöhe reduzierte Luftdruckwert eines Ortes unter der Annahme, daß an dem Ort und unterhalb des Ortes die Temperaturverhältnisse der Normalatmosphäre herrschen.

(2) Bei Flügen nach Sichtflugregeln oberhalb der nach Absatz 3 festgelegten Höhe hat der Luftfahrzeugführer den Höhenmesser auf 1013,2 Millibar einzustellen (Standard-Höhenmessereinstellung). Dabei ist die Flugfläche einzuhalten, die nach den Regeln über Halbkreis-Flughöhen (Anlage 3) dem jeweiligen mißweisenden Kurs über Grund entspricht. Dies gilt nicht, soweit das Luftfahrzeug sich im Steig- oder Sinkflug befindet oder die nach § 28 Abs. 1 und 3 vorgeschriebenen Werte für Flugsicht und Abstand von Wolken in der entsprechenden Flugfläche nicht eingehalten werden können. Flugflächen sind zum Zwecke der Höhenstaffelung vorgesehene Flächen in der Atmosphäre, die durch festgelegte Anzeigewerte eines auf 1013,2 Millibar eingestellten Höhenmessers bestimmt sind. Halbkreis-Flughöhe ist die festgelegte Reiseflughöhe, die nach der jeweiligen Hälfte der Kompaßgradeinteilung, in der der mißweisende Kurs über Grund liegt, bestimmt wird.

(3) Die Bundesanstalt für Flugsicherung wird ermächtigt, die Höhen nach Absatz 1 Satz 1 und Absatz 2 Satz 1 festzulegen und in dem Bundesanzeiger sowie in den Nachrichten für Luftfahrer bekanntzumachen.

Anmerkung des Autors: Die Höhe ist festgesetzt auf 900 m (3000 Fuß).

(4) In den nach § 10 Abs. 4 festgelegten Teilen des kontrollierten Luftraums sind bei Flügen nach Sichtflugregeln die von der zuständigen Flugverkehrskontrollstelle zugewiesenen Flughöhen oder Flugflächen einzuhalten.

§ 32

Flüge nach Sichtflugregeln über Wolkendecken

Bei Flügen nach Sichtflugregeln dürfen Wolkendecken nur dann überflogen werden, wenn

1. die Flughöhe mindestens 300 m (1000 Fuß) über Grund oder Wasser beträgt und die Flugsicht sowie der Abstand von den Wolken nach § 28 Abs. 1 Nr. 1 und 2 eingehalten werden,
2. der Luftfahrzeugführer in der Lage ist, den beabsichtigten Flugweg einzuhalten,
3. der Anflug zum Zielflugplatz und die Landung bei Flugverhältnissen, bei denen nach Sichtflugregeln geflogen werden darf, gewährleistet ist,
4. der Luftfahrzeugführer die Berechtigung zur Ausübung des Flugfunkverkehrs hat.

§ 33

Flüge nach Sichtflugregeln bei Nacht

Für Flüge nach Sichtflugregeln bei Nacht gelten die §§ 28 bis 32. Als Nacht gilt der Zeitraum zwischen einer halben Stunde nach Sonnenuntergang und einer halben Stunde vor Sonnenaufgang.

§ 34

Such- und Rettungsflüge

Bei Flügen im Such- und Rettungseinsatz oder zur Hilfeleistung bei einer Gefahr für Leib und Leben einer Person kann von den §§ 28 bis 33 abgewichen werden.

VIERTER ABSCHNITT
Instrumentenflugregeln

FÜNFTER ABSCHNITT
Bußgeld- und Schlußvorschriften

§ 43

Ordnungswidrigkeiten

Ordnungswidrig im Sinne des § 58 Abs. 1 Nr. 10 des Luftverkehrsgesetzes handelt, wer vorsätzlich oder fahrlässig gegen Vorschriften dieser Verordnung verstößt.

Allerlei zum Rechnen

So international einheitlich heute in der Fliegerei vieles geregelt ist, so verwirrend sind immer noch die verschiedenen Maßangaben. Nicht selten ist der Pilot deshalb gezwungen, Angaben von einer Einheit in eine andere umzurechnen. Wohl sind alle diese Berechnungen leicht mit den verschiedenen Navigationsrechnern zu bewältigen, dennoch ist oft ein Blick in eine Tabelle noch einfacher. Deshalb folgt hier noch die Gegenüberstellung der wichtigsten Maßeinheiten. Alle Tabellen sind so angeordnet, daß die mittlere Spalte die Ausgangsgröße ist. Die gesuchte Größe ergibt sich unter der entsprechenden Maßbezeichnung.

Kilometer (auch km/h) – Engl. Meile (auch MPH)

km	◀ ▶	Engl. Meile (ML)	km	◀ ▶	Engl. Meile (ML)
1,61	1	0,62	32,19	20	12,43
3,22	2	1,24	48,28	30	18,64
4,83	3	1,86	64,35	40	24,86
6,44	4	2,49	80,47	50	31,07
8,05	5	3,11	96,56	60	37,28
9,66	6	3,73	112,65	70	43,50
11,27	7	4,35	128,75	80	49,71
12,88	8	4,97	144,84	90	55,92
14,49	9	5,59	160,93	100	62,14
16,10	10	6,21			

Kilometer (auch km/h) – Nautische Meile (auch Kt)

km	◀ ▶	NM	km	◀ ▶	NM
1,85	1	0,54	37,06	20	10,79
3,71	2	1,08	55,60	30	16,19
5,56	3	1,62	74,13	40	21,58
7,41	4	2,16	92,66	50	26,98
9,27	5	2,70	111,19	60	32,38
11,12	6	3,24	129,72	70	37,77
12,97	7	3,78	148,26	80	43,17
14,83	8	4,32	166,79	90	48,56
16,68	9	4,86	185,32	100	53,96
18,53	10	5,40			

Nautische Meile (auch Kt) – Engl. Meile (auch MPH)

NM	◀ ▶	Engl. Meile (ML)	NM	◀ ▶	Engl. Meile (ML)
0,87	1	1,15	17,37	20	23,03
1,74	2	2,30	26,05	30	34,55
2,61	3	3,45	34,74	40	46,06
3,48	4	4,61	43,42	50	57,58
4,34	5	5,76	52,11	60	69,09
5,21	6	6,91	60,79	70	80,61
6,08	7	8,06	69,47	80	92,12
6,95	8	9,21	78,16	90	103,64
7,82	9	10,36	86,84	100	115,15
8,68	10	11,52			

Meter – Fuß

m	◀ ▶	Fuß (ft)	m	◀ ▶	Fuß (ft)
0,30	1	3,28	6,10	20	65,62
0,61	2	6,56	9,14	30	98,43
0,91	3	9,84	12,19	40	131,23
1,22	4	13,12	15,24	50	164,04
1,52	5	16,40	18,29	60	196,85
1,83	6	19,69	21,34	70	229,66
2,13	7	22,97	24,38	80	262,47
2,44	8	26,25	27,43	90	295,28
2,74	9	29,53	30,48	100	328,08
3,05	10	32,81			

Meter/Sekunde – Fuß/Minute

m/sec.	◀ ▶	ft/min.	m/sec.	◀ ▶	ft/min.
0,51	1 (00)	196,9	3,56	7 (00)	1378,0
1,02	2 (00)	393,7	4,06	8 (00)	1574,8
1,52	3 (00)	590,6	4,57	9 (00)	1771,7
2,03	4 (00)	787,4	5,08	10 (00)	1968,5
2,54	5 (00)	984,3	10,16	20 (00)	3937,0
3,05	6 (00)	1181,1	15,24	30 (00)	5905,5

Kilogramm – Engl. Pfund

kg	◀ ▶	Engl. Pfund (lb)	kg	◀ ▶	Engl. Pfund (lb)
0,45	1	2,20	9,07	20	44,09
0,91	2	4,41	13,61	30	66,14
1,36	3	6,61	18,14	40	88,19
1,81	4	8,82	22,68	50	110,23
2,27	5	11,02	27,22	60	132,28
2,72	6	13,23	31,75	70	154,32
3,18	7	15,43	36,29	80	176,37
3,63	8	17,64	40,82	90	198,42
4,08	9	19,84	45,36	100	220,46
4,54	10	22,05			

Gallone – Liter

Imperial Gallons	◀ ▶	Liter	Imperial Gallons	◀ ▶	Liter
0,22	1	4,54	2,20	10	45,43
0,44	2	9,08	4,40	20	90,86
0,66	3	13,63	6,60	30	136,30
0,88	4	18,17	8,80	40	181,73
1,10	5	22,71	11,00	50	227,17
1,32	6	27,26	13,20	60	272,60
1,54	7	31,80	15,40	70	318,04
1,76	8	36,34	17,60	80	363,47
1,98	9	40,89	19,80	90	408,91
2,20	10	45,43	22,01	100	454,35

US Gallons	◀ ▶	Liter	US Gallons	◀ ▶	Liter
0,26	1	3,78	2,64	10	37,85
0,52	2	7,57	5,28	20	75,70
0,79	3	11,35	7,92	30	113,55
1,05	4	15,14	10,56	40	151,40
1,32	5	18,92	13,20	50	189,26
1,58	6	22,71	15,85	60	227,11
1,84	7	26,49	18,49	70	264,96
2,11	8	30,28	21,13	80	302,81
2,37	9	34,06	23,77	90	340,66
2,64	10	37,85	26,42	100	378,52

Millibar –Inches (Zoll)

mb	0	1	2	3	4	5	6	7	8	9
	Inches (Zoll)									
940	27,76	27,79	27,82	27,85	27,88	27,91	27,94	27,96	27,99	28,02
950	28,05	28,08	28,11	28,14	28,17	28,20	28,23	28,26	28,29	28,32
960	28,35	28,38	28,41	28,44	28,47	28,50	28,53	28,56	28,58	28,61
970	28,64	28,67	28,70	28,73	28,76	28,79	28,82	28,85	28,88	28,91
980	28,94	28,97	29,00	29,03	29,06	29,09	29,12	29,15	29,18	29,20
990	29,23	29,26	29,29	29,32	29,35	29,38	29,41	29,44	29,47	29,50
1000	29,53	29,56	29,59	29,62	29,65	29,68	29,71	29,74	29,77	29,80
1010	29,83	29,85	29,88	29,91	29,94	29,97	30,00	30,03	30,06	30,09
1020	30,12	30,15	30,18	30,21	30,24	30,27	30,30	30,33	30,36	30,39
1030	30,42	30,45	30,47	30,50	30,53	30,56	30,59	30,62	30,65	30,68
1040	30,71	30,74	30,77	30,80	30,83	30,86	30,89	30,92	30,95	30,98
1050	31,01	31,04	31,07	31,09	31,12	31,15	31,18	31,21	31,24	31,27

Celsius – Fahrenheit

°C	°F	°C	°F	°C	°F	°C	°F	°C	°F	°C	°F	°C	°F
−40	−40,0	−27	−16,6	−14	6,8	−1	30,2	12	53,6	25	77,0	38	100,4
−39	−38,2	−26	−14,8	−13	8,6	0	32,2	13	55,4	26	78,8	39	102,2
−38	−36,4	−25	−13,0	−12	10,4	1	33,8	14	57,2	27	80,6	40	104,0
−37	−34,6	−24	−11,2	−11	12,2	2	35,6	15	59,0	28	82,4	41	105,8
−36	−32,8	−23	−9,4	−10	14,0	3	37,4	16	60,8	29	84,2	42	107,6
−35	−31,0	−22	−7,6	−9	15,8	4	39,2	17	62,6	30	86,0	43	109,4
−34	−29,2	−21	−5,8	−8	17,6	5	41,0	18	64,4	31	87,8	44	111,2
−33	−27,4	−20	−4,0	−7	19,4	6	42,8	19	66,2	32	89,6	45	113,0
−32	−25,6	−19	−2,2	−6	21,2	7	44,6	20	68,0	33	91,4	46	114,8
−31	−23,8	−18	−0,4	−5	23,0	8	46,4	21	69,8	34	93,2	47	116,6
−30	−22,0	−17	1,4	−4	24,8	9	48,2	22	71,6	35	95,0	48	118,4
−29	−20,2	−16	3,2	−3	26,6	10	50,0	23	73,4	36	96,8	49	120,2
−28	−18,4	−15	5,0	−2	28,4	11	51,8	24	75,2	37	98,6	50	122,0

Fragen für die theoretische Prüfung

Der folgende Fragenkatalog wurde von der Bundesanstalt für Flugsicherung erstellt. Er ist nach den Prüfungsfächern

- Luftrecht
- Wetterkunde
- Technik
- Navigation
- Verhalten in besonderen Fällen

gegliedert und in der vorliegenden Form Grundlage der Prüfungsanforderungen in den einzelnen Bundesländern für die Berechtigungen PPL A (Motorflug), PPL B (Motorsegelflug) und PPL C (Segelflug). Für die Berechtigung PPL C entfallen alle Fragen zur Technik und Bedienung des Motors. Auch die Fragen zur Funknavigation entfallen. Da dieser Bereich jedoch Teil der Prüfung für das Funksprechzeugnis ist, empfiehlt es sich für den Segelflieger nicht, die Funknavigation auszulassen.

Luftrecht, Luftverkehrs- und Flugsicherungsvorschriften

- Welche Versicherung muß der Halter eines Flugzeuges im nichtgewerblichen Verkehr abschließen?
- Wie lange vor Ablauf der Gültigkeitsdauer des PPL darf man die fliegerärztliche Untersuchung durchführen lassen, damit die Laufzeit nicht verkürzt wird?
- In der Signalfläche eines Landeplatzes liegt ein quadratisches rotes Feld mit einem gelben Diagonalstreifen. Das bedeutet?
- Nach welchen Richtlinien ist die Ausbildung und Prüfung für Luftfahrtpersonal durchzuführen?
- Kann der Luftfrachtführer bei einem Flug, zu dem er Fluggäste gegen Entgelt mitnimmt, die Haftung aus dem Beförderungsvertrag gegenüber den Fluggästen im voraus durch eine Vereinbarung mit diesen ausschließen oder beschränken?
- Bei welcher Stelle wird ein Flugplan vor dem Flug abgegeben?
- Welcher Band des Luftfahrthandbuchs (AIP) enthält eine Zusammenfassung aller Angaben über Landeplätze?
- Welche Rechtsvorschrift regelt den Luftverkehr über der Bundesrepublik Deutschland?
- Was besagt die Regel, wenn sich zwei Luftfahrzeuge im Gegenflug nähern?
- Unter welchen Voraussetzungen darf ein Flugzeugführer mit seinem Flugzeug auf einem Segelfluggelände landen?
- Ein Luftfahrzeugführer hat sich mit einem Flugzeug, das unter eine Sammeleintragung fällt, vertraut zu machen lassen. Womit wird dies belegt?
- Wer ist für die Sammlung und Veröffentlichung der Nachrichten für Luftfahrer zuständig?

- Für Drittschäden aus einem Unfall haftet der Ersatzpflichtige bei Flugzeugen bis 1000 kg Gewicht bis zu einem Betrag von?
- Was ist Nacht im Sinne der LuftVO?
- Durch welche Rechtsverordnung wird die Zulassung von Luftfahrzeugen geregelt?
- Ein auf ein in der Luft befindliches Flugzeug gerichtetes grünes Blinksignal bedeutet:
- Welches Gesetz bildet die Grundlage für die LuftVO?
- Wo sind die in der Luftfahrt gebräuchlichen Abkürzungen in der AIP erläutert?
- Was gehört zum Rollfeld eines Flugplatzes?
- Welche internationale Organisation erarbeitet Richtlinien und Empfehlungen für die zivile Luftfahrt?
- Wer erteilt die Erlaubnis zur Mitnahme gefährlicher Güter?
- Was bedeutet die Abkürzung TRA?
- Was versteht man unter Hauptwolkenuntergrenze?
- Die Landung außerhalb eines Flugplatzes bedarf einer Erlaubnis. Diese wird von wem erteilt?
- Was bezeichnet der Gesetzgeber als Überlandflug?
- Wenn die rechtzeitige Verlängerung einer Erlaubnis aus entschuldbaren Gründen unterblieben ist, sieht die LuftPersV Erleichterungen für die Erneuerung vor. Die Erlaubnisbehörde kann danach eine Erlaubnis, deren Gültigkeit nicht länger als ..... abgelaufen ist, bei Vorliegen der Voraussetzungen für die Verlängerung erneuern.
- Unter welchen Voraussetzungen darf man normalerweise in eine Kontrollzone einfliegen?
- Ein Luftfahrzeugführer fliegt bei einem Überlandflug in einen TMA-Sektor A. Die Sicht, die vorher 10 km betragen hat, geht zurück auf 5 km. Was muß er tun?
- Ein geplanter Flug führt in das unten dargestellte Gebiet. Wie verhält man sich, um keinen Flugplan abgeben zu müssen?

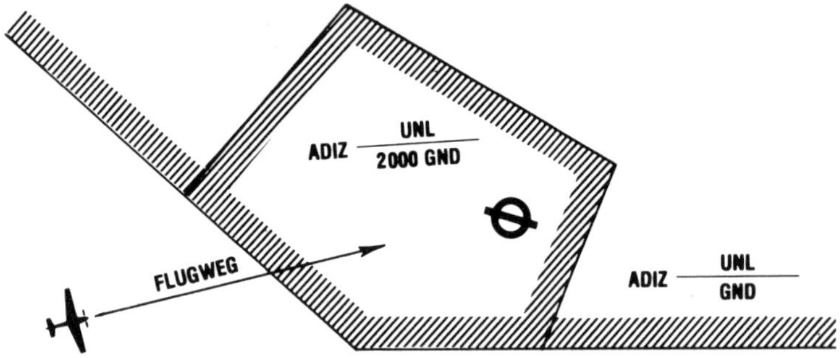

- Welche Angelegenheiten regelt das Luftverkehrsgesetz?
- Was ist der Unterschied zwischen Erdsicht und Bodensicht?
- Wegen einer technischen Störung wurde eine Notlandung durchgeführt. Schaden ist nicht entstanden. Ist eine Störungsmeldung erforderlich?
- Ein Flugzeugführer fliegt nach Sichtflugregeln (VFR) einen mißweisenden Kurs über Grund von 190°. Was sind die niedrigst- und höchstmöglichen Flugflächen unter Berücksichtigung der ED-R9?
- Wer darf die ordnungsgemäße Durchführung der Flugvorbereitung nachprüfen?
- Wer ist verantwortlicher Luftfahrzeugführer, wenn mehrere zur Führung des Luftfahrzeuges berechtigte Personen an Bord sind?
- Was sind NOTAMs Klasse I?
- Wer ist für die Bewegungslenkung des Luftverkehrs in der Bundesrepublik Deutschland zuständig?
- Dem Bundesminister für Verkehr sind zwei Luftfahrtbehörden direkt unterstellt. Es sind dies:
- Darf ein Privatflugzeugführer Fallschirmspringer absetzen?
- Wer haftet für Personen- oder Sachschäden, die an Bord eines Luftfahrzeuges entstehen?
- Ohne besondere Genehmigung ist die Obergrenze für Flüge nach Sichtflugregeln:
- Flugplatzzwang bedeutet, daß Luftfahrzeuge grundsätzlich nur wo starten und landen dürfen?
- In welchem Gesetz und in welcher Verordnung finden Sie Bestimmungen über Außenlandeerlaubnisse?
- Wann muß ein Flugzeugführer nach einem Unfall dem LBA eine Sofortmeldung erstatten?
- Für einen Flug von einem Flugplatz ohne Flugverkehrskontrollstelle ist der bereits aufgegebene Flugplan durch die Angabe einer neuen voraussichtlichen Startzeit zu ändern, wenn abzusehen ist, daß die tatsächliche Startzeit um mehr als .... von der im Flugplan angegebenen voraussichtlichen Startzeit abweichen wird.
- Was verstehen Sie unter einem genehmigungspflichtigen Selbstkostenflug?
- Was ist ein CVFR-Gebiet?
- Unter welchen Voraussetzungen dürfen Gebiete mit Flugbeschränkung durchflogen werden?
- Eine Erlaubnis für Privatflugzeugführer kann verlängert werden, wenn der Bewerber innerhalb der letzten 24 Monate welche fliegerischen Voraussetzungen erfüllt?
- Wo sind Angaben über die Zuständigkeit bezüglich der FS-Beratung und Entgegennahme von Flugplänen veröffentlicht?
- Ein auf ein am Boden befindliches Luftfahrzeug gerichtetes rotes Blinksignal bedeutet?
- Wer keine ordnungsgemäße Flugvorbereitung durchführt, begeht?

- Welches Dokument gibt Auskunft über den Verwendungszweck eines Flugzeugs?
- Wer ist für die Führung des Bordbuches verantwortlich?
- Welche Organisation erstellt Richtlinien und Empfehlungen für den internationalen Luftverkehr?
- Welche Schäden deckt die Haftpflichtversicherung?
- Wo befindet sich der Startpunkt?
- Bei einer nicht in unmittelbarer Nähe eines Flugplatzes durchgeführten Notlandung, bei der das Luftfahrzeug einen schweren Schaden erlitten hat, muß der Luftfahrzeugführer unverzüglich wen in Kenntnis setzen?
- Beim Anflug zu einem Landeplatz stellt der Flugzeugführer fest, daß die Landebahn befestigt ist, obwohl nach den Angaben in AIP Band 3 Abschnitt »Landeplätze« dieser Landeplatz nur über eine Grasbahn verfügt. Wo hätte er die Information über die befestigte Landebahn möglicherweise erhalten können?
- Bei Flügen nach Sichtflugregeln oberhalb einer Höhe von 900 m (3000 ft) über Grund oder Wasser wird der Höhenmesser eingestellt auf?
- Aus welchem Dokument kann entnommen werden, wer Eigentümer eines Flugzeuges ist?
- Wer ist für die Flugklarheit eines Flugzeuges verantwortlich?
- Wann darf ein PPL-Inhaber ein zweimotoriges Flugzeug unter 2000 kg fliegen?
- Kann ein Luftfahrzeugführer bei einem Flug, zu dem er Fluggäste gegen Entgelt mitnimmt, die Haftung aus dem Beförderungsvertrag gegenüber den Fluggästen im voraus durch eine Vereinbarung mit diesen ausschließen oder beschränken?
- Welche Rechtsverordnung regelt die Ausbildung und Prüfung von Luftfahrtpersonal?
- Bei Anwendung der Sichtflugregeln unterhalb von 900 m (3000 ft) über Grund oder Wasser unterscheidet man grundsätzlich zwei Arten von Lufträumen:
- Die Navigationslichter an Luftfahrzeugen müssen während des folgenden Zeitraumes eingeschaltet sein:
- Welche Behörde ist für die Erteilung einer Luftbilderlaubnis zuständig?
- Was bedeutet folgende Kennzeichnung in der ICAO-Karte 1:500000?

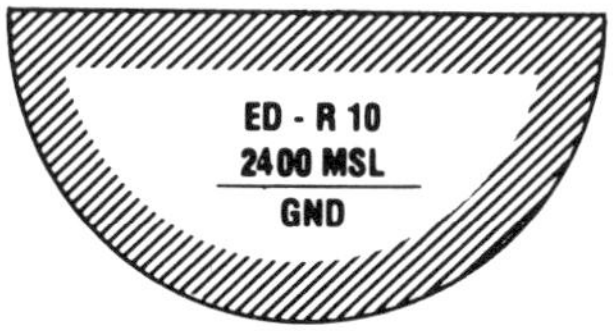

- Zuständig für die Zulassung von Luftfahrtgerät – außer Funkausrüstung – ist:
- Ein Luftfahrzeugführer läßt seine Frau, die keinen Luftfahrerschein besitzt, das Flugzeug führen. Kann sie dafür zur Verantwortung gezogen werden?
- Wann muß ein Flugzeug Positionslichter führen?
- Wo wird die Verlängerung oder Erneuerung eines Luftfahrerscheins für Privatflugzeugführer beantragt?
- Die Sicherheitsmindesthöhe bei VFR-Flügen über freiem Gelände beträgt mindestens?
- Darf ein Jäger seine Waffen und Munition an Bord eines Luftfahrzeugs mitführen?
- Störungen beim Betrieb eines Luftfahrzeugs sind dem Luftfahrtbundesamt vom Halter in welchem Zeitraum schriftlich anzuzeigen?
- Was ist Voraussetzung für Kunstflüge im kontrollierten Luftraum?
- Welche Rechtsverordnungen zum Luftverkehrsgesetz gibt es?
- Wann ist eine Landemeldung zu übermitteln?
- In den Nachrichten für Luftfahrer Teil II sind enthalten?
- Durch welches Dokument wird die Eintragung eines Flugzeugs in die Luftfahrzeugrolle nachgewiesen?
- Welche Vorschrift regelt den Verkehr mit Luftfahrzeugen?
- Was bedeutet die Abkürzung »HX« bei Kontrollzonen?
- Welche Sicherheitsmindesthöhe muß über Städten, anderen dichtbesiedelten Gebieten und Menschenansammlungen eingehalten werden?
- In welchem Teil des Luftfahrthandbuches Deutschland Band I finden Sie die Luftverkehrsordnung?
- Der rechtweisende Kurs der Flugstrecke beträgt 178°; die Ortsmißweisung 3° West. Was sind die niedrigst- und höchstmöglichen Flugflächen für VFR-Flüge?
- Was hat der Flugzeugführer bei Mitnahme von Fluggästen zu beachten?
- Ein Luftfahrzeug ist Teilnehmer am Flugplatzverkehr, wenn es sich wo befindet?
- In welchen Flughöhen muß während der Woche bei Flugsichten über 5 km mit besonders starkem Verkehr militärischer Strahlflugzeuge gerechnet werden?
- Was bedeutet die Abkürzung QDM?
- Bei Luftfahrzeugen mit den Kennzeichen D – GOLF, D – KILO und D – ICAO handelt es sich um?
- Welches sind die drei wichtigsten Gesetze auf dem Gebiet des Luftrechts?
- In der Signalfläche eines Flugplatzes liegt eine waagerechte weiße Fläche in Form einer Hantel. Was bedeutet dieses Zeichen?

- Durch welche Rechtsverordnung wird die Instandhaltung von Luftfahrzeugen geregelt?
- Vor Einflug in eine Kontrollzone bei Sichtflugwetterbedingungen muß der Luftfahrzeugführer auf jeden Fall was einholen?
- Der Flugzeugführer hat die beim Betrieb eines Flugzeugs festgestellten Mängel wo einzutragen?
- Nach Einflug in eine Kontrollzone fällt der Funk aus. Wie muß man sich verhalten?
- Aus welchem Teil des Luftfahrthandbuches kann man Informationen über Gefahrengebiete und Gebiete mit Flugbeschränkung entnehmen?
- Welches auf ein Luftfahrzeug im Fluge gerichtetes Lichtsignal bedeutet: »Platzrunde fortsetzen, anderes Luftfahrzeug hat Vorflug«?
- Wer ist für die Sammlung und Veröffentlichung der Nachrichten für Luftfahrer zuständig?
- Was muß man bei einem Flug ins Ausland besonders beachten?
- Welche Fluginformationsgebiete gibt es in der Bundesrepublik Deutschland im unteren Luftraum?
- Welche kontrollierten Lufträume gibt es?
- Wann ist das Zusammenstoßwarnlicht einzuschalten?
- Ein in der Signalfläche ausgelegtes weißes Doppelkreuz bedeutet?
- In welchen Lufträumen erhalten Sie Fluginformationsdienst?
- Wer ist für die Luftverkehrskontrolle einschl. der Bewegungslenkung in der Bundesrepublik Deutschland zuständig?
- Flugzeuge dürfen nur innerhalb bestimmter Betriebsgrenzen betrieben werden. Wo finden Sie diese Angaben?
- Wie lange gilt die Verkehrszulassung eines Luftfahrzeuges?
- Welcher Teil des Luftfahrthandbuches Band I enthält die Luftverkehrsregeln?
- Woraus ergibt sich die Festlegung des Sektors für die Halbkreisflughöhen bei Flügen nach Sichtflugregeln?
- Die Abkürzung PPR bedeutet?
- Unter welcher Voraussetzung darf nach einer Notlandung wieder gestartet werden?
- Was ist eine LTA?
- Wo sind die Regelungen für Flugbeschränkungsgebiete niedergelegt?
- Vor welchen Flügen hat der Flugzeugführer eine Flugberatung einzuholen?
- Sonder-VFR-Flüge können nur wo durchgeführt werden?
- Welches Dokument gibt Auskunft über die Aufrechterhaltung der Lufttüchtigkeit eines Luftfahrzeuges?
- Für einen Flug nach Sichtflugregeln aus oder in die Bundesrepublik Deutschland hat der Luftfahrzeugführer einen Flugplan zu übermitteln und eine Flugverkehrsfreigabe einzuholen. Wann gilt sie als erteilt?
- In welchen Luftraum darf ohne Freigabe nicht eingeflogen werden?
- Wer ist für die Verkehrszulassung von Luftfahrzeugen zuständig?
- Welche Rechtsverordnung regelt die Prüfungen von Luftfahrtpersonal?
- Welche Bedeutung hat es, wenn man während eines Überlandfluges sieht, daß vom Boden abwechselnd rote und grüne Leuchtkugeln abgeschossen werden?
- In welcher Vorschrift ist die Haftung für Schäden, die durch ein Luftfahrzeug verursacht werden, geregelt?
- Wann muß der Flugzeugführer eine Wetterberatung einholen?
- Die Abkürzung O/R bedeutet?
- Die Mindestwetterbedingungen für Flüge nach Sichtflugregeln im kontrollierten Luftraum außerhalb der Kontrollzone sind?
- Welche Luftfahrtbehörden gibt es in der Bundesrepublik Deutschland?
- Die Abgabe eines Flugplanes darf für einen beabsichtigten VFR-Flug frühestens erfolgen?
- Das LBA läßt ein Luftfahrzeug zum Verkehr zu (Verkehrszulassung). Was wird erteilt?
- Welche zusätzliche Ausrüstung benötigt man für VFR-Flüge über geschlossenen Wolkendecken?
- Die Sicherheitsmindesthöhe ist die Höhe, bei der weder eine unnötige Lärmbelästigung eintritt noch eine Gefährdung von Personen oder Sachen bei einer Notlandung zu befürchten ist. Welche Höhe muß jedoch über dichtbesiedelten Gebieten mindestens eingehalten werden?
- Sie wollen ein Flugzeug, dessen Nachprüfschein am Tag zuvor abgelaufen ist, zum nächsten luftfahrttechnischen Betrieb überführen. Voraussetzung hierfür ist:
- Wer ist für die Erteilung einer Außenstarterlaubnis nach einer Notlandung zuständig?
- Kreuzen sich die Flugrichtungen zweier Luftfahrzeuge in nahezu gleicher Höhe, so hat das Luftfahrzeug, das von links kommt, auszuweichen.
  Jedoch haben stets auszuweichen?
- Eine Erlaubnis kann nicht mehr verlängert, sondern nur noch erneuert werden, wenn?
- Bei Anwendung der Sichtflugregeln unterscheidet man grundsätzlich zwei Arten von Lufträumen:
- Ein Privatflugzeugführer möchte in einem Flugzeug, das für 5 Personen zugelassen ist, Fluggäste gegen Erstattung der Selbstkosten mitnehmen. Benötigt er hierzu eine Genehmigung?

- Die Benutzung von Klarlisten (Check-Listen) für Kontrollen vor, bei und nach dem Flug sowie in Notfällen ist vorgeschrieben. Wo?
- Der Flugberatungsdienst hat welche Abkürzung?
- Ist ein Flugbuch zu führen und müssen alle Flüge bestätigt sein?
- Was sind NOTAMs Klasse II?
- Die Flugsicht für Flüge von Starrflüglern nach Sonder-VFR während der Nacht muß mindestens betragen:
- Ein Flugzeugführer fliegt unterhalb eines TMA-Sektors B. Die Flugsicht beträgt 10 km, Bewölkung 8/8 in 2000 ft. Wie hoch darf er maximal fliegen?
- Die Angabe über die Fluggeschwindigkeit erfolgt im Flugplan als?
- Die Flugsicht wird definiert als?
- Bei Flügen in die FlugÜZ (ADIZ) hat der Luftfahrzeugführer spätestens wann und wem einen Flugplan zu übermitteln?
- Die AIP Band III enthält über den Zielflugplatz folgende Angabe: zugelassen für Flugzeuge bis 2000 kg MPW, bis 3000 kg MPW PPR. Das für den Flug vorgesehene Flugzeug hat ein zulässiges Höchstgewicht von 2280 kg. In diesem Fall muß man von wem die Genehmigung einholen?
- Darf man bei Flügen zur Erneuerung einer abgelaufenen Erlaubnis einen Fluggast mitnehmen?
- Wieviel Fluginformationsgebiete gibt es in der Bundesrepublik Deutschland im unteren Luftraum?
- Der Flugzeugführer muß bei einem VFR-Flug, der über die Umgebung eines Flugplatzes mit Flugverkehrskontrolle hinausführt, vor dem Start eine Flugverkehrsfreigabe einholen. Für was benötigt er sie?
- Muß bei Flügen zu den Ost- und Nordfriesischen Inseln ein Flugplan abgegeben werden?
- Welche Behörde verlängert oder erneuert den PPL?
- Welcher Abstand ist zu frei im Gelände stehenden Hindernissen einzuhalten?
- Unfalluntersuchungen nimmt welche Bundesbehörde vor?
- In welchem Teil des Luftfahrthandbuches Deutschland Band I finden Sie die Ortskennung für den Landeplatz Egelsbach?
- Welche Behörden üben die Luftaufsicht aus?
- 14:35 MEZ entspricht welcher GMT-Zeit?
- Wann muß das Sprechfunkzeugnis an Bord mitgeführt werden?
- Das LuftVG unterscheidet welche Arten von Flugplätzen?
- Wer hat anhand einer Klarliste vor jedem Flug die Kontrolle vorzunehmen?
- Bei Instrumentenwetterbedingungen (IMC) innerhalb einer Kontrollzone müssen alle VFR-Flüge zum Ein- und Ausflug und für einen Flug innerhalb der Kontrollzone was für eine Freigabe erhalten?
- Was hat der Flugzeugführer bei Mitnahme von Fluggästen zu beachten?
- Was regelt die LuftVZO?
- Ein Luftfahrzeugführer unterbricht einen Flug mit Flugplan und landet auf einem anderen Flugplatz. Wen muß er umgehend anrufen?
- Ein Luftfahrzeugführer, der ein Luftfahrzeug, in dem sich Fluggäste befinden, als verantwortlicher Luftfahrzeugführer führt, muß mit einem Luftfahrzeug desselben oder ähnlichen Musters welche Bedingungen erfüllt haben?

Wetterkunde

- In welcher Maßeinheit wird die absolute Feuchtigkeit angegeben?
- Welches sind die Werte der Normalatmosphäre nach ICAO?
- Wovon ist die Höhe der Tropopause abhängig?
- Wie groß ist die relative Feuchte der Standardatmosphäre?
- Die Luftdichte ist abhängig von Lufttemperatur und Luftdruck. Wann nimmt sie zu?
- Wie ist die Änderung der barometrischen Höhenstufe in der Vertikalen?
- Wie heißt die unterste erdbodennahe Schicht (Reibungsschicht) der Erd-Atmosphäre?
- Was bedeutet CAVOK?
- Was verstehen Sie unter ISOTHERMIE?
- In den Aufwindgebieten entsteht oft bei aufgerissener Cumulusbewölkung Vertikalböigkeit. Wo ist diese Turbulenz am geringsten?
- Zu den Wetterfunksendungen gehören auch die SIGMETS. Sie werden bei welchen Wettererscheinungen gesendet?
- GAFOR können Sie telefonisch von den Ortsnetzen von 9 Großstädten abrufen. Sie sind bei VFR-Flügen einer individuellen Beratung gleichzusetzen, wenn sie in welchem Zeitraum vor dem Start abgerufen werden?
- Wie ist der Temperaturverlauf beim Durchzug einer Idealzyklone?
- Die Gesamtbedeckung beträgt nach dem Schlüssel der Bodenwetterkarte bei diesem Zeichen?

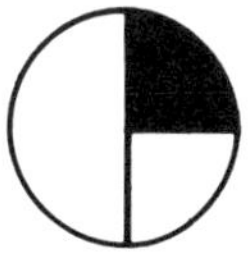

- Was ist Föhn?
- Wer entscheidet über die Durchführung eines Fluges bei zweifelhafter Wetterlage?
- Linien gleicher Druckhöhe einer Hauptdruckfläche bezeichnet man mit:
- Wie nennt man den Teil einer Idealzyklone zwischen Warmfront und Kaltfront?
- Für das Wetter gibt es in den Wetterkarten am Stationskreis Symbole. Welches ist das Zeichen für Dunst?
- Unterkühlter Regen entsteht wann?
- In welchen Breiten liegt die Tropopause am höchsten?
- Was ist QFF?
- Was versteht man in der Wetterkunde unter einem Trog?
- Wie heißt die Grenzfläche, die zwischen Troposphäre und Stratosphäre liegt?
- Während die Temperaturabnahme pro 100 m beim trockenadiabatischen Aufstieg von Luftmassen 1° beträgt, so ist beim feucht-adiabatischen Aufstieg eine Lufttemperaturabnahme pro 100 m von 0,4°–0,9 °C zu verzeichnen. Woran liegt das?
- Wie ist das Symbol einer Okklusion in der Bodenwetterkarte dargestellt?
- Welche wesentlichen Merkmale zeigt das Rückseitenwetter?
- Was bedeutet NOSIG im Metar-Schlüssel?
- Wie erfolgt die Erwärmung der Luft über der Erdoberfläche?
- Was bedeutet dieses Symbol auf der Wetterkarte?

- Der Zusatzteil des TAF mit den möglichen Änderungen wird mit einer Angabe eingeleitet. Welche Bedeutung hat »inter«?
- Wodurch sind Stationen mit gleichem Luftdruck auf einer Bodenwetterkarte verbunden?
- Was zeigt der Höhenmesser im Fluge bei Einstellung des QNH im Höhenmesserfenster?
- Welche Lufttemperatur hat die Standardatmosphäre beim Luftdruck 1013 mb in NN?
- Was bedeutet GRADU bei TAF?
- Wie ist die Reihenfolge der Niederschläge beim Durchzug einer Idealzyklone in unseren Breiten?
- Welche hauptsächlichen Wettererscheinungen treten bei der Warmfront auf?
- Mit welchen Wetterverhältnissen ist in Deutschland zu rechnen, wenn über Skandinavien ein Hoch und über dem Mittelmeer ein Tief (beide von großer Ausdehnung) liegt?
- Höhenmesserstand abends 350 ft
am nächsten Morgen 400 ft
Was ist die Ursache?
- Um wieviel ° Celsius nimmt trocken aufsteigende Luft pro 100 m ab?
- Was versteht man unter einem feuchtadiabatischen Vorgang?
- Aufsteigende oder absinkende Luft mit einem Veränderungswert von?
- Wie bezeichnet man die Differenz zwischen Temperatur und Taupunkt?
- Der Halo (ein Ring um Sonne oder Mond) kündigt oft schlechtes Wetter an. Bei welcher Bewölkung ist er zu sehen?
- Von den Lokalwinden ist der Mistral eine bekannte Windströmung. Der Mistral tritt wo auf?
- Auf welcher ungefähren Höhe beträgt der atmosphärische Druck die Hälfte des Drucks vom Meeresniveau?
- Wie nennt man die Böigkeit, die durch die Oberflächentemperatur der Erde hervorgerufen wird?
- Die Angabe »prob« bedeutet im Zusatzteil des »TAF« welche Angabe?
- Orographische Turbulenzen entstehen durch?
- Von wem sind die verschiedenen Kategorien der Wettervorhersagen in der Bundesrepublik Deutschland festgelegt?
- Wie heißen Linien gleicher Windgeschwindigkeit?
- Wovon spricht man, wenn von einer bestimmten Höhe ab die Temperatur zunimmt und ein Wechsel der vertikalen Temperaturgradienten zu verzeichnen ist?
- Wie wird auf der Nordhalbkugel der Erde der Wind durch die Corioliskraft abgelenkt?
- Welches Bordinstrument arbeitet nach dem barometrischen Prinzip?
- Sie fliegen bei einer Standardeinstellung 1013 mb in FL 75. Zum Landeanflug stellen Sie das erhaltene QNH 1030 mb ein. Was zeigt Ihr Höhenmesser nun in dieser Höhe an?
- Was ist GAFOR und welche Möglichkeiten bietet GAFOR?
- Woher kommen bei uns die kältesten Luftmassen?
- Unter Konvergenzen versteht man?
- Was entsteht, wenn eine Luftmasse hoher Feuchtigkeit sich mit einer kühleren vereinigt?
- Wo finden Sie nähere Angaben über die Aufgaben des Flugwetterdienstes?
- Was versteht man bei TAF unter TEMPO?
- Beim GAFOR-Wetterdienst bedeutet der Buchstabe »X«?
- Linien gleicher Druckänderung haben die Bezeichnung?
- Wann weht der Talwind?
- Richtung und Stärke dieser Windangabe?

- Wie erfolgt die Angabe der relativen Feuchte?
- Was bedeutet beim GAFOR-Wetterdienst der Buchstabe »M«?
- Was ist physikalisch Kondensation?
- Welche Gewitter können umflogen werden?
- Die Windgeschwindigkeiten für die Luftfahrt in der Bundesrepublik Deutschland werden amtlich in welchen Geschwindigkeitsmaßen angegeben?
- Wo finden Sie Rückseitenwetter?
- Was verstehen Sie unter Hauptwolkenuntergrenze?
- Der Zusatzteil der Hauptwettervorhersage des TAF, eingeleitet mit »rapid« bedeutet?
- Der Wärmegewinn auf der Föhnseite gegenüber der Stauseite bei Gebirgen beruht auf?
- Wie bezeichnet man die Schichten der Atmosphäre in aufsteigender Reihenfolge?
- Wie nennt man das Wetter zwischen Warmfront und Kaltfront eines Tiefdruckgebietes?
- Was bedeutet im GAFOR-Schlüssel der Buchstabe »D« (DELTA)?
- Die Erwärmung der Luft in der Troposphäre erfolgt hauptsächlich durch?
- Wie ist die Luft von 20% relativer Feuchte zu bezeichnen?
- Wir kennen verschiedene Windsysteme; was ist unter BORA zu verstehen?
- Was bedeutet die Abkürzung (97XXTS) in METAR und TAF?
- Die Aufgleitbewölkung (Cs und As) auf der Vorderseite eines Tiefdruckgebietes der gem. Breiten erreicht etwa um wieviel km einen Flugplatz vor der Warmfront am Boden?
- Wann liegt indifferente Luftschichtung vor?
- METAR ist eine Wettermeldung für welchen Bereich?
- Was bedeutet die Abkürzung »48FZFG« + »49FZFG« in METAR und TAF?
- Was ist QNH?
- Was ist Cumulus-Kondensations-Niveau?
- Welche Wolkenart findet sich oft an der Kaltfront?
- Was sind VOLMET in englischer Sprache?
- Wie groß ist der »Spread« bei TT = 27 °C und T_dT_d = – 06 °C?
- Was bedeutet bei METAR der TREND?
- Eine Luftmasse ist feuchtlabil, wenn die Temperaturabnahme pro 100 m wieviel Grad beträgt?
- Welche Wolkenart ist nicht orographisch bedingt?
- Wann spricht man in der Meteorologie von Dunst? Bis zu welcher Sichtweite kann er auftreten?
- Unter Sublimation versteht man?
- Welches ist der Temperaturbereich, in dem am häufigsten Vereisung an Flugzeugen auftritt?
- Die Höhenzuordnung der Wolkengruppen haben eine Kennzeichnung vor der Artangabe. Welchen Vorsatz haben die mittelhohen Wolken?
- Welcher meteorologische Wert wird im allgemeinen durch Beobachtung festgestellt?
- In größerer Höhe ist die wahre Eigengeschwindigkeit im Verhältnis zur Fahrtmesseranzeige wie?
- Was tritt meistens ein, wenn sich die CU-Bewölkung im Binnenland nachts nicht auflöst?
- Wo befindet sich das Zentralamt des Deutschen Wetterdienstes in der Bundesrepublik Deutschland?
- Wie bezeichnet man die Wetterbeobachtungen, die zum Zeichnen der Wetterkarte dienen?
- Welche Bezeichnung trägt die Obergrenze der Troposphäre und wie ist ihre Höhe in der ICAO-Atmosphäre?
- Linien gleicher Druckflächen in der Höhenwetterkarte haben welche Bezeichnung?
- Welche Wettermeldungen für die Luftfahrzeuge werden nicht nach einem festgelegten Sendezeitplan ausgestrahlt?
- Welche Wolkenfamilie besteht aus Eiswolken?
- Welche Wolkenart ist die für den Flieger gefährlichste?
- Wann ist eine Luftmasse stabil?
- Welche Zustandsänderung ist physikalisch Verdampfung?
- Flugsicht von 3 km und 8 km, zur gleichen Zeit von 2 Flugzeugen in gleicher Position gemeldet, könnte bei welcher Situation möglich sein?
- Wann weht der Seewind?
- Was ist eine Okklusion?
- Beim GAFOR-Wetterdienst bedeutet der Buchstabe »O«?
- Welchem Wert in mm Quecksilbersäule entspricht QNH 1013 mb?
- Was ist ein Zwischenhoch?
- Wann weht der Bergwind?
- Die Temperatur fiel auf einem Flugplatz von 20° auf 5°. Ist die Luft nun tragfähiger oder nicht?
- Der Wind ändert die Richtung mit zunehmender Höhe auf der Nordhalbkugel der Erde. Wohin dreht er?
- Wann kann man in relativ großer Höhe noch variablen Wind mit geringen Windgeschwindigkeiten haben?
- Aus welcher Wolkenart fallen hauptsächlich die Schauerniederschläge?
- Die Isobaren der Bodenwetterkarte werden im Deutschen Wetterdienst in bestimmten Abständen gezeichnet. Um welche mb-Abstände handelt es sich?
- Was bedeutet die Abkürzung »05HZ« in METAR und TAF?
- In welche Richtung ziehen die Tiefdruckgebiete im allgemeinen in Europa?

- Unter Bodensicht versteht man?
- Welche Höhenwetterkarte eignet sich für die Vorhersage am besten?
- Zu welcher Tages- oder Nachtzeit ist der Strahlungsnebel am stärksten?
- Wie nennt man die Wolken, die hauptsächlich im Warmluftsektor der Ideal-Zyklone vorkommen?
- Welche Wolkenart erreicht die größte vertikale Mächtigkeit?
- Die Luft strömt allgemein in die Zyklone oder aus den Zyklonen?
- Wann kann Strahlungsnebel auftreten?
- Wie ändert sich der Druck beim Flug von Tief zum Hoch?
- Die Luft strömt vom Hoch zum Tief, sie wird auf ihrem Weg dorthin sofort durch welche Kraft abgelenkt?
- Wie ist der Druckverlauf beim Durchgang einer Ideal-Zyklone?
- Bei Bildung von Wolken ist das wichtigste Wetterelement?
- Was ist ein adiabatischer Vorgang?
- Mit welcher Sicht rechne ich bei Schneetreiben?
- An Gebirgen entsteht häufig eine Föhnlage. Als Folge bilden sich zumeist Lenticulariswolken. Wo befinden sie sich hauptsächlich?
- Der Luftdruck am Stationskreis der Bodenwetterkarte wird angegeben mit?
- Welche der möglichen Zustandsänderungen geben Wärme frei?
- Was verstehen Sie unter der Bezeichnung Hochdruckrücken?
- Entfernt sich bei absinkender Luft die Temperatur vom Taupunkt oder nähert sich die Temperatur dem Taupunkt?
- Zu welcher Tageszeit bläst der Seewind am stärksten?
- In welchem Bereich der Atmosphäre spielt sich das Wettergeschehen ab?
- Wieviel Sauerstoff enthält die Luft?
- Wann entsteht Mischungsnebel?
- Unter dem meteorologischen Begriff »Wetter« versteht man?
- Zu welcher Tages- und Nachtzeit ist der Strahlungsnebel am häufigsten?
- Welche Art von Gewittern haben die höhere Basis?
- Wieviel Grad Celsius entspricht 32° Fahrenheit?
- Wolken, Windstärke, allgemeiner Witterungscharakter sowie meteorologische Sicht werden erfaßt. Welche davon werden gemessen?

Technik

- Was ist der Staupunkt?
- Das hier abgebildete Profil bezeichnet man als:

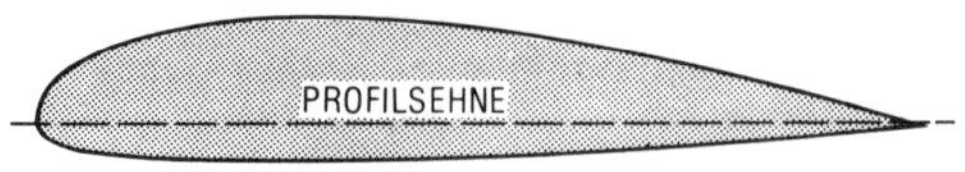

- Wie heißt der Punkt, an dem die laminare Grenzschicht turbulent wird?
- Durch welche Kräfte werden Geschwindigkeit und Flugzustand eines Flugzeuges bestimmt?
- Der Zusammenhang zwischen Auftriebsbeiwert, Widerstandsbeiwert und Anstellwinkel wird häufig graphisch dargestellt. Die entsprechende Kurve heißt:
- Wie ist die Spreizklappe konstruiert?
- Wie wirken sich die Wölbungsklappen in Landestellung für den Endanflug aus (Motor im Leerlauf)?
- Was versteht man normalerweise unter differenzierten Querrudern?
- Darf bei Beschädigung der Torsionsnase ein Flug angetreten werden?
- Was kann die Folge des Abreißens der Strömung in einer Kurve sein?
- Bei welchem Anstellwinkel ist im allgemeinen der Beginn des überzogenen Flugzustandes zu erwarten?
- Welches sind die häufigsten Zylinderanordnungen für Motoren in Leichtflugzeugen?
- Darf man unlegiertes Öl im Motor mit legiertem Öl (HD-Öl) auffüllen?
- Warum wird mit zunehmender Flughöhe die Motorleistung geringer?
- Was wird mit einer im Flug verstellbaren Luftschraube erreicht?
- Welche Temperaturanzeige ist für max. Leistung eines Vergasermotors von Bedeutung?
- Die Öltemperatur nähert sich während des Steigfluges dem roten Strich. Welche Maßnahme halten Sie für richtig?
- Um ein zündfähiges Kraftstoffluftgemisch zu erhalten, muß das Gewicht der Kraftstoffmenge in einem bestimmten Verhältnis zum Luftgewicht stehen. Dieses Verhältnis ist etwa?
- Vergaservereisung ist am ehesten wann zu erwarten?
- Können elektrisch betriebene Landeklappen noch ausgefahren werden, wenn der Generator ausgefallen ist?
- Wie oft muß ein Magnetkompaß kompensiert werden?
- Von was hängt die auf die Kompaßnadel einwirkende Richtkraft ab?
- Welcher Flugzustand wird mit dem Wendezeiger überwacht?
- Welche Zeit benötigen Sie, wenn Sie einen Vollkreis mit einer Drehgeschwindigkeit von 3°/sec fliegen?

- Sie fliegen mit einer konstanten Höhenmesseranzeige von 3500 ft auf ein Tiefdruckgebiet zu. Wie ändert sich Ihre Flughöhe?
- Der Höhenmesser zeigt am Boden eine Höhe von 1600 ft an. Dabei wird ein Druck von 1008 mb angezeigt. Wenn Sie nun die Einstellung so verändern, daß 1009 mb angezeigt werden, zeigt der Höhenmesser eine andere Höhe an. Welche Höhe zeigt er jetzt an?
- Wann ist mit einer Falschanzeige der pneumatisch angetriebenen Kreiselinstrumente zu rechnen?
- Was bedeuten auf den Instrumenten rote Striche?
- Ist es möglich, die Funktionstüchtigkeit der Vergaservorwärmung am Boden zu kontrollieren?
- Kann der Motor anspringen, wenn man die Luftschraube bei ausgeschalteter Zündung durchdreht?
- Bei Erstellung des Ladeplans kann wegen zu hoher Zuladung nicht immer voll getankt werden. Welches Gewicht ist für den Flugkraftstoff 100 LL einzusetzen, wenn 90 Liter getankt werden dürfen?
- Was zeigt die Rutschmarke auf der Bereifung des Flugzeuges an?
- Warum wird ein Flugmotor mit dem Gemischregler (Mixer) abgestellt und nicht mit der Zündung?
- Wo erhalten Sie Auskunft über die Laufzeit der Triebwerke bis zur Grundüberholung?
- Was ist ein Laminarprofil?
- Warum wird die geometrische und aerodynamische Flügelschränkung angewendet?
- Wie verhält sich der Druckmittelpunkt eines normalen Profils bei Vergrößerung des Anstellwinkels?
- Was heißt Flächenbelastung?
- Welche Wirkung hat eine Wölbungsklappe mit Spalt?
- Durch welche Bauteile erzielt man Stabilität um die Hochachse?
- Welche Aufgaben hat der aerodynamische Ruderausgleich?
- Warum sollen Sie Steilkurven mit erhöhter Geschwindigkeit fliegen?
- Wie wird die Trudelbewegung beeinflußt, wenn während des Links-Trudelns mit einem rechtslaufenden Motor Gas gegeben wird?
- Was bezwecken die Rippen am Zylinder eines Verbrennungsmotors?
- Wann ist der Wirkungsgrad einer starren Reiseluftschraube am schlechtesten?
- Was geschieht mit einem Flugzeug mit starrer Luftschraube, wenn die Flugbahn bei Reiseleistung stark geneigt wird?
- Die Druckumlaufschmierung übernimmt welche Aufgabe?
- Was verändern Sie durch das Ziehen des Gemischregelgriffes?
- Warum erfolgt bei gezogener Vergaservorwärmung ein Drehzahlabfall?
- Wodurch entsteht der Anzeigefehler des Magnetkompasses beim Kurvenflug?
- Welche Instrumente sind an die statische Druckleitung angeschlossen?
- Wie verhält man sich, wenn am Boden bei Einstellung der Platzhöhe auf dem Höhenmesser im Druckfenster ein um 2 mb zu kleiner Wert angezeigt wird?
- Auf einem Überlandflug wurde vor der Landung vergessen, den Höhenmesser von 1013 auf das QNH des Platzes umzustellen.
- Was zeigt der Höhenmesser bei der Landung an?
- Der künstliche Horizont zeigt welche Fluglagen an?
- Was bedeuten auf den Instrumenten grüne Bogen?
- Flugbenzin hat welches spezifische Gewicht?
- Warum muß täglich vor dem ersten Anlassen und nach dem Tanken die Wasserablaßvorrichtung betätigt werden?
- Die Angaben über den Ladeplan eines Flugzeuges können Sie wo entnehmen?
- Die verläßlichste Methode zur Feststellung des Kraftstoffvorrates am Boden ist?
- Über die Betriebszeiten der Flugzeugzelle und des Triebwerks müssen Aufzeichnungen im Bordbuch geführt werden. In welcher Vorschrift ist dies festgelegt?
- Wodurch unterscheidet sich ein Schnellflugprofil von einem Langsamflugprofil?
- Was versteht man unter Einstellwinkel?
- Wo beginnt bei Vergrößerung des Anstellwinkels die Ablösung der Strömung am Flügelprofil?
- Unter Grenzschicht versteht man?
- Was bewirkt der Vorflügel?
- Wie wird die Stabilität eines Flugzeuges um die Längsachse bezeichnet?
- Wozu dient die Höhenflosse?
- Die Steuerung um die Querachse erfolgt durch das?
- Das negative Wendemoment entsteht durch?
- Wozu dienen Bügelkanten an den Rudern?
- An den Flügelenden entstehen Randwirbel, die in Form von Wirbelschleppen hinter dem Flugzeug hergezogen werden. Besonders hinter Großflugzeugen sind sie so stark, daß kleine Flugzeuge gefährdet sein können. Die Turbulenzen sind besonders wann gefährlich?
- Die Überziehgeschwindigkeit des von Ihnen benutzten Flugzeuges ist 50 kt. Beim Fliegen einer Kurve mit 60° Schräglage (Steilkurve) ist die Überziehgeschwindigkeit wie hoch?

- Wie können Sie bei einseitigem Strömungsabriß und nachfolgendem Abschmieren verhindern, daß das Flugzeug ins Trudeln übergeht?
- Warum wird bei Vergasermotoren besonders bei niedrigen Temperaturen und kaltem Motor vor dem Anlassen Benzin von Hand eingespritzt?
- Welche Vorteile hat die Verstelluftschraube?
- Was zeigt der Ladedruckmesser bei stehendem Motor an?
- An einem heißen Sommertag erreicht im Steigflug die Zylinderkopftemperatur den Höchstwert, obwohl Sie die Kühlerklappen geöffnet haben. Was müssen Sie tun?
- Mit welchem Zündsystem ist ein Flugzeug mit normaler Zulassung ausgerüstet?
- Wie wird das Gemisch bei abnehmender Luftdichte reguliert?
- An welche Stromquelle ist der Anlasser angeschlossen?
- Sie kurven nach dem Magnetkompaß auf dem kürzesten Weg mit ca. 15° Schräglage von 70° auf 360°. Bei welcher Anzeige müssen Sie die Kurve beenden?
- Was zeigt die Libelle im Wendezeiger an?
- Auf welches Ausgangsniveau bezieht sich die Anzeige des Höhenmessers?
- Was bedeuten auf den Instrumenten gelbe Bogen?
- Was muß bei einer Landung mit Rückenwind erfolgen?
- Welcher Faktor beeinflußt die Startleistung am stärksten?
- Wann kontrollieren Sie die Funktionstüchtigkeit der Bremsen?
- Von was hängt der Widerstandsbeiwert im wesentlichen ab?
- Nennen Sie die vier Faktoren, welche den Auftrieb bestimmen?
- Widerstand und Auftrieb hängen u.a. vom Wert der Luftdichte ab. Wenn die Luftdichte größer ist, wird der Auftrieb?
- In der nachstehenden abgebildeten Polare bedeutet der mit Nr. 6 bezeichnete Punkt den Anstellwinkel welchen Flugzustandes?

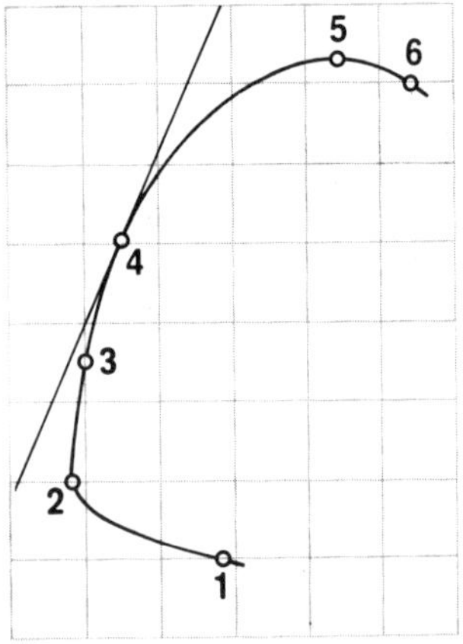

- Warum wird eine Landeklappe beim Start nicht voll ausgefahren?
- Was geschieht bei einem Flug mit maximalem Anstellwinkel beim Ausfahren der Klappen?
- Welche Schwerpunktlage ist bei Flugzeugen gewöhnlicher Bauweise für die Längsstabilität gefährlicher?
- Durch welches Ruder werden im Regelfall Bewegungen um die Flugzeuglängsachse eingeleitet?
- Was geschieht mit dem statischen Druck bei einem verengten Strömungsquerschnitt? Was geschieht mit dem Staudruck?
- Welche Eigenschaften hat ein dickes Profil gegenüber einem dünnen Profil bei gleicher Geschwindigkeit?
- Was versteht man unter Anstellwinkel?
- Aus welchen Kräften setzt sich die resultierende Luftkraft zusammen?
- Alle im Flug am Tragflügelprofil wirkenden Luftkräfte denkt man sich an einem Punkt angreifend. Wie heißt dieser Punkt?
- In der nachstehenden abgebildeten Polare bedeutet der mit Nr. 4 bezeichnete Punkt den Anstellwinkel welches Flugzustandes?

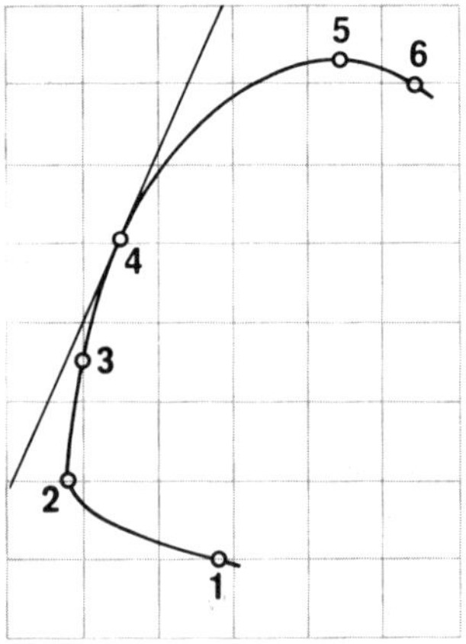

- Das Flugzeug hat eine Mindestgeschwindigkeit mit eingefahrenen Klappen von 50 kt. Bei welcher Geschwindigkeit ist mit ausgefahrenen Wölbungsklappen das Abkippen zu erwarten?
- Warum ist es im Landeanflug sehr gefährlich, die bereits auf 30° ausgefahrenen Landeklappen wieder einzufahren?
- Wie wird das Drehen eines Flugzeuges um die Längsachse bezeichnet?
- Bei einer Querlage von 60° beträgt das Lastvielfache wieviel g?
- Welches ist der für Triebwerke kleiner und mittlerer Leistung heute am meisten verwendete Kolbenmotor?

- Warum sind Motorenöle mit verschiedener Viskosität gebräuchlich?
- Für welche Temperatur ist die Stellung der Kühlklappen wichtig?
- Wo wird der zu messende Ladedruck abgenommen?
- Wozu dient bei vielen Flugzeugen – hauptsächlich bei Tiefdekkern – die elektrische Kraftstoffpumpe?
- Wodurch wird die Zündung der meisten Flugzeugmotoren gespeist?
- In welcher Reihenfolge erfolgt in der Regel die Einstellung einer Constant-Speed-Luftschraube bei Zurücknahme der Leistung nach dem Start?
- Was passiert, wenn der Generator während des Fluges ausfällt?
- Über welchem Teil der Erde ist die Inklination = 0°?
- Ihre Fahrtmesseranzeige beträgt 100 kt, Ihre angezeigte Flughöhe ist 5000 ft. Wie groß ist (überschlägig) Ihre wahre Eigengeschwindigkeit (TAS)?
- Was bedeutet der weiße Bogen auf dem Fahrtmesser?
- Das Kraftstoffsystem muß wann entwässert werden?
- Warum werden die Landeklappen beim Start nicht voll ausgefahren?
- Im Polardiagramm nach Lilienthal wird vom Ursprung aus eine Tangente an das Polardiagramm gelegt. Am Berührungspunkt ergibt sich der Anstellwinkel für welchen Flugzustand?
- Wodurch läßt sich unter anderem im Fluge der Auftrieb direkt ändern?
- Wann spricht man vom Abreißen der Strömung?
- Der Einstellwinkel eines Flügels ist außen kleiner als innen (an der Wurzel), dies nennt man?
- Der Winkel, der zwischen der Richtung der Luftanströmung und der Profilsehne gebildet wird, heißt?
- Welche Teile gehören zum Leitwerk eines Flugzeuges?
- Mit eingefahrenen Landeklappen ist die Überziehgeschwindigkeit eines Flugzeuges im Geradeausflug 60 kt. In einer Steilkurve mit 60° Querlage ist die Überziehgeschwindigkeit wie hoch?
- Über was gibt die Oktanzahl eines Kraftstoffes Auskunft?
- Kolbentriebwerke in Flugzeugen haben was für ein Zündsystem?
- Was kann die Ursache für ein Sinken des Öldruckes bei einem gleichzeitigen Ansteigen der Öltemperatur sein?
- Die Leistung des Triebwerks kann anhand der Motorüberwachungsinstrumente kontrolliert werden. Bei Flugzeugen mit Verstellpropeller benutzt man dazu?
- Welches Instrument versagt bei Ausfall des statischen Druckes (z. B. bei Vereisung der Druckabnahme) nicht?
- Der Anstellwinkel ist bei gleichbleibender Drehzahl im Reiseflug kleiner als im?
- Um die Überziehgeschwindigkeit eines Flugzeugmusters zu verbessern, wird der Flügel nach außen hin verwunden. Dies bezeichnet man als?
- Wo beginnt die Ablösung an der Tragfläche bei zunehmendem Anstellwinkel und in welche Richtung setzt sie sich fort?
- Ihr Flugzeug mit Rumpf in Schalenbauweise hat am Rumpf durch ein Hindernis eine Beule mit Rissen erhalten. Was tun Sie?
- Der Pilot stellt eine Giertendenz nach links fest. Durch was kann diese behoben werden?
- Im Kurvenflug muß etwas gezogen werden, um die Höhe zu halten. Warum?
- Wann ist die beste Motorleistung zu erwarten?
- Bei einem Flugzeug, welches mit Luftschraubenverstellung (Constant-Speed-Propeller) ausgerüstet ist, erkennen Sie beginnende Vergaservereisung woran?
- Bei Flügen mit einer Motorleistung von weniger als 75% können Sie zur Erhöhung der Leistung das Gemisch verändern. Dabei erhält der Motor weniger ...?
- Es soll nach dem Magnetkompaß von 270° auf 180° mit einer Querneigung von ca. 15° auf dem kürzesten Weg gekurvt werden. Die Kurve ist zu beenden bei einer Anzeige von wieviel °?
- Bei Einstellung des QNH auf der Millibarskala zeigt der Höhenmesser bei der Landung welche Höhe an?
- Zur Messung der Eigengeschwindigkeit wird der Staudruck benutzt. Dieser hängt ab von?
- Die Maximalgeschwindigkeit VnE für ein Flugzeug ist im Flughandbuch angegeben. Darf sie überschritten werden?
- Von was hängt die richtige Beladung eines Flugzeuges ab?
- Vor Antritt eines Fluges sollen Sie eine Vorflugkontrolle nach Klarliste durchführen. Ist dies vorgeschrieben?
- Wie nennt man das Verhältnis der aerodynamischen Belastung, die auf die Tragfläche wirkt und dem Fluggewicht des Flugzeuges im Fluge?
- Von was ist der Widerstand eines durch die Luft bewegten Körpers abhängig?
- In welche Richtung wirkt der Luftwiderstand?
- Durch was läßt sich Stabilität um die Längsachse (Querstabilität) erreichen?
- Welche Motorteile gewähren die Abdichtung des Zylinderraumes?
- Welches Schmiersystem wird heute in den gebräuchlichen Motoren für Leichtflugzeuge angewendet?
- Wie ändert sich in großer Höhe die Motorleistung bei Verarmung aus der Position »voll reich«?

- Ein elektrischer Anlasser sollte richtig benützt werden, indem er?
- Wenn bei einem Höhenmesser auf der Millibarskala der herrschende Platzluftdruck eingestellt wird, wo steht dann der Zeiger des Instruments?
- Bei welchem Kreiselgerät steht die Rotationsachse senkrecht zur Erdoberfläche?
- Die größte Verlängerung der Startstrecke ist bei welchem Zustand der Startbahn zu erwarten?
- Vor dem Fluge wird der Motor durch Abbremsen überprüft. Der höchstzulässige Drehzahlabfall pro Magnet ist niedergelegt im?
- Welchen Zweck hat die Kurzschlußprobe vor dem Abstellen des Motors?
- Was versteht man unter dem Begriff »Flächenbelastung«?
- Was ist eine Bügelkante?
- Eine im Flug verstellbare Höhenflosse hat welche Aufgabe?
- Was wird mit Hilfe der Abgastemperaturanzeige (EGT) kontrolliert?
- Kann die Gemischregelung am Boden geprüft werden?
- In den Leistungsangaben eines Flugzeuges wird die Dienstgipfelhöhe angegeben. Was besagt dies?
- Bei welchem Kurs treten bei einer Beschleunigung in Flugrichtung Anzeigefehler (Beschleunigungsfehler) am Kompaß auf?
- Der Verschluß der statischen Druckabnahme beeinträchtigt die Anzeigegenauigkeit welcher Instrumente?
- Bei Einstellung des QFE auf der Nebenskala zeigt der Höhenmesser bei der Landung welche Höhe an?
- Bei kaltem Wetter empfiehlt es sich, einen Motor geringerer Leistung vor dem Anlassen an der Luftschraube von Hand vorsichtig durchzudrehen. Der Motor springt dabei wahrscheinlich an (tödliche Gefahr), wenn was eingeschaltet ist?
- Auftrieb und Widerstand wachsen linear mit der Geschwindigkeit. Ist das richtig?
- Im unbeschleunigten Horizontalflug wirken am Flugzeug 4 Kräfte. Nennen Sie die Kraft, welche dem Schub entgegenwirkt!
- Jede Tragfläche hat einen von der Form abhängigen höchsten Auftriebsbeiwert, der vor allem für die Mindestgeschwindigkeit, bei der das Flugzeug gerade noch flugfähig ist, große Bedeutung hat. Dieser Wert wird bei welcher Klappenstellung und welchem Anstellwinkel erreicht?
- Die wirksamste und ungefährlichste Methode zur Streckung des Anfluges ist die Erhöhung der?
- Die Wirkung des Trimmruders am Höhenruder ist?
- Bei einem Motor mit automatischer Verstelluftschraube ist beim Abbremsen mit vorgeschriebener Drehzahl die Magnetprobe nur dann richtig, wenn der Drehzahlwahlhebel wo steht?
- Welcher Anstellwinkel am Propellerblatt ergibt sich beim Starten mit einer für den Reiseflug optimal eingestellten starren Luftschraube?
- Über welchen Gebieten ist die Anzeige des Magnetkompasses unzuverlässig?
- Wohin wird der Gesamtdruck beim Fahrtmesser geleitet?
- Vor dem Anlassen des Motors ist es empfehlenswert, die Luftschraube von Hand ein paarmal durchzudrehen. Dies ist zweckmäßig warum?
- Um eine vorgegebene Höhe in kürzester Zeit zu erreichen, muß der Steigflug wie durchgeführt werden?
- In der Nähe des kritischen Anstellwinkels im Geradeausflug steuert man die auftretenden Bewegungen um die Längsachse überwiegend mit welchem Ruder?
- Die auftriebserhöhende Wirkung einer Landeklappe beruht unter anderem auf?
- Wie verändert sich der Staudruck am Flugzeug bei Verdopplung der Geschwindigkeit?
- Wie setzt sich der am Tragflügel entstehende Auftrieb zusammen?
- Durch kurzes Ziehen leiten Sie eine Störung ein. Das Flugzeug geht zunächst in einen leichten Steigflug über und senkt dann die Nase, wobei etwas Fahrt aufgeholt wird. Nach drei Bewegungen dieser Art fliegt das Flugzeug wieder im horizontalen Geradeausflug. Wie nennt man diese Eigenschaft des Flugzeuges?
- Wodurch kann Bugradflattern hervorgerufen werden?
- Benötigen Sie beim Kurvenflug mehr oder weniger Auftrieb?
- Was beachten Sie sofort nach dem Anspringen des Motors?
- Während des Fluges fällt die Öldruckanzeige plötzlich aus. Was müssen Sie tun?
- Zu was dient das Motoröl?
- Wenn Sie auf Westkurs in den Steigflug übergehen, dreht die Kompaßanzeige auf welche Kursrichtung?
- Zur Anzeige der Drehgeschwindigkeit um die Hochachse wird ein Kreiselinstrument benutzt. Um welches handelt es sich?
- Wie oft müssen Höhenmesser auf die richtige Einstellung geprüft werden?
- Auf was gibt die Vakuumanzeige einen Hinweis?
- Während der Überprüfung des Motors vor dem Start wird die Vergaservorwärmung bedient. Der Drehzahlabfall soll welchem Wert entsprechen?
- Bei einem Start mit ausgefahrenen Klappen (Startstellung) erreichen Sie eine Verkürzung der?
- Der Druckmittelpunkt ist der Mittelpunkt welcher Luftkräfte?

- Stabilität um die Querachse (Längsstabilität) erreicht man unter anderem durch die Wirkung welches Leitwerkteils?
- Das Trimmruder am Höhenruder ist nach oben ausgeschlagen. Die Anzeige in der Kabine muß richtig anzeigen:
- Wenn ein Flugzeug rechts hängt, muß man wo die Bügelkante nach unten stellen?
- Bei einer koordinierten Steilkurve wird zum Halten der Flughöhe welche Maßnahme ergriffen?
- Wie liegen die in einem Magnetkompaß eingebauten Magnete?
- Welche Differenz zeigt der Höhenmesser bei Änderung der Millibareinstellung von 1010 auf 1000 mb an?
- Was wird zur Bestimmung der Geschwindigkeit am Fahrtmesser benötigt?
- Wie verhält sich ein vollkardanisch aufgehängter Kreisel (ohne Lagerreibung) im Raum?
- Welches durch eine Vakuumpumpe angetriebene Instrument kann nicht mehr verwendet werden, wenn infolge einer Motorpanne der Propeller stillsteht und sich das Flugzeug im Gleitflug befindet?
- In der nachstehenden abgebildeten Polare bedeutet der mit Nr. 2 bezeichnete Punkt den Anstellwinkel welchen Flugzustandes?

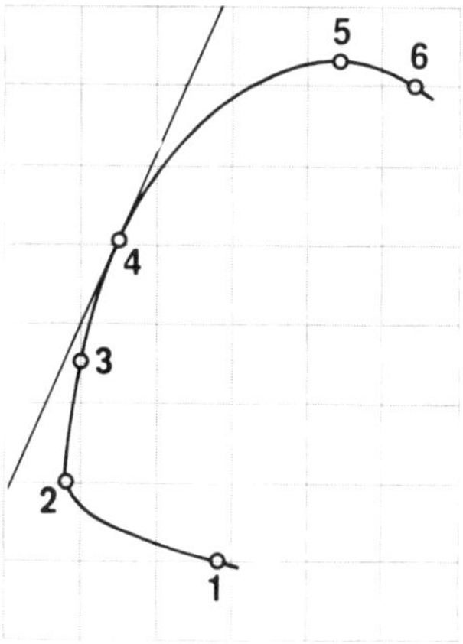

- Wann kann ein Höhenmesser trotz richtiger Druckeinstellung falsch anzeigen?
- Was wird durch eine im Flug verstellbare Trimmung bewirkt?
- Welche Kraft ist beim Gleitflug gleich groß wie das Gewicht des Flugzeuges?
- Beim Fliegen nach dem Kurskreisel ist es wichtig zu wissen, ob er zuverlässig anzeigt oder ob Abweichungen möglich sind. Was ist richtig?
- Was kann man der Geschwindigkeitspolare für Motorleerlauf entnehmen?
- Für folgende Aufgaben entnehmen Sie die Angaben aus dem Flughandbuch eines Flugzeugmusters Ihrer Wahl. Dort finden Sie auch die notwendigen Tabellen und Diagramme.

  Flugzeugmuster:
  Höchstzulässiges Fluggewicht:
  Leergewicht:
  Kraftstoff:
  Pilot und Fluggast:
  Leergewichtsmoment:

- Beim Reiseflug in einer Druckhöhe von 6000 ft (Normaltemperatur) beträgt bei 60% Triebwerksleistung der Kraftstoffverbrauch?
- Auf welche Voraussetzungen beziehen sich die Angaben in der Reiseleistungstabelle?
- Mit welcher Leistung darf nach dem Reichweitendiagramm in einer Höhe von 4000 ft maximal geflogen werden, wenn eine Reichweite von 740 km erzielt werden soll?
- Bei einem Fluggewicht von ... kp ist mit 10° Klappen bei einer Querneigung von 30° – Schwerpunkt in hinterer Lage – folgende Überziehgeschwindigkeit zu erwarten:
- Mit welchem Zeichen wird auf dem Schwerpunktsbereichsdiagramm der Beladezustand dargestellt?
- Bei maximalem Fluggewicht von ... kp und einer Druckhöhe von 2000 ft und einer Außentemperatur von 20 °C beträgt die Startrollstrecke wieviel m?
- Die maximale Steiggeschwindigkeit in einer Druckhöhe von 6000 ft (iAS ... kt, Außentemperatur 10 °C) beträgt?
- Die kürzest mögliche Landestrecke beträgt gemäß Diagramm bei 10 °C in einer Druckhöhe von 3000 ft und 9 kt Gegenwind wieviel m?

Navigation

- Der Abstand von Längengrad zu Längengrad beträgt am Äquator?
- Unter MPH versteht man in der Luftfahrt?
- Die Faustformel für die Umrechnung von km in NM lautet?
- In welcher Zeit hat sich der Sonnenstand um 27 Winkelgrade geändert?
- Was ist die Charakteristik einer Loxodrome?
- Bei einem FlugÜZ-Flug über dem Bayerischen Wald wird die Orientierung verloren. Welcher Kurs ist zu fliegen?
- Wie viele cm ergeben 105 km auf der Karte 1 : 500 000?

- Den folgenden Angaben über die Betriebszeiten eines Landeplatzes ist zu entnehmen, daß:
  Sat 1300 – SS
  Sun, HOL 0800 – SS
  zu anderen Zeiten
  Other times PPR
- Der Abstand zweier benachbarter Breitenkreise, z. B. 50° N und 51° N beträgt?
- Streckenfunkfeuer (NDB) haben im allgemeinen eine Reichweite von?
- Welche zeichnerische Darstellung für das Winddreieck ergibt sich bei einem
  rwK (TC) von 158°
  Ve (TAS) = 81 kt
  W/V = 050°/15 kt
- Ca. 2 NM von der anzufliegenden VOR-Station entfernt wandert der CDI (Kursabweichanzeiger) nach rechts aus. Was ist zu tun?
- Wie nennt man die kürzeste Verbindung zweier Punkte auf der Erdoberfläche?
- Der Breitenunterschied zwischen den Orten folgender geographischer Breiten beträgt?
  Ort A: 15 54 30 N
  Ort B: 10 33 30 S
- Sie haben für eine Strecke von 320 NM eine Flugzeit von 2 : 40 Std. errechnet. Nach Durchfliegen der Strecke stellen Sie fest, daß Sie 3 : 05 Std. gebraucht haben. Wie stark ist die Windkomponente?
- Welches Funknavigationsgerät gibt in der Nähe eines Gewitters unbrauchbare Anzeigenwerte?
- Welche zeichnerische Darstellung für das Winddreieck ergibt sich bei einem
  rwK (TC) von 250°
  Ve (TAS) = 80 kt
  W/V = 135°/25 kt
- Die Anzahl der möglichen Großkreise (Orthodrome) auf der Erde beträgt?
- Ein folgendermaßen gekennzeichnetes Gebiet bedeutet:
  ED-R (TRA) – 202
  FL 245
  FL 80
- Auf welche Bezugslinie ist die Anzeige RB des ADF grundsätzlich bezogen?
- Wo läßt sich auf der ICAO-Luftfahrtkarte der rechtweisende Kurs am genauesten feststellen?
- Der mißweisende Steuerkurs (MH) eines Flugzeuges beträgt 320°, RB 010°. Wie groß ist das QDM?
- Wo sind Angaben über Lage, Landebahnlänge und evtl. Landebahnneigung eines Landeplatzes enthalten?
- Welche Projektionsart liegt der ICAO-Luftfahrtkarte 1 : 500 000 zugrunde?
- Können rwK (TC), rwSK (TH) und Kurs über Grund (TMG) gleich sein?
- Ein Flugzeug steigt von einem Flugplatz (Elev. 1500 ft) auf gerader Strecke mit 600 ft/min. QNH = 1013 mb; Vg (GS) im Steigflug = 85 MPH. In welcher Entfernung vom Platz wird FL 75 erreicht?
- Welche zeichnerische Darstellung für das Winddreieck ergibt sich bei einem
  rwK (TC) von 255°
  Ve (TAS) = 120 kt
  W/V = 285°/25 kt
- In welchen Höhen der Bundesrepublik Deutschland muß mit militärischem Tiefflug gerechnet werden?
- Die Kontrolle der Überflugzeiten ergibt, daß der auf der ICAO-Luftfahrtkarte 1 : 500 000 in einer Zeit von 12 Minuten zurückgelegte Weg 9 cm beträgt. Ein weiterer von diesem Punkt 13,5 cm in gleicher Flugrichtung entfernt liegender Punkt würde demnach voraussichtlich überflogen werden nach weiteren ... Minuten?
- Die Angabe QDM bedeutet?
- Auf welche Richtung sind die Radiale eines VOR bezogen?
- Bei einem FlugÜZ-Flug wird Nähe Hannover die Orientierung verloren. Welcher Kurs ist zu fliegen?
- Welche Kreise im Gradnetz sind sowohl Orthodrome als auch Loxodrome?
- Warum nimmt man den Kartenkurs am Mittelmeridian ab?
- Unter Betriebszeit eines Flugplatzes steht der Begriff »OR«. Was bedeutet dies?
- Beim Anflug auf ein NDB mit Seitenwindeinfluß wird ständig RB O gehalten.
  Der Anflug wird wie durchgeführt?
- Welcher Höhenzug wird auf dem Flug von München nach Stuttgart überflogen?
- Entfernungen zum Zweck der Navigation werden in welchen Maßeinheiten angegeben?
- Wo beträgt die Inklination 90°?
- Welche zeichnerische Darstellung für das Winddreieck ergibt sich bei einem
  rwK (TC) von 028°
  Ve (TAS) = 105 kt
  W/V = 300°/22 kt
- Was sind im Gradnetzsystem Großkreise?
- Auf der ICAO-Luftfahrtkarte 1 : 500 000 beträgt die Entfernung

zwischen den Flughäfen Rhein-Main und Köln-Bonn 27 cm. Wieviel NM entspricht diese Entfernung?

- Die Strecke von A nach B mit einem dazwischen liegenden Kontrollpunkt C beträgt 84 NM. Bis zum Kontrollpunkt C, der 35 NM von A entfernt ist, hatten Sie eine Flugzeit von 20 min. errechnet. Über dem Kontrollpunkt C stellen Sie aber fest, daß die bisherige Flugzeit 25 min. beträgt. Wie lange ist die Gesamtflugzeit von A nach B?
- Was kann unter anderem folgenden Angaben auf der Flugplatzkarte (AIP) entnommen werden?

RWY	27	09
TKOF	875 m	700 m
LDG	700 m	875 m

- Die Inklination beträgt in unseren Breiten wieviel ° ca.?
- Der Längenunterschied zwischen Orten folgender geographischer Längen beträgt:

Ort A:	4 14 28 E
Ort B:	2 30 30 E

- Beim Anflug auf eine VOR-Station erscheint kurz vor der berechneten Überflugzeit die OFF-Flagge. Was ist wahrscheinlich?
- Welcher Fluß kann bei Orientierungsverlust über dem Schwarzwald als Auffanglinie dienen?
- Der Äquator wird von allen Meridianen unter einem Winkel von wieviel Grad geschnitten?
- Was ist bei Inbetriebnahme eines Navigationsgerätes zu beachten?
- Anflug auf ein NDB. Der Steuerkurs beträgt 180°, RB zunächst 360°, nach 2 min 015°, obwohl der Steuerkurs 180° genau eingehalten wurde. Mit was ist zu rechnen?
- Die Faustformel für die Umrechnung von m in ft lautet?
- Wozu dient das QTE?
- Welcher Wert ist im mwK (MC) berücksichtigt?
- Wo werden kurzfristige Änderungen von Betriebszeiten von Flugplätzen, das Absetzen von Fallschirmspringern, Luftfahrtveranstaltungen veröffentlicht?
- Das Längenmaß der NM ist abgeleitet von?
- Die Einstellung des Kurskreisels wird folgendermaßen vorgenommen:
- Wie groß ist der Erdumfang am Äquator?
- Beim Abhören der Kennung einer A0/A1-Station muß der Betriebsarten-Wahlschalter auf welche Stellung geschaltet werden?
- In was werden Richtungen in der Navigation ausgedrückt?
- 13 Uhr MEZ entspricht welcher Uhrzeit GMT?
- Bei der ICAO-Luftfahrtkarte 1 : 500 000 handelt es sich um welche Projektionsart?
- Über welchen Höhenzügen ist ein Verlust der Orientierung wegen der Nähe der Grenze zu östlichen Nachbarn besonders gefährlich?
- Sie fliegen von Heidelberg aus genau Südkurs. Es ist 12.00 GMT. Wo sehen Sie die Sonne stehen?
- Die Faustformel für die Umrechnung von NM in km lautet:
- Ein Flugzeug legt eine Strecke, die in der ICAO-Luftfahrtkarte 1 : 500 000 15 cm lang ist, in 22 Minuten zurück. Die Vg (GS) beträgt?
- Eine Vertikalgeschwindigkeit von 500 ft/min entspricht etwa wieviel m/s?
- Welche Genauigkeit hat die ICAO-Luftfahrtkarte 1 : 500 000?
- Wann ist der Luvwinkel negativ?
- Ein Ort hat die geographische Breite 62° 33′ »N«. Wie ist die geographische Breite eines Ortes, der 240 NM nördlich davon liegt?
- 34 Liter sind umgerechnet in US Gal?
- Welche Flüsse münden in den Rhein?
- Welche zeichnerische Darstellung für das Winddreieck ergibt sich bei einem

rwK (TC)	von 073°
Ve (TAS)	= 110 kt
W/V	= 130°/16 kt

- Wie nennt man Linien mit der Ortsmißweisung 0°?
- Wann sind ADF-Anzeigen besonders unzuverlässig?
- Bei einem rwSK (TH) von 270° beträgt der Luvwinkel (WCA) −10°. Wie ist der Umkehrkurs?
- Auf einem Überlandflug von Hannover nach Mainz werden auf direktem Kurs welche Mittelgebirge überflogen?
- Zwischen welchen Längengraden liegt die Bundesrepublik Deutschland?
- Im Flugzeug wird der Kompaß durch Metallteile und elektrische Geräte abgelenkt. Wie nennt man diese Abweichung?
- Der Tankinhalt eines Flugzeuges ist mit 55 US Gal und der Verbrauch im Reiseflug mit 13 US Gal/h angegeben. Die nicht ausfliegbare Restmenge beträgt 1 US Gal. Für Warmlaufen, Abbremsen und Steigflug werden zusätzlich 2 US Gal angenommen.
  Daraus ergibt sich eine max. Reiseflugzeit von?
- Welche zeichnerische Darstellung für das Winddreieck ergibt sich bei einem

rwK (TC)	von 205°
Ve (TAS)	= 110 kt
W/V	= 115°/30 kt

- Was bedeutet QTE?
- Die Windgeschwindigkeit beträgt 10 m/sec. Das sind wieviel kt?
- Die Umkehrrichtung zu einem QDM ist?

- Wie werden die Isogonen in der ICAO-Luftfahrtkarte dargestellt?
- Wie groß ist die jährliche Veränderung der Ortsmißweisung (Variation) in Mitteleuropa?
- Wenn in Stuttgart SS ist, wie ist dann die Situation in München?
- Welche zeichnerische Darstellung für das Winddreieck ergibt sich bei einem

  rwK (TC) von 060°
  Ve (TAS) = 100 kt
  W/V = 315°/20 kt
- Wie dreht sich die Erde?
- Orthodrome, Kleinkreis, Längenkreis; welcher der genannten Kreisbögen hat seinen Mittelpunkt nicht im Erdmittelpunkt?
- Die geographische Breite eines Ortes entspricht dem Abstand in Breitengraden vom?
- Was wissen Sie über Meridiane?
- Die Sonne durchläuft in einer Stunde die Strecke zwischen folgenden Meridianen:

  10° E bis 10° W
  15° E bis 5° E
  10° W bis 5° E
  5° E bis 10° W

  Welche Strecke ist richtig?
- Der geflogene Luvwinkel bei einem Anflug auf direkten Kurs zur Station läßt sich unmittelbar vom Anzeigegerät ablesen beim:

  VOR
  ADF
  TACAN

  Was ist richtig?
- Bei einem Steuerkurs von 320° beträgt das RB 030°. Mit welchem Steuerkurs kommt man (ohne Wind) zum NDB?
- Benennen Sie die auf der »stummen« Karte dargestellten Höhenzüge (vgl. S. 91):
- Bestimmen Sie die Namen der Flüsse entsprechend der Nummernangabe auf der »stummen« Karte (vgl. S. 91):
- Welche Städte stimmen mit den Nummern in der »stummen« Karte überein (vgl. S. 90):

Modell – Aufgabe zur Flugnavigation

- VFR-Flug vom Verkehrsflughafen Nürnberg über Verkehrslandeplatz Mannheim-Neuostheim nach Verkehrslandeplatz Koblenz-Winningen.

  Startzeit: 13:05 GMT
  Gegeben: Ve (TAS) 105 kt
  Kraftstoffverbrauch: 38 l/h
  Deviation laut Tabelle: –4°
  Wetter nach individueller Beratung bei Flugwetterwarte Nürnberg für den gesamten Flug:
  CAVOK, Wind 320°/20 kt.
- Welcher rwK (TC) ergibt sich vom Ausflugpunkt November nach Mannheim-Neuostheim?
- Welcher Luvwinkel (WCA) ergibt sich für diesen Flugabschnitt?
- Welcher KK (CH) ergibt sich für diesen Flugabschnitt?
- Welche Vg (GS) ergibt sich für diesen Flugabschnitt?
- Welche Flugzeit (EET) ergibt sich für diesen Flugabschnitt, wenn 5 min bis zum Ausflugpunkt November hinzukommen?
- Welcher Kraftstoffverbrauch ergibt sich für diesen Flugabschnitt, wenn bis zum Erreichen der Reiseflughöhe über dem Ausflugpunkt 8 l verbraucht werden?
- Unter Berücksichtigung des höchsten Hindernisses auf diesem Flugabschnitt ergibt sich eine Mindestflughöhe von?
- Welche Höhe ist auf diesem Flugabschnitt mindestens zu fliegen, um das 500-ft-Tiefflugsystem zu meiden? Es ist dabei von der höchsten Erhebung im Bereich von 3 NM links und rechts des Kurses auszugehen.
- Welche Mindestflugsicht muß bei Einhaltung der in Frage vorher ermittelten Flughöhe beim Überflug der Ortschaft Aub gegeben sein?
- Welche ist die niedrigste Flugfläche, die auf diesem Flugabschnitt geflogen werden kann?
- Der Ausflugpunkt November wurde um 13:10 GMT, die Autobahn Würzburg–Heilbronn um 13:48 auf Kurs überflogen. Die voraussichtliche Ankunftszeit für Mannheim-Neuostheim ist danach?
- Abseits des Flugweges liegt nach Koordinaten 49° 31′ 00″ N 09° 40′ 10″ E ein Flugplatz. Welche Angaben zu diesem Flugplatz können der ICAO-Luftfahrtkarte entnommen werden?
- 10 NM vor Erreichen des Verkehrslandeplatzes Mannheim ist die Flughöhe 3500 ft MSL. Welcher Luftraum wird durchflogen?
- Welche Landestrecke steht in Mannheim bei Landerichtung 27 zur Verfügung?
- Welcher rwK (TC) ergibt sich für den Flugabschnitt Mannheim-Neuostheim nach Koblenz-Winningen?
- Welcher Luvwinkel (WCA) ergibt sich für diesen Flugabschnitt?
- Welcher KK (CH) ergibt sich für diesen Flugabschnitt?
- Welche Vg (GS) ergibt sich für diesen Flugabschnitt?
- Welche Entfernung (DIST) ergibt sich für diesen Flugabschnitt?
- Welche Flugzeit ergibt sich für diesen Flugabschnitt? Abflug über Mannheim in Reiseflughöhe.

- Welche Höhe auf QNH bezogen ist mindestens erforderlich, wenn auf diesem Flugabschnitt CTR Coleman nicht berührt werden soll?
- Von welchem der folgenden Flugplätze kann ein QDM gegeben werden?
- Das QNH von welchem Flugplatz muß auf diesem Flugabschnitt eingestellt werden?
- Bei folgenden VOR-Anzeigen ergibt sich welcher Standort? Nierstein Radial 270, Taunus Radial 195.
- Welcher Wind ergibt sich aus dem in Frage von vorher ermitteltem Standort? Flugzeit von Mannheim zu diesem Standort = 15 min.
- Wann muß spätestens mit der Luftaufsicht Koblenz Sprechfunkverbindung aufgenommen werden?
- Die Kurslinie wird kurz vor Koblenz verlassen. Standort Nassau/Lahn. Welches QDM ist von Koblenz zu erwarten?

Verhalten in besonderen Fällen

- Sie sind auf einer Bahn gelandet, die teilweise mit Schneematsch bedeckt ist. Die Außentemperatur beträgt um 0°C. Nach der Landung tätigen Sie an Ihrem Flugzeug folgende Maßnahmen:
- Sie fliegen über einem Gebiet mit sehr starker Böigkeit. Wie verhalten Sie sich?
- Was müssen Sie bei einem Bugradflugzeug bei einem Start mit starkem Seitenwind beachten, wenn für diesen Fall keine besonderen Vorschriften im Flughandbuch angegeben sind?
- Wie starten Sie bei starkem Seitenwind?
- Sie haben sich beim Landeanflug verschätzt und müssen durchstarten. Was tun Sie in welcher Reihenfolge?
- Vor Ihnen ist noch ein wesentlich langsameres Flugzeug im Endanflug kurz vor dem Aufsetzen. Um eine unnötige Gefährdung zu vermeiden, entscheiden Sie sich für?
- Bei einer Zwischenlandung zum Auftanken wird Ihnen mitgeteilt, daß zur Zeit kein Flugbenzin AVGAS 100 vorrätig ist. Sie entscheiden sich:
- An einem spätherbstlichen Regentag unternehmen Sie einen Überlandflug. Sie bemerken plötzlich, daß Ihre Geschwindigkeit geringer geworden ist und der Motor nicht mehr seine volle Leistung hat. Sie handeln wie folgt:
- Sie fliegen mit einer Höhenmesseranzeige von 3000 ft mit einem eingestellten QNH von 1005 mb. Das richtige QNH ist jedoch 1010 mb. Was würde Ihr Höhenmesser bei richtiger QNH-Einstellung anzeigen?
- Ein Militärflugzeug, dem Sie nach entsprechender Aufforderung gefolgt sind, zieht deutlich hoch und führt eine starke Richtungsänderung durch. Was bedeutet das?
- Beim Start unmittelbar nach dem Abheben springt die rechte Kabinentür auf. Welche Maßnahmen ergreifen Sie?
- Bei einer Notlandung bleibt Ihnen nur ein weicher Acker. Wie verhalten Sie sich?
- Welche Gefahr entsteht beim Durchflug durch unterkühlten Regen?
- Sie kommen von einem Überlandflug zurück. Über Ihrem Flugplatz verhindert ein dichter lokaler Schauer die Erdsicht. Was unternehmen Sie?
- Sie fliegen in etwa 1000 ft Höhe über Grund. Um zu Ihrem Ziel zu kommen, müßten Sie eine Warmfront durchqueren. Infolge einsetzenden Regens wird die Sicht immer schlechter. Wie verhalten Sie sich?
- Wovon ist die Stärke und die Langlebigkeit von Wirbelschleppen primär abhängig?
- Wie führen Sie eine Landung auf einer nassen, kurzen Grasbahn durch?
- Wie reagieren Sie, wenn es Ihnen nicht gelingt, bei nassen, kurzen Grasbahnen innerhalb des ersten Viertels oder bei trokkenen, kurzen Landebahnen innerhalb des ersten Drittels aufzusetzen?
- Bei einem Flug zu einem unkontrollierten Flugplatz bricht der Funkkontakt mit der Bodenfunkstelle ab, nachdem Ihnen Landeinformationen übermittelt wurden. Ihr Sprechfunkgerät ist weiterhin betriebsbereit, vermutlich ist die Bodenfunkstelle ausgefallen. Wie verhalten Sie sich?
- Während eines Überlandfluges werden die Sichtverhältnisse ständig schlechter, und die Wolkenuntergrenze sinkt in Flugrichtung immer mehr ab. Sichtflugwetterbedingungen sind aber noch gegeben. Wie verhalten Sie sich?
- Ihr Flug dauert länger als geplant. Das Erreichen des Zielflugplatzes ist vor Einbruch der Dunkelheit nicht mehr gewährleistet. Sie entscheiden sich:
- Sie starten ein Flugzeug auf einer Startbahn mit Schneematsch. Was kann passieren?
- Das statische Drucksystem fällt während des Fluges aus, dementsprechend auch der Höhenmesser. Wie können Sie sich in diesem Fall behelfen?
- Der Motor gibt plötzlich laut hämmernde Geräusche von sich und verursacht starkes Schütteln. Welche Bedeutung messen Sie dem bei, und wie ist zu verfahren?
- Sie stellen beim Landeanflug fest, daß der Reifen des linken Hauptfahrwerks defekt ist. Wie setzen Sie auf?
- Was ist beim Einfahren der Landeklappen beim Durchstarten zu beachten?

- Sie fliegen in etwa 2000 ft Höhe über GND und müßten auf dem vorgesehenen Flugweg eine Warmfront durchqueren. Infolge einsetzenden Regens wird die Sicht immer schlechter. Wie verhalten Sie sich?
- Wie verhalten Sie sich bei einer Notlandung in bergigem Gelände?
- Während eines Überlandfluges verschlechtert sich die Sicht erheblich. Um kein Risiko einzugehen, wollen Sie einen in der Nähe gelegenen Landeplatz mittels QDM anfliegen. Können Sie aus der ICAO-Karte ersehen, ob der Landeplatz mit einem Sichtfunkpeiler ausgerüstet ist?
- Wann fahren Sie die Landeklappen um mehr als 20° bzw. sogar voll aus?
- In welchem Abstand gegenüber vorwegrollenden großen Verkehrsflugzeugen sollte beim Rollen auf einem Verkehrsflughafen mindestens geblieben werden?
- Was kann die Ursache sein, wenn Sie nach dem Start im Steigflug eine falsche Fahrtmesseranzeige feststellen?
- Wann müssen bei einer Wasserlandung die Schwimmwesten aufgeblasen werden?
- An einem warmen Sommertag fliegen Sie ein Tal entlang und möchten möglichst schnell eine bestimmte Flughöhe erreichen. Können Sie die Steigleistung des Flugzeuges verbessern, indem Sie eine bestimmte Flugtaktik anwenden?
- Die richtigen Maßnahmen, um eine Notlandung auf dem Wasser durchzuführen, sind u.a.:
- Beim Anflug auf einen Flugplatz wird Ihnen die Landerichtung mitgeteilt. Die Landebahn hat in dieser Richtung ein starkes Gefälle. Womit müssen Sie rechnen?
- Bei einer Flugberatung wird Ihnen mitgeteilt, daß eine Funknavigationsanlage auf der beabsichtigten Flugstrecke zur Zeit im Testbetrieb arbeitet. Was bedeutet das?
- Die Gegenwindkomponente ist wesentlich stärker geworden als vorhergesagt. Der Kraftstoffvorrat könnte unter Beachtung der notwendigen Reserven noch bis zum nächsten Flugplatz reichen. Wie verhalten Sie sich?
- Wie verhalten Sie sich bei Fehlorientierung während eines Fluges in der FlugÜZ (ADIZ) in der Lüneburger Heide?
- Wie können Sie bei Start oder Landung Vogelschwärme evtl. verscheuchen?
- Sie fliegen in relativ großer Flughöhe und bemerken Anzeichen von Sauerstoffmangel, ein Sauerstoffgerät ist nicht an Bord. Was machen Sie?
- Während eines Fluges in 5000 ft GND fällt das Triebwerk aus. Welche Entscheidung treffen Sie?
- Ihr Flugzeug ist mit allen Kreiselinstrumenten ausgerüstet. Bei einer stark dunstigen Wetterlage können Sie den Horizont beim Flug gegen die Sonne kaum erkennen. Wie können Sie ihre Fluglage zusätzlich kontrollieren?
- Wie wird ein Seitengleitflug (Slip) am zweckmäßigsten eingeleitet?
- Während eines Fluges bemerken Sie, daß schwarzer Rauch aus der Motorverkleidung dringt. Daraufhin unternehmen Sie folgendes:
- Was ist bei Ausfall des elektrischen Antriebes der Landeklappen als erstes zu tun? (Die Landeklappen sind noch eingefahren.)
- Wie erreichen Sie den besten Wirkungsgrad Ihres Motors, wenn Sie auf einem Platz in 1700 m Höhe starten wollen?
- Die Anzeige für Vergasertemperatur wandert in den gelben Bereich. Was sagt Ihnen das?
- Welchen Luftraum im Tal müssen Sie meiden, wenn der Wind quer zum Tal weht?
- Auf einem Überlandflug fällt die Öldruckanzeige aus, die Öltemperaturanzeige bleibt konstant. Wie verhalten Sie sich?
- Wie verhalten Sie sich bei Propellerunwucht?
- Wie führen Sie bei einem Spornradflugzeug eine sogenannte »Notbremsung« durch?
- Sie verspüren während eines Fluges Übelkeit und ungewohnte Ermüdung, obwohl Sie vollkommen fit gestartet sind. Worauf kann das zurückzuführen sein?
- Vor Ihnen ist ein Großflugzeug gestartet. Sie folgen mit einem Leichtflugzeug. Wo sollten Sie abheben?
- Auf einem Überlandflug haben Sie nach Ausfall Ihrer gesamten Sprechfunk- und Funknavigationsanlage die Orientierung verloren. Wie kommen Sie wieder zu einer Standortbestimmung in Richtung Ihrer vorgesehenen Flugstrecke?
- Bei Ausfall des Höhenruders haben Sie noch folgende Möglichkeit, das Flugzeug um die Querachse zu steuern:
- Sie wollen ein Flugzeug anlassen, um einen Überlandflug durchzuführen, und stellen dabei fest, daß der Hauptschalter nicht ausgeschaltet war und die Batterie vollständig entladen ist. Es ist kein Außenbordstromanschluß vorhanden. Was unternehmen Sie?
- Während des Landeanfluges fängt es plötzlich stark an zu regnen. Welchen Einfluß hat der Regen auf die Flugeigenschaften Ihres Flugzeuges?
- Was sollten Sie tun, wenn auf einer Grasbahn die Räder des Flugzeuges erkennbar tief ins Erdreich einsinken?
- Im Endanflug auf eine relativ kurze Landebahn ist noch eine hohe Pappelreihe zu überfliegen. Wie verhalten Sie sich?
- Was tun Sie, wenn Sie bei starker Wetterverschlechterung trotz größter Sorgfalt beim Fliegen plötzlich in eine Wolke geraten?

- Was ist nicht in Ordnung, wenn der Motor beim Magnetcheck 200–300 U/min. verliert?
- Während des Fluges steht die Anzeigenadel des Amperemeters ständig im negativen Bereich. Was unternehmen Sie?
- Wie unterscheidet sich Trudeln von einer Steilspirale?
- Welches wäre die größte Gefahr für einen VFR-Flieger, wenn er eine Warmfront durchfliegen würde?
- Wer gibt beim Anwerfen eines Triebwerks von Hand die erforderlichen Kommandos?
- Warum ist eine Landung auf einem mit Schnee bedeckten Landeplatz sehr schwierig?
- Können Sie sich während eines VFR-Fluges von militärischen Flugsicherungsstellen Informationen oder sogar Radarhilfen geben lassen?
- Warum soll bei Start und Landung an Bord nicht geraucht werden?
- Sie befinden sich während einer Notlandung mit stehendem Triebwerk im Queranflug zu dem ausgesuchten Notlandefeld. Wie korrigieren Sie Ihren Kurs, wenn Sie feststellen, daß Sie zu hoch sind?
- Wie reagieren Sie bei Triebwerksausfall während des Starts (Start bis 400 ft GND) nach dem Abheben?
- In welchem Außentemperaturbereich ist mit Vergaservereisung zu rechnen?
- Welche Geräte können vom Ausfall des elektrischen Bordnetzes betroffen werden?
- Sie sind während des Steigfluges in einen überzogenen Flugzustand geraten, wobei der Tragflügel links leicht hängt. Sie beenden den überzogenen Flugzustand wie folgt:
- In welcher Jahreszeit ist verstärkt mit Vogelschlag zu rechnen?
- Nach einem starken Regen bei Tageslicht wollen Sie auf einem Landeplatz mit Hartbahnbelag landen. Womit müssen Sie rechnen?
- Wie führen Sie eine Notlandung (kein Motorausfall) auf einem Gelände mit hohem Bewuchs durch?
- Während des Startvorganges mit einem einmotorigen Bugradflugzeug haben Sie auf einem Flugplatz mit Überrollfläche Triebwerksausfall auf der Bahn und kommen auf der Bahn selbst nicht mehr zum Stehen. Sie müssen:
- Was tun Sie bei Vergaservereisung im Reiseflug?
- Während des Fluges stellen Sie starken Öldruckabfall fest. Die Öltemperaturanzeige bleibt aber konstant. Wie verhalten Sie sich?
- Wie wirkt es sich aus, wenn Sie bei Vergaserbrand am Boden den Motor weiterlaufen lassen?
- Sie planen einen Flug, der über eine längere Strecke über Wasser führt, so daß Sie im Notfall das Festland im Gleitflug nicht mehr erreichen würden. In welcher Weise müssen Sie für den Notfall vorsorgen?
- Sie wollen starten. Dicht neben der Startbahn befindet sich ein Hubschrauber mit Turbinenantrieb im Schwebeflug. Sie entschließen sich:
- Sie fliegen in 8000 ft Höhe mit verarmtem Gemisch und stellen fest, daß die Zylinderkopftemperatur rasch ansteigt. Was bedeutet das?
- Warum sollten Sie dafür sorgen, daß beim Anlassen ein Feuerlöscher verfügbar ist?
- Darf der Motor eines Flugzeuges von Hand angeworfen werden, wenn der Führersitz nicht besetzt ist?
- Was muß während einer Landung bei starkem, böigem Wind besonders beachtet werden?
- Worauf ist nach dem Anspringen des Motors sofort zu achten?
- Wie verhalten Sie sich bei einer Landung im hohen Getreide?
- Um nicht beim Start in den Wirkungsbereich der Turbulenz eines kurz vorher gestarteten Verkehrsflugzeuges zu kommen, sollte man:
- Während einer Platzrunde verklemmt sich das Seitenruder. Welchen Entschluß treffen Sie?
- Sie wollen an einem Wochentag unter VMC-Bedingungen auf einem Landeplatz ohne Schutzzone starten. Wie verhalten Sie sich gegenüber militärischen Tiefflügen?
- Worauf ist beim Betanken im Hinblick auf Brandgefahr zu achten?
- Während eines Fluges fällt der Motor trotz ausreichendem Kraftstoffvorrat in 500 ft GND aus. Welche Entscheidung treffen Sie?
- Beim Anflug auf einen Verkehrsflughafen müssen Sie an einem windstillen Tag hinter einem großen Verkehrsflugzeug landen. Unfälle, die durch Wirbelschleppen entstehen können, vermeiden Sie, wenn Sie:
- Während des Fluges leuchtet die Ladekontrolle auf bzw. das Amperemeter gibt eine negative Anzeige. Was unternehmen Sie?
- Während des Startvorganges fällt die Fahrtmesseranzeige aus. Was machen Sie?
- Sie fliegen einen Flugplatz mit sehr kurzer Landebahn an. Beim Landeanflug mit voll ausgefahrenen Klappen stellen Sie fest, daß Sie zu hoch sind. Sie entschließen sich zum Durchstarten. Warum ist es gefährlich, sofort die Klappen vollständig einzufahren?
- Während eines Überlandfluges haben sich die Wetterbedingungen plötzlich so verschlechtert, daß auch an dem nächst erreichbaren Flugplatz keine ausreichenden Sichtflugwetterbedingungen mehr gegeben sind. Wie verhalten Sie sich?

- Welches ist die größte Gefahr beim Einflug in Schneefall?
- Die Vogelschlaggefahr ist besonders groß bei Flugzeugen mit Strahltriebwerken. Flugzeuge der allgemeinen Luftfahrt sind aber auch sehr gefährdet, wodurch?
- Welche negativen Begleiterscheinungen sind bereits von mittleren Windstärken an im Gebirge zu erwarten?
- Bei von der Luftaufsicht angegebener Landebahn (nur eine Bahn vorhanden) muß die Landung gegen tiefstehende Sonne erfolgen. Sicht durch Blendung praktisch null, schwach windig. Wie verhalten Sie sich?
- Womit muß ich bei einem Eisansatz von 1–2 mm Stärke bereits rechnen?
- Wie sollten bei Flügen entlang der Küste sowie zu nahegelegenen Inseln Kurs und Flughöhe gewählt werden?
- Worin liegt die Gefahr, wenn bei kalter Witterung während des Anlaßvorganges zu sehr mit dem Gashebel gepumpt wird?
- Welche Schäden können zur Fehlanzeige des Höhenmessers führen?
- Was ist zu tun, wenn während des Fluges die Frontscheiben vereisen?
- Wie verhalten Sie sich bei Fehlorientierung während eines Fluges in der FlugÜZ (ADIZ) südlich von Kassel (51° 23′ N)?
- Sie fliegen eine Landebahn an, die unmittelbar hinter einer steilen Hangkante oder Böschung beginnt. Wie verhalten Sie sich?
- Wie reagieren Sie, wenn bei einem Triebwerksbrand Feuerlöscher von außen eingesetzt werden?
- Warum soll beim Rollen am Boden die Vergaservorwärmung geschlossen bleiben?
- Nach seitlichem Anflug setzt sich ein Militärflugzeug vor Ihr Luftfahrzeug, wackelt mit den Flächen und kurvt flach auf eine bestimmte Richtung. Was bedeutet das für Sie?
- Welche Faktoren bringen eine Verkürzung der Startstrecke mit sich?
- Welche Folgen können Kerben im Luftschraubenblatt haben?
- Sie rollen auf sehr unebenem Boden. Wie verhalten Sie sich?
- Während des Fluges fällt der Öldruck auf »Null« ab. Wie verhalten Sie sich?
- Nach einer Notlandung ohne Sach- und Personenschaden muß verständigt werden:
- Sie müssen mit vereisten Tragflächen landen. Wie verhalten Sie sich?
- Flüge im Gebirge können besonders wodurch gefährlich werden?
- Sie kommen im Reiseflug unerwartet in einen kräftigen Hagelschauer. Die richtigen Maßnahmen sind:
- Die für ein Flugzeug höchstzulässige Seitenwindkomponente kann dem Flughandbuch entnommen werden. Die Komponente bezieht sich auf eine Windrichtung zur Landebahn von wieviel Grad?
- Warum ist das Fliegen entlang einer Autobahn bei Hochnebel oder relativ geringer Wolkenuntergrenze mitunter gefährlich?
- Welche aerodynamischen Größen ändern sich bei starkem Klareisansatz?
- Warum muß nach dem Abheben des Flugzeugs zunächst in Bodennähe Geschwindigkeit aufgeholt werden?
- Erste Sauerstoffmangelerscheinungen können sich bemerkbar machen bei Höhen um:
- Welche Wirkungen können beim Blitzschlag in ein Flugzeug auftreten?
- Wie führen Sie eine Notlandung auf dem Wasser aus?
- Wie ist die Bedienungsfolge bei Motorausfall in niedriger Höhe?
- Körperliches Unbehagen stellt sich bei Ihnen kurz vor dem Start ein. Wie verhalten Sie sich?
- Worauf können Beulen oder Wellen in der äußeren Beplankung eines Flugzeuges hinweisen?
- Aus welchem Grunde dreht man die Luftschraube zurück?
- Während eines Überlandfluges fällt Ihr Höhenruder aus. Wie verhalten Sie sich?
- Sie geraten ungewollt ins Trudeln. Wie beenden Sie es?
- Welche Faktoren können eine Verkürzung Ihrer Startstrecke bewirken?
- Überall ist starke Gewittertätigkeit gemeldet. Ein kräftiges Gewitter steht unmittelbar neben Ihrem Zielflugplatz, im Moment herrscht Windstille auf der Landebahn. Welche Entscheidung treffen Sie?
- Die größte Gefahr bei der Vereisung eines Tragflügels liegt in?
- Welchen Einfluß hat Alkohol, den man in größerer Menge etwa 12 Stunden vor dem Flug genossen hat?
- Wie verfahren Sie beim Durchstarten?
- Während eines Überlandfluges fällt der Drehzahlmesser aus. Wie verhalten Sie sich?
- Die Motorleistung wird mit zunehmender Höhe geringer, weil?
- An einem spätherbstlichen Tag mit hoher Luftfeuchtigkeit bemerken Sie plötzlich, daß die Motorleistung nachläßt. Was tun Sie zuerst?
- Im Endteil einer Landung stellen Sie fest, daß sich das Fahrwerk zwar ausfahren, aber nicht verriegeln läßt. Was tun Sie?
- Was ist zu beachten, wenn das Triebwerk von Hand angeworfen werden soll?
- Sie haben während des Fluges Kabelbrand. Welche der nachfolgend aufgeführten Maßnahmen ergreifen Sie?
- Warum soll ein Flugzeug vor dem Start absolut schnee- und eisfrei sein?

- Warum werden an Startbahnen kleinerer Flugplätze sogenannte Halbbahnmarkierungen aufgestellt?
- Welche Folgen kann Sauerstoffmangel schon in 3000 m haben?
- Wie verhalten Sie sich bei der Landung bei außergewöhnlichem Zustand der Landebahn (Schnee, Matsch, Wasser)?
- Wie verhalten Sie sich bei Hindernissen vor dem Notlandefeld (stehendes Triebwerk, Höhe zum Überfliegen gering)?

Register

Die römischen Ziffern vor den Seitenzahlen bezeichnen folgende Einzelbände: I Motorflug – Die Praxis, II Sportfliegen – Die Theorie, III Segelfliegen – Die Praxis.

Das nymphenburger Sportflug-Kompendium auf einen Blick:

Motorflug
Die Praxis
von Dieter Maier
144 Seiten mit 111 Abb., z.T. in Farbe

Das praktische Lehrbuch für den angehenden Motorflieger. Abbildungen und Text vermitteln anschaulich, was der zukünftige Pilot während seiner Ausbildung beachten sollte.

Segelfliegen
Die Praxis
von Dieter Maier
132 Seiten mit 105 Abb., z.T. in Farbe

Die Umsetzung von theoretischem Wissen in die Praxis des Segelfliegens ist das Ziel dieses Lehrbuches. Vom Start bis zur Landung – zahlreiche Tips für Anfänger und Fortgeschrittene.